民國的精神密码

全云雷 著

中國華僑出版社

图书在版编目（CIP）数据

吴国的精神密码／仝云雷著. —北京：中国华侨出版社，2010.12

ISBN 978-7-5113-0993-8

Ⅰ. ①吴… Ⅱ. ①仝… Ⅲ. ①历史小说－中国－当代 Ⅳ. ①K233.09

中国版本图书馆CIP数据核字（2010）第260568号

吴国的精神密码

策　　划　黄嘉颖

作　　者　仝云雷

责任编辑　文　锋

特约编辑　严晶晶

装帧设计　熊猫布克

经　　销　新华书店

开　　本　710×1000毫米　1/16　印张18.75　字数250千字

印　　刷　北京天正元印务有限公司

版　　次　2011年4月第1版　2011年4月第1次印刷

书　　号　ISBN 978-7-5113-0993-8

定　　价　28.00元

中国华侨出版社，北京市朝阳区静安里26号通成达大厦3层　邮编：100028

法律顾问：陈鹰律师事务所

编 辑 部：（010）64443056　64443979

发 行 部：（010）64446051　传真：（010）64439708

网　　址：www.oveaschin.com

e-mail：oveaschin@sina.com

目录 | Contents

Contents | 目录

目录 | Contents

Contents | 目录

吴姓往事：吴国的精神密码

有人说，如果没有春秋，我们很可能不知道自己姓什么，那是很有道理的。

看那春秋，好好的一个周王朝，涌现出了什么吴国、秦国、郑国、楚国，人也跟着被分成了吴人、秦人、郑人、楚人。那时候称呼人，就是吴人某某。比如我们21世纪的小明同学有幸穿越时空隧道并成为了吴国人，那么，他的身份证上将被印上的是：吴人小明。

再后来，社会发展了，人都不大喜欢说话了，就省去了中间那个大家都一样的字："人"。于是，就称呼他为吴小明了。于是，姓氏便产生了。

接下去，我们要讲的就是吴人的吴国，具体包括两点：一、它是怎么来的，二、它是怎么去的。

01

神童出世

让我们从一个女人说起。

从女人说起的故事，其实多半说的都是男人。我们这个故事也不例外。

从女人说起，几乎成了秘史的惯例。但我们要讲的不是秘史，所以大可不必这么矜持，不妨干脆点：让我们从一个孕妇说起。

这个孕妇就是太任——吴人先祖、周太王古公亶父的三儿媳。

太任，我们称作任小姐，因为她是挚国首领的二女儿，所以不能称作任大小姐。任小姐，生在贵胄之家，有钱有势，从小衣食无忧，却从发达的殷商腹地下嫁到欠发达的西岐，我们的任小姐多少有些怨言。幸运的是，丈夫季历还算有点出息，小两口把小日子经营得甜甜蜜蜜。可自从任小姐有了身孕之后，这个女人开始变得极度紧张起来。

历史证明，女人的确是敏感的动物，而怀了孕的女人，连第六感都变得敏感起来。

太任怀孕期间，凡出入她宫室的婢女，一律穿素布衣裳，严禁杂乱颜色的物件出现在她面前，包括她自己讲话，都特别谨慎，害怕惊动胎儿。

季历受妻子的影响，也跟着紧张起来，命令御膳房不准把辛辣、苦涩的食物摆到餐桌上。任小姐甚至特意吩咐乐师每夜给胎儿唱歌读诗，这一点，倒是和现在的做法有着惊人的相似。

但是，智者千虑，必有一失。

尽管任小姐不失为中国胎教第一人，胎教手段了得，可是数学不好，对胎儿的出生时间把握不准。

史书上说，任小姐“少溲于豕牢”而生文王，意思是说任小姐小便的时候，顺带生了文王。豕牢，就是猪圈呀。西岐不比殷商，生活水平低下，大家都是在自家猪圈里拉屎撒尿，这叫肥水不流外人田。但不管怎么说，一泡尿冲出一个旷世明君，的确让人出乎意料。

无独有偶，我们的姬昌降世的时候，除了非常不文雅的一泡尿，也有奇迹发生。不过不是星星，而是一只朱红色的小鸟，口里衔着一封丹书（还是红色，周人崇尚红颜色），一直飞到姬昌出生的房屋门前，放下丹书后随即又飞走了。

当时姬昌的父亲、任小姐的丈夫——季历，就在现场。季历打开丹书，见上面写着一些“敬天者昌逆天者亡，仁义者昌暴虐者亡”之类的话。季历心想这不是废话嘛，这八成是哪个巫师术士，巧设手段，有意取笑，随手把丹书就给扔了。

侧立一旁的古公亶父见了，破口大骂：“无知小儿，怎么敢如此亵渎神明呢？”季历莫名其妙挨老先生的骂，心里气不过，口上不敢说，便请求老父亲解释神迹。

老先生不紧不慢，用手捋捋发白的胡须，脸上露出得意的笑容，咳嗽一声，说：“这是圣瑞之兆。”

当时在场的季历，连同他的两个哥哥，都还没明白过来，老先生又说了一句影响深远的话：“我们这一族总有一天会兴旺，而这个希望要寄托在这个孩子身上。”所以就给这个孩子，取名为“昌”。

等到把孩子从产房里抱出来，季历第一个冲上去，一看便大叫一声，差点没喊妈。旁边的人马上问他怎么了，原来，这孩子长得有点奇怪。

季历心想，我这辈子从小到大，还算老实，难道说上辈子做了什么歹事？正在忏悔呢，老父亲又是一阵破口大骂，唾沫星子几乎喷了季历一脸，“你啥意思呀，小三儿（季历排行第三，此小三儿非彼小三儿），刚才亵渎神明还没算你的账，现在又对自己的孩子大呼小叫，你失心疯了呀！”老先生很为自己的小儿子如此没见过世面而懊悔，懊悔当初不该生了这厮。

老先生上前来一见孩子，也顾不上发火了，抱着孩子一个劲儿慈祥地笑，口里喊着：“昌儿，昌儿。”那手舞足蹈的样子，让周围人着实为他的身子骨捏了一把汗。

季历看老爹这样，心里直犯嘀咕，“不是吧，不至于如此吧！我大哥没有孩子，老爷子是不是想孙子想疯了呀？至于如此高兴？”老先生似乎看出了小儿子的心思，狠狠瞪了他一眼，说：“你怎么这么没文化呢！小三儿，我们的昌儿可是帝王之相，将来有你我的福受呢！”

季历听老先生这么说，也没什么办法，只能相信，跟着一起乐呵。谁让人家是自己的爹呢，按老话说，人家吃的盐比自己吃的饭都多。季历都这样了，周围人更不用说，全家一起乐呵呵的。

正所谓，说者无心，听者有意。季历、任小姐、古公亶父他们唱歌跳舞，乐呵去了不说，但老先生的二儿子、季历的二哥仲雍，在故事现场听了老爷子那句被记录在《史记》里的话（“我世当有兴者，其在昌乎”），内心不免生了猜忌。

原来呀，这仲雍跟大哥泰伯走得近，平日里两人有商有量，真个是亲上亲、亲更亲。仲雍心想，这老爷子偏心眼呀！人都说，倚老卖老，老向小。老爷子素来偏爱季历，现在老三又得了这么一个活宝贝，把老爷子乐得几乎当场打起太极拳来。人高兴了就容易失去理智，这老爷子不会忘了礼制吧！

果真如此，大哥该怎么办呀？老二仲雍开始为大哥泰伯鸣不平。

那么，泰伯自己又是怎么想的呢？

姬昌降世的时候，泰伯也在现场（全家盛事，不在现场说不过去）。但说心里话，泰伯不是十分情愿来，倒乐意自己去郊外随便走走。为什么呢？诸位可能有所不知，作为长子，泰伯一直无子嗣，就是没小孩。三个弟兄里面，泰伯婚结得最早，可现在，老三的孩子都呱呱落地了，自己的孩子还没个影儿呢！

不孝有三，无后为大。

不过，泰伯转念一想，现在老爷子这么喜爱姬昌，倒也给自己减轻了不少压力。况且，老爷子眼光长远，似乎有意让孙子姬昌继位，自己何不做个顺水人情呢？

假如家族昌盛了，天下都是自家的，谁继承王位不都一样嘛（他倒想得开）！

这一天，泰伯正在郊外骑马散心。忽听身后传来急促的马蹄声，似乎只有一骑，越来越近。回头看，却是仲雍。

仲雍有备而来，说话直奔主题，还没等泰伯开口，他便说："哥，咱爹极喜爱姬昌这个小孙子，你有没有看出来？"泰伯心说，老二你这不是废话嘛！自从得了这个孙子，老爷子整天跟跳二人转似的，这谁看不出来！

"老爷子爱护小孩子，这个全家人都知道呀！"泰伯故作镇定。

仲雍心说，算了，我还是直接挑明吧！照我哥这慢性子，不知道熬多久才能说中正题。

老二爽快地说："除非老爷子传位给老三，要不，这个孙子他算白疼了。"

泰伯一听，总算明白了仲雍的来意，便不说话了。想想后来，康熙爷十分疼爱小孙子乾隆，就联手整出了个康乾盛世来。

老二觉得说中了大哥的心事，继续说道：

"大哥倒也不用忧虑，族里明文规定，嫡长子继承爵位，老爷子一向守制，不会有什么意外的。”

泰伯不听这话还好，一听反倒抽泣起来。

老二仲雍，丈二和尚摸不着头脑，从马上下来，扶大哥下马，二人侧立道旁。

泰伯拍拍仲雍的肩膀说：

“二弟呀，我无子嗣，只这一条，就是不孝。难得老爷子这么喜爱三弟的孩子，我有意成全三弟，也算是我对老爷子尽的孝道。”

老二想：继承王位的不是大哥，就是三弟，再或者是三弟他儿子，反正轮不到我，自己也就是帮帮大哥，就像小侄子帮助他老爹一样。

“大哥，你说怎么办？”末了，仲雍问道。

“我们出逃吧。”泰伯看着西方，此时斜阳仍在，余晖尤热。

02

泰伯出逃

出逃？

啥意思？

就是小年轻津津乐道的离家出走。

去哪儿呢？

当夜，两兄弟在内室摊开全国地图，上下左右端看起来。

两兄弟内室密谋出逃不提，回过头来，再说古公亶父。

自从有了姬昌这个宝贝孙子，亶父是吃不饱饭、睡不暖觉，全方位围着孩子转。一会儿骑大马，一会儿乌龟爬。但是，人不服老不行，那么一大把年纪，再欢喜、再兴奋，也得有个限度啊。这不，才一个多月，身子骨就生出毛病来。稍事劳作，便酸疼难忍。

仲雍见父亲如此，以为是个机会，便请来医师，耳语叮嘱一番。

然后，引医师来给老爷子看病。医师望闻问切之后，说并无大碍，只是过度兴奋和劳累所致。

古公亶父问："几日可痊愈？"

医师回答："卧床一年可痊愈。"

老爷子顿时暴了粗口："老子拿你们这些个白胖医师当蛆养啊！一年呐！一年过去，孙子都会跑了，我还没抱够呢！"

医师作害怕状，说："要想快些痊愈，须往衡山采一种草药。"（这计策就是仲雍耳语一番的结果，虽然有点老掉牙，但屡试不爽。）

一切按照计划行事。

泰伯进来向老爷子请安，听说了采草药的事情，强烈要求自己亲自去衡山采药，为老爹治病。老爷子那个感动呀，眼泪扑簌扑簌往下掉。这么孝顺，怎么能不答应呢？接着，等候在一旁的仲雍也请求同去，老爷子也一并恩准。

这一去，两人便杳无音信。

古公亶父在他们离开后第七天，便痊愈下床，又能打又能跳了。

痊愈后第一件事是抱孙子；第二件事就是把那个医师骂个狗血喷头。老爷子实在没想到，自己多年不生病，天下的医生居然堕落到这种地步。

虽说痊愈，但老爷子似乎也明白自己活日无多，是该考虑传位的事情了。于是，就下令派人寻找嫡长子回家。但哪里找得到呀！人家不知道在哪儿逍遥自在着呢！派出去的人回来说，衡山找遍了，全是草药，就是没见采草药的人。

没办法，老爷子只得传位给小儿子季历。小儿子虽然愚笨了点，但小儿子的大儿子，异常聪慧，将来必成大器。不多久，古公亶父去世。全国哀悼！

泰伯、仲雍兄弟俩，第一次离家出走，没什么经验。由于仓促，干粮也没带。最要命的是，那时候不流行普通话，人生地不熟，语言又不通，卖艺吧没力气，只得轮流值班在街边乞讨。具体的乞讨方式，大概跟现在的街边假乞丐类似，往路边地上一躺，一个盛钱的罐子放在边上，爱给不给，就连说声“可怜可怜呀”之类的话，都嫌费口水。

泰伯，吴人开姓始祖啊，那可是有文化、有身份、影响了多少人的人，哪儿受得了这样的屈辱啊。不是有句老话说，士可杀不可辱嘛。意思是说，人呐，脸面重要，活在这世上，要的就是那一张脸、一口气。泰伯作为周王室的嫡长子，也就是所谓的太子，如今沦落到沿街乞讨的地步，真是欲哭无泪。

老二仲雍明显觉察到大哥闷闷不乐，满腹心事。每次乞讨，都只是让大哥躺在地上装病休息，自己却跪在人前，哀求施舍。

泰伯躺在地上，闭上眼睛，满腹的心事，对未来一片茫然，又觉得兄弟俩实在是不值。也许正像仲雍说的，假如自己没有离家出走，和老爹、三弟他们好好商量，请求老爹，自己让位给三弟，弄不好也能说通，自己也就不用流浪受苦了。

尽管说，这样一来，老爹和三弟都有点难堪，毕竟这么做是有违祖制的。而现在，兄弟两个，离家出走，骑虎难下，回去吧，脸上挂不住；不回去，继续流浪吧，偏偏自己又不是那样的文艺青年，即便是当旅游来耍，也一样是郁郁寡欢。唉，这可如何是好呀？！

还好他们没走多远，中途听说了父亲离世的消息，两人都悲恸异常。两人步行几百里，日夜奔跑地回到西岐，为父亲奔丧。

季历一看大哥回来，先是吓了一跳，哪里跑出来的野人呀？长发披肩，凌乱不堪，里面的虱子都快学会人话成精啦。然后季历又不免觉得尴尬和过意不去，想当初，以为人家找不到了、死了，现在人家从天而降，回来了、活了，自己不能当什么事都没发生吧！

要么说，德行传天下呢。作为吴姓的开姓始祖，泰伯的形象几乎是不可颠覆的。

就连孔子都称赞他为至德，谁还敢说个不字呀！（《论语·泰伯》）

泰伯回家后，刚梳洗完毕，就被季历叫到一个小房间里。

季历心里有事，不吐不快，开门见山地说："大哥既然回来了，就应该完成父亲的遗愿。老爷子临死的时候说了，你一旦回来，我就要让位给你，祖制不能乱啊！"

泰伯心想，你们传位诏书都下了，我还掺和什么呀！哦，你以为这王位传承，是过家家呢。虽然心里可以这么想，但嘴上不能这么说，毕竟，眼前的小三儿，已经是西岐周王室的领头人了。

泰伯对季历说："三弟呀，咱爹迂腐，不违祖制，我没什么可说的，像你这样一向风流倜傥的人，怎么也讲起这些套话了。"季历一听，暗暗偷笑，没想到呀，我风流倜傥的优点，也传到大哥的耳朵里了。

季历偷乐，默不作声。泰伯继续道："咱哥仨，数你最小，但是从阅历上讲，又属你最多。我嘛，老爷子在的时候，整天陪伴左右，丝毫不敢怠慢。你呢，凭着青春年少，周游殷商，交游天下。还在旅途中艳遇任小姐，使我们西岐周族和殷商贵胄结为姻亲，这样一来，殷商朝廷，再也不敢小视我们西岐。这么多年，你名声在外。商人只知道季历，不知道我泰伯。现在由你继承西岐王位，再恰当不过。我也没任何异议，你就不要再推托了。”

季历一脸不好意思，张口想要争辩，大哥泰伯却板起脸来：“不要再说了，眼下，拜祭老爷子在天之灵要紧。”

为了进一步防止老三的蓄意纠缠，泰伯在拜祭之时，决定做一场秀。

一番跪拜之后，泰伯突然嚎啕大哭起来。陪在一旁的仲雍被这“鬼哭狼嚎”式的哭声吓了一跳，也跟着哭起来（吓哭的）。旁边的人都来看热闹，所谓的旁观者，其实都不是外人，都是一个宗族的。哭得差不多了，泰伯冲着老爷子的灵位大声说：“爹呀，您这辈子太不容易啦！带领我们族人从戎狄之地迁徙到西岐，在您之前，我们族人甚至还没有自己的房子，过的都是游牧的生活。是您呀，老爹，给了我们家族新的生活。我太佩服您了，平日里，衣食住行，都是以老爹您为榜样。但是，孩儿不孝呀，外出衡山为您采草药没采到不说，自己还迷了路，连您最后一面都没见到，我简直不配做您的儿子。我简直是有罪啊……”说着又大哭起来。

季历在一旁听得认真，动了感情，陪着大哥跪了下来，一起哭。周围的族人也跟着跪在地上，厅堂里顿时嚎啕一片。

哭了许久，厅堂地板上都能划船了，大家也都哭累了，唯独泰伯的“鬼哭狼嚎”式哭叫还是不住声。季历劝，仲雍劝，越劝哭得越厉害。索性，由他去了。泰伯索性也就做戏做到底，就这样把眼泪哭干了，从此以后，泰伯再也没有流过眼泪。

泰伯对一旁的季历说：“三弟呀，你大哥我是个罪人呀，没有脸面再在家族里混下去。”

说完，就起身朝外面狂奔而去。大家都没反应过来，只有仲雍明白怎么回事。因为这场秀，大哥泰伯暗暗和自己商量好的，两人要伤心地离家出走。

趁大家还没有彻底反应过来，仲雍从自己卧室拎了一个包袱背在身上，也一个劲地冲出门外，跑到和大哥约定好的地方：十里亭。

就这样，吴人开姓始祖泰伯和吴人传代始祖仲雍一起，再一次出逃。

03

建国句吴

十里亭，顾名思义，离西岐有十里之遥。等仲雍上气不接下气、汗流浃背地赶到十里亭，发现大哥正躺在地上。仲雍来不及细看，一头扑上去，就大哭起来，边哭边拍边喊："大哥啊，我可怜的大哥啊。"泰伯躺在地上，白眼直往上翻，口里差点没吐白沫。列位看官，您可能不知道这是咋回事吧？原来呀，我们的泰伯从家里出来，一口气狂奔十里地，这对于一个养尊处优的公子哥来说,不亚于挑战生理极限啊。泰伯这么做，哪里是让贤给季历呀，分明就是对自己的不孝之罪做出的自罚。在"不孝有三，无后为大"这件事上，泰伯始终跟自己过不去。直到后来，建国句吴，也没有再娶妻妾。

仲雍左摇右晃，大哭大喊，泰伯这才慢慢醒转过来。在亭子里，两人休息了大半天。泰伯站起来，往四周望过去，说："我们去南方吧。"仲雍听了，头摇得跟拨浪鼓似的，说："啥？大哥，我没听错吧。南方，那可是蛮荒之地啊。到处都是豺狼虎豹、泥潭沼泽，我们去那儿不是去自杀吗？”

泰伯叹了口长气说：“视死如归，能够让人死的地方，说不定就是让人最好地活的去处。”

仲雍这才明白过来，好嘛，大哥呀大哥，你这是要决然让位给季历这小子啊！有什么办法呢，仲雍我，那也是一条汉子，我跟大哥，打小就是穿一条裤衩长大的。仲雍说：“大哥，你指个方向，仲雍我跟你到底。”（看看这兄弟情义，也不怕他大哥是近视眼。）

上回出逃，两个人借口说是去衡山，其实去了哪儿呢？史书上没有记载，可能他们自己也不甚清楚。不过，这紧接着的再一次出逃，却是有实际地址的，他们去了今天的江苏无锡东南，正是现在的无锡飞机场附近。那在当时，算是中国的最南边了，蛮荒情况，可想而知。

你说你出逃，去个好地方，种地过活，不是挺好吗？这泰伯，实打实的有意思，他偏偏去了当时被认为最不适合人待的地方。去就去吧，还要“入乡随俗”，断发、文身。还传话给季历说，我现在已经是个受刑之人了，不能再当宗族社稷的领袖了。意思是说，老三呀，你就认命吧！

老三叹了口气道：“也好，也好！”然后，就专心管理了，他在位期间也算得上有所作为，把那小小的西岐治理得有声有色。但最终遭忌，被商王文丁杀死。

泰伯、仲雍第一次离家出走的经历，实在不堪回首。这第二次背井离乡，仲雍长了个心眼，从西岐走的时候，带了一些家当。两个人一路上有说有笑，遇山翻山，遇河过河，因为本来就没穿多少衣服（除了仲雍随身携带的“百宝囊”）。等赶到无锡，冷不丁才发现彼此跟当地的土著没什么两样了。

刚一到地方，仲雍便敲锣打鼓地喊叫（不会土著语，只能哇啦哇啦地叫），相当于街头耍猴那一套。这一聒噪，酋长带着族中男女老少都围了过来，叽里咕噜议论开来。

仲雍见时机成熟，就向大家展示从西岐带过来的物件，头一件是“照相机”，其实就是一面铜镜。酋长凑上来一照吓自己一跳：妈呀！里面有一只大马猴。第二件是打火机，其实就是一个打火石。酋长（这个首领爱看热闹）凑上来一弄，老灶爷呀，火星子乱冒。

部落上下顿时对这两位“天外来客”肃然起敬。

这不是天神下凡嘛。还等什么呀，拜吧。就连酋长也无二话，心悦诚服。

接着仲雍在大家面前跳了一通大神，然后朝泰伯下跪。所有人也跟着朝泰伯下跪。

就这样，泰伯成了句吴的首领。

泰伯刚开始看仲雍在那儿摆弄物件，心里还直犯嘀咕：“二弟是不是因为长途跋涉，累得够呛，脑子出了问题呀！居然还从家里带了这么多东西。一路上我几次劝他把包袱扔了，他坚决不肯，又始终不给我看里面包的是什么。他葫芦里到底卖的什么药呀，真是纠结。”

刚刚仲雍装神弄鬼跳大神的时候，泰伯傻愣地看着，差点就彻底崩溃了。心里说完了，这下二弟算是被我害了，一到土著部落，就人来疯，这哪儿还有我这个可怜兄弟的活路呀。

依照泰伯的打算，好不容易离家出走，来到南方，找个活计，打打零工能活下去也就算了，各自熬一户人家最重要。可谁料想，刚一到地方，还没找工作呢，仲雍就疯了。人生地不熟的，去哪儿找精神病方面的医生啊！泰伯一脸愁容，却又十分无奈。

直到仲雍引诱了众多土著一起朝他跪拜，泰伯才多少明白过来。他看了一眼仲雍，仲雍一边跪拜一边冲他眨眼睛。泰伯看着自家弟弟一个劲地挤眉弄眼，终于反应过来：哦，好嘛，被二弟劫持着上了贼船了。

众人跪拜之后，仲雍拉泰伯去一个角落，对大哥说："哥啊，你就是一个传说。"

泰伯见仲雍嬉皮笑脸的，有点不高兴，说："啥意思？"

仲雍轻声细语地说："咱在自己家里不能当首领，在这儿反而稀里糊涂当了首领，咱天生就是当首领的命。"

泰伯心想，还稀里糊涂，还天生是命，这不都是你一手操控的呀！

泰伯又仔细一想，算了，也许这还就是命吧。本来自己认准了，自己离家之后，从此退隐江湖，认真打工，如果再能慢慢熬一户大人家，那就是托祖宗的福。谁料想，来南方当首领呢。泰伯叹了口气说："唉，命呀！"

最初一段时间里，泰伯几乎整天待在自己的草棚里，少吃饭少说话，就连仲雍来了也说不上几句，典型的心理出了问题——心情郁闷，还没有当首领的心理准备。

而仲雍呢，那可是风光无限好。今天这户人家请过去测字，明天那户人家请过去算星座命盘，忙得不亦乐乎。原来这蛮荒部落里的巫医，全部失业，没办法，纷纷上门请求仲雍不要天天往外跑了，就在部落的中心地带吃喝玩乐，当他们的老师。

仲雍也不是不讲道理的人，再说，他比谁都清楚，自己肚子里到底有多少货，也就是靠着从老家带来的一些高科技产品糊弄一下而已。真要干起来，自己怕不是这一帮跳了一辈子大神的巫医的对手，于是，便应承了那些巫医，每天无所事事，做起精神领袖来。

04

旧吴都城

时光荏苒。

远在西岐的季历，泰伯的三弟，这一天被商王文丁杀了。

周人推举季历的儿子——姬昌，成为周人的首领。姬昌，就是周文王。

那已经是商朝末年了，战乱不断，而且姬昌始终怀抱复仇之心，只是他清楚，时机尚不成熟。而另一边，商朝的统治者，从文丁到商纣王，无不想着削弱日益强大起来的西周势力。虽然说，身处南方的泰伯，对此鞭长莫及，可是他的担忧却始终有增无减。

国际形势对自己老周家一点都不容乐观，作为一个有良知的周人，一直待在自己草棚里的泰伯，再也坐不住了。他决定接受这个南方小首领的职位，就只当是老爹分封给自己的一个属地。泰伯跟仲雍商量了之后，就给这个南方部落命名为“吴”。

这个命名的灵感来源于有一次仲雍给泰伯讲土著人狩猎的过程。

土著人狩猎，一般对象是野猪，但有的时候，也有大型肉食动物，比如剑齿虎。

说剑齿虎是虎，其实它长得更像狮子。它有着豹一样的皮毛，狮子一样的脑袋，还有獠一样的两枚长牙，像是两柄倒插的短剑。而且，这家伙体型硕大，最大的仅是肩高就可达一米五，体重相当于四个成年男子。

对于如此凶猛危险的动物，整个狩猎活动，靠的就不仅是集中起来的力气，更重要的是人类的智慧。面对这种凶兽的时候，要求全员配合，有攻有防，呐喊着将猎物引至埋伏圈。

而吴人的“吴”字是象形字，上面一个“口”字是呐喊的意思，下面一个“天”，是汉代以后的简化版，之前是一个类似于“矢”字的模样，表示吴人在狩猎时一边奔跑一边回头，既快速又不失警觉。泰伯对仲雍说：“‘吴’字，有声有色地表现了一种吴人拼搏的精神，是勇、智、信的体现。”

仲雍心里说，大哥也太牵强了吧，一个“吴”字，如何就体现了“勇、智、信”呢？要不说，泰伯作为嫡长子，读书就是多呢，多老实有才的一个人呐！而仲雍虽然聪明有余，但才学不足，这一点，泰伯正好补其所短。这对离家出走的搭档，也可以说是黄金搭档了。

泰伯多少看出仲雍一头雾水，就进一步解释说：“老弟，仔细看啊！这‘吴’字，有奔跑、呐喊的意思，寓意勇往直前，这不是‘勇’吗？面对强大的剑齿虎，吴人通过设计埋伏，巧妙地将其捕获，这不是‘智’吗？整个过程，全员配合，用此起彼伏的喊声作为沟通，心灵交通，这不是‘信’吗？如此勇、智、信三者，吴人治天下之根基啊。”

新官上任三把火。

泰伯也不例外。

第一把火——造城。在现在的江苏无锡梅里，吴人造起了吴国最古老的都城。

泰伯和仲雍都很清楚，商王朝已近日落，战乱是无论如何也避免不了的。就吴人这点力量，维持自己的生计都还很艰难，更不要说去打仗了，既没能力和别人打，也没能力挨别人打。两兄弟左思右想，决心造城。

史书上记载，他们造起了周长三里两百步的内城与周长三百多里的外城。

周朝的时候，一里相当于三百步，光是内城就三里两百步，也就是一千一百步。很显然，内城是大家吃喝玩乐、衣食住行的地方。这个一千一百步周长的内城，大约可容纳数百人口。当然了，拥挤一点，住个上千人也不成问题，可见当初人口还是挺少的，城也不大。人们吃住在内城，耕种在外城，这样一来，倒也确保了安全。

第二把火——训民。

怎么训呢？教他们写字唱歌。

因为土著语言，泰伯、仲雍哥俩学不会，为了适应外面的世界，觉得还是让大家学习外国西周的语言更好，这样方便以后联合在一起。这样一来，泰伯、仲雍的工作就多了，分别组织学校，每天授课，泰伯负责教授写字课，仲雍负责音乐课。

土著人之前没有文字，所以写字课教授起来有点难。大家一开始像画画一样，觉得挺稀奇，后来才知道，这里面有那么多的意思。特别是仲雍在音乐课上，用字形将舞蹈的方式演绎出来，大家觉得更加神奇了，学习的积极性也提高了许多。仲雍的音乐课，唱的什么呢？史书上没有记载，但是可以想象，无非是关于耕种节气、敬神敬鬼之类的。南方巫术传统，在仲雍这里，咒语术得到提升，许多人开始相信，巫师可以通过舞蹈和咒语，直接与神鬼沟通。

自从泰伯训民以后，人民团结且富有朝气，一心一意促和谐、搞生产。不出几年工夫，吴人部落已经成了南方诸部落里比较有名的部落。

说到这里，还有一点值得交代的是，南方部落比较分散，而且规模都不大。自从泰伯哥儿俩来了之后，吴人部落开始用发展的眼光来看世界，兴起得很快。周边的许多部落一见这局面，以为吴人是神鬼共同护佑的子民，都来朝拜。

因为南方靠海，所以南方有许多部落，推崇吴人为海神之子。中国古代颇具魔幻气质的《山海经》就记载了这个事情，其中的《海外东经》说:“朝阳之谷,神曰天吴,是为水伯。”水伯就是海神,而所说叫做“天吴”的神，其实就是一种精神信仰，并没有这么一个确切的神。天吴的意思是伟大的吴人。由此可见,泰伯训民这一把火过后,吴人的发展和兴起了。

第三把火——挖河。

向来都说南方蛮荒，其实这是中原对南方的一种歧视。

南方多水、多树木，这些都是生命之源呐！只是在狩猎时代，人们不会耕种，对于耕作之道，便从无视到歧视了。

泰伯训民之后，人民的思想比较放得开了，耕种时代不久也就即将到来。

要发展农业，人们必须去处理因长时间积水而成沼泽的土地，不然没法种庄稼。为此，泰伯想出来一个好办法，那就是开挖河道，就是把那些分散的积水，疏导到大海里去。这样，吴人就可以种庄稼了。

但是怎么样调动大家去挖河呢？你要是直接跟土著们说，你们去挖河吧。那么,他们肯定会问:“为什么呢？”因为这样就可以种庄稼啦。“为什么种庄稼呢？”因为这样就可以吃到粮食啦。“为什么放着猎物的肥肉不吃，去吃硬梆梆的粮食呢？”因为……你总不能对土著们说粮食是绿色食品吧！好嘛，完全说不通啊。

话说为了这事，泰伯彻夜不眠。而仲雍早早就睡了，一边睡，仲雍一边还抱着从西岐带过来的包袱。唉，估计在梦里想家了，泰伯感叹地想,自己这个弟弟跟着自己真不容易。忽然,泰伯的脑中闪过了一阵灵感,他的眼睛旋即盯在弟弟的包袱上，直冒绿光。

次日一大早，泰伯召集吴人，精神饱满地对他们说：“我们不能总是过吃饱了睡，睡足了吃的生活，现在社会发达了，我们要跟上时代的潮流，过点有品位的生活，是不？想知道仲雍的宝贝（照相机和打火机）都是哪里来的吗？我告诉你们，就在哪儿哪儿哪儿（此处省去一千来字）。挖去吧。”

吴人一听，入迷了，泰伯惊堂木一拍，大家二话不说地都往自己家里跑去，都回去拿工具了。

泰伯通过短短的一番演讲，成功地激发了吴人内心爱好高科技的欲望。于是，在一股子盗墓式淘宝热潮中，著名的伯渎河开挖了，工人们没有拿到一分钱但又效率非常高地努力挖河，这在今天看来简直就是一个奇迹。它流经坊前、梅村、荡口，直至漕湖，全长43公里，是无锡历史上人工开凿的第一条河流。在那个时候，还不用担心拆迁的问题，大家都很自觉地把自己家的房子给拆了，所以速度非常快。

河倒是挖好了，可宝贝一丁点也没找到。

土著们很失望，本来他们还巴望着能挖出一个UFO。可是，泥土的下面还是泥土，上面则流成了一条河，他们觉得泰伯很不老实，欺骗了他们的感情。

泰伯却说：“大家想想，河道一通，沼泽变成良田，就能种粮食啦！种成粮食，还能分给家里面的一些猪啊、鸭啊、鸡啊、牛啊的吃，不是很好吗？这难道不是最大的财宝吗？”吴人听了，完全无语，种粮食分给野猪、野鸭、野鸡、野牛吃干嘛。众人无奈，但是那时候民风还比较淳朴，只是异口同声道：“晕，您老人家挖了坑儿在这儿等着我们呢。”

泰伯的第一把火，等于把基础设施建设得差不多了。

第二把火，寓教于乐，文化、娱乐两不耽误。

第三把火，相当于以工代赈呀，同时又发展经济。

这三把火烧得的确有条有理，吴人的开姓始祖呀，那德行那智慧，不服不行。

泰伯没有子嗣，仲雍就成了吴姓的传代始祖。

泰伯去世后，吴人悲恸，争相向他的遗体敬献鲜花，结果吴地一时漫山遍野都找不到鲜花了（这吴泰伯简直是葬身花海啊！）。因为泰伯生前喜爱种麻，于是大家纷纷采麻，束之腰间，表达怀念。这风俗流传下来，就是披麻戴孝的丧葬礼俗。

泰伯之后，仲雍从精神的神坛上走下来，激动地接过了大哥的棒子，成了吴人新一任的首领。

仲雍从神坛上走下来，坐上首领位子。很快左思右想不对，这样干，国家和他的专业不对口，于是，他又把首领的位子搬到了神坛上。

仲雍不像大哥那样治理国家，他继承了南方的巫术传统，凡事皆要问鬼神。

这样的做法，用孔子的话说，一个国家凡事一旦只问鬼神，就势必远离人事。这样一来，吴国的经济发展就远没有泰伯治理时那么快了。

史记上说，吴仲雍生吴季简，吴季简生吴叔达，吴叔达生吴周章。到仲雍的曾孙周章的时候，远在中原的天子已经是周人姬发了，也就是周武王。

周武王灭了商纣，安定了天下，派人寻访泰伯的后人，得知宗族的这一分支，居然在南方成了响当当的首领。自己这个亲戚好歹也不算是什么穷亲戚，就把吴人本来的内城外城，连带周围许多零星的一些部落，一起赐给吴周章作为封地。如此一来，吴人的领地比之前扩大了好几倍。

05

寿梦称王

前面说过，周武王灭商纣之时，泰伯、仲雍开拓的吴邦国已历四代，周武王封仲雍的传人周章为句吴国君。时光继续荏苒，岁月依旧如梭，一晃就传了十九代，这时候的吴王是寿梦。

寿梦是王号，此人真正的名字叫“乘”。“乘”字的青铜铭文为一个人张开双臂、叉开双腿站立在大木筏上。人如其名，年轻的吴乘意气风发、英姿飒爽。

其父去齐对他寄予厚望，吴乘十五岁那年，刚刚行完束发礼，就被父亲去齐叫到厅堂上，问他，如果让他治理吴人，他第一件要做的事情是什么？

吴乘在父亲面前，不假思索地回答说：“迁都。”

去齐吓了一跳，好家伙，人小鬼大，“你准备把我们的都城迁往何地呀？”

吴乘侧身走到父亲身后的吴国地形图前，他人站在那儿，还没有地形图高，却用手点着一片水域，对父亲说：“老爸，离宁镇丘陵不远的东南方向，有一个大湖，大湖北岸有大片的平原和河水，居住耕作皆为适宜，我准备把都城迁到那里。”

去齐听了一愣，心里想，这个小不点，从哪儿知道这么多呀？何况他又从来没有出过宫门……其实去齐不知道，吴乘颇有雄心壮志。虽然身在宫门之内，却从小好学好问，凡来朝见君王的大臣，不管是文臣也好，武将也罢，私下里，都曾被吴乘单独喊过来请教过问题。吴乘小小年纪，好奇心强，上至天文地理，下至黎民百姓，没有他不想知道的，再加上勤奋读书，学问着实长进不少。

吴乘所说的大湖，就是现在的太湖，那可是鱼米之乡呀！

列位看官可能要问了，作为一国之主的去齐，做了这么多年的君王，再怎么无知，也应该知道太湖是个养人的好地方吧，为什么就从未想过迁都呢？诸位不知，去齐这人做事有自己的一套风格，他就像某些同学在答考卷时，总喜欢瞻前顾后。在他心目中，养尊处优，保得国人偏安一隅，就是全部目的。

吴人在宁镇丘陵一带，从吴泰伯开国伊始，到吴乘的父亲去齐这一代，将近百余年，其乐融融，何故迁都，惹那么多的麻烦呢！不是去齐不知太湖之美，而是这位无为的君王觉得，迁都实在没有必要。而去齐的祖辈们，多半由于条件不足，也并未考虑迁都。

但是这天听了儿子这么说，去齐忽然觉得自己怎么连一个孩子还不如。在为自己儿子骄傲的同时，又为自己悲哀，想想，觉得这事有点意思。于是，他就想听听自己的宝贝儿子有何意图，就对吴乘说："迁都？那可不是搬砖头啊，兴师动众不说，说不定还劳民伤财。儿子呀，你迁都是为何呢？"

吴乘拱手施礼，立于厅堂之上，一双细小的眼睛放出坚毅的目光，对父亲说："吴人固守宁镇丘陵，快乐一世容易，快乐万世就难了。父亲你看……"

吴乘说着又走到吴国地形图跟面，手指太湖说："大湖，水美土肥，富国强民，振兴吴人。此，万世之资也。"

去齐一把老骨头，被儿子吴乘的朝气感染，心里想，看来我去齐不服不行呀，儿子有图强之心，我有爱子之情，也罢，成全了他吧。

次日朝堂之上，去齐召集谋臣议事，商讨迁都事宜。去齐还特意让吴乘和他一起坐于朝堂之上，听取大臣们的建议。吴乘在大臣面前，将昨日的话复述一遍，大臣们听了个个称赞，纷纷对这个未来君主表示臣服。就这样，吴人从泰伯当初建造的旧吴都城里迁出，浩浩荡荡，去了现在的太湖平原。

迁都到太湖平原之后，吴乘渐渐长大。

二十岁（也就是弱冠）那年，去齐派遣吴乘巡视吴地，作为储君的考验和历练。如此一来，吴乘这小子算是称了心意了，就像脱缰野马一般。起初去齐还担心吴乘在外面野了心志，经不住考验和历练，不过后来慢慢也就放下心来。毕竟，将来的国家还是由他自己治理。所谓父爱其子，该放手时且放手，老是担心顾虑，抓着不放，儿子怎么能成长起来呢？

说是巡视吴地，其实相当于游山玩水。因为当时吴国的邻邦楚国，正在和北方的晋国争当霸主，战争连连不断。其余小国，都自扫门前雪，求得保全就已经是万事大吉了。而吴国南方的越国，也是刚刚起步，无心与他国争斗。况且吴楚结仇、吴越结仇的时代还没有到来。所以这小小的吴乘，以巡视吴地为名，着实旅游散心了一把。

和现在的驴友一样，吴乘每到一个地方，有三件事必须做：其一，吃遍当地所有小吃；其二，看遍当地所有风景名胜；其三，亲自加入当地劳动人民的耕作之中。前面两件没什么稀奇，第三件，有点像现在的“农家乐”，只不过现代人就是一乐呵，而吴乘是有政治野心的，他要亲民，就要树立民众对他的爱与信。

如此旅行，花费十余年的时间，吴乘走遍吴地大大小小的地方，熟悉吴地形形色色的民众，逐渐建立起了自己在吴国的声望。全吴国上下，没有人不知晓这个有志气、有威信、有爱心的青年，更有一些吴乘在各地如何帮助人民这样的故事，流传坊间。

去齐见时机成熟，就传召吴乘回到自己身边。此时的去齐垂垂老矣，又加上身患痼疾，所剩时日已是不多，把儿子叫回来，一来是希望儿子能陪伴左右，同时也是为了让吴乘替自己处替一些繁琐的政务。于是，吴乘便回到父亲去齐的身边。

这一年，吴乘已经到了而立之年，当年意气风发、英姿飒爽的少年，如今已经成熟起来，当得起一国之君的职位了。

这个当年在父亲面前豪言壮语的少年，到了而立之年，更是雄心不减。在他的内心深处，暗暗做好了破楚服越、争霸中原的打算。

公元前 585 年，去齐病逝，吴乘即位，时年 45 岁，王号寿梦。吴地方言，"梦"、"网" 读音相近，"寿梦" 的意思，就是 "长久牢固之渔网"。这个王号，让人想象得见，吴乘巡视吴地之时，和民众一起捕鱼的情形，深得吴地百姓之心。

吴乘即位，万民称赞。

同一年，寿梦正式称王。吴国从此有了确切的纪年。

寿梦称王，是继楚国的武王熊通自立为王之后，第二个称王的诸侯。

寿梦即位之后，意图相当明显，从谏议父亲迁都太湖开始，寿梦就做好了强大吴国、争霸中原的打算。

特别在当时，楚国武王熊通称王之后，晋国代周天子巡狩，率领各国诸侯讨伐楚国的僭主之罪。而作为楚国的邻国，吴国此时称王，明显是有投机取巧之心，这也恰恰说明了吴王寿梦是一个有政治远见之人。

吴国称王，难道不会引来中原诸侯的联盟讨伐吗？寿梦经过仔细分析后认为，不会，非但不会，中原诸侯特别是晋国霸主，还会支持自己称王。何以见得？理由有三：

其一，晋国在北边，楚国在南边，晋国担心楚国在南方做大，将来不好对付，吴国的加入，势必要和楚国发生争执，晋国等着鹬蚌相争，渔翁得利；

其二，吴国称王，和楚国的势力形成对峙，彼此牵制；

其三，吴国和周天子是一脉宗亲，两家出自一家，对周天子不构成威胁。

果不其然，寿梦称王之后，北方各诸侯，并未表示反对。特别是周室宗亲的鲁国，更是对吴国表示出出奇的友好。要知道鲁国在春秋时期，说话还是有分量的。因为鲁国曾经是周公旦封给自己嫡长子的领地，所谓“周之最亲者莫如鲁”（清代高士奇语），鲁国可是礼仪之邦，是全天下公认的周礼之集大成者。鲁国的接纳，无疑增强了寿梦争霸中原的信心。但是，寿梦他可能并不知道，北上争霸的时机远未成熟。

我们的寿梦要在一番考验之后，才能真正走上振兴吴国之路。

06

北游诸侯

话说在寿梦之前，吴越这边一直被北方诸侯视为蛮荒之地，那么生活在蛮荒之地的自然也就是蛮荒之人。这话要是只在北方诸侯之间说说也就算了，可一旦传到南方，特别是传到寿梦的耳朵里，就不是一般的不中听了。

寿梦是个有心开创局面的君王，而君王最看重的就是脸面。在战场上可以打败仗，但不可以被羞辱，老话不是说“士可杀不可辱”嘛，寿梦就是这样的人。

在寿梦之前，吴国几乎不与北方诸侯往来，除了在寿梦的老爹去齐的时候，也就是公元前601年，在楚国的威势之下，才与其结盟。因为当时楚国忙着和北方的晋国争霸，与吴国结盟，那意思是说，你吴人可别有小动作，使我楚国免遭腹心之患，好让我与那晋国拼个你死我活。

后来吴国国都从宁镇丘陵迁往太湖平原，北方诸侯就是想来，也很受阻碍。如此闭塞的好处，就是吴国趁着其他诸侯战乱的时候，可以偏安一隅，让自己的翅膀快速丰满起来，让自己的人民静悄悄地繁衍生息。

可是一旦丰满起来，翅膀硬了，再这样闭塞下去，就是自寻死路了。寿梦可不是他老子去齐，更不是吴人的开姓始祖泰伯，他巴不得全世界都和他一起来建设和谐世界的，这小子可是个迎头直上的主儿，况且，吴国今非昔比。

寿梦称王时，吴国已据有江苏、浙江杭嘉湖平原及安徽江南地区，并拥有步兵及水军三万余人。

大势所趋，时机成熟，寿梦再无任何顾虑。

既然称王了，寿梦决定北游诸侯。

一来，获得更大范围的领土，对吴国政治地位的接纳和认可；

二来，顺便看看能不能与强大的晋国联盟，以摆脱邻居楚国的威胁。

诸位可能有所不知，楚国的威胁，可不光是对吴国呀，北方的晋国也能感受到楚国那股子野心和势力。

楚国自从楚武王熊通称王称霸以来，唯恐天下不乱，频繁发动战争。楚武王在位60余年，几乎年年打仗。

楚武王熊通那可是个铁腕政治家、军事家。这厮即位就不是正当即位的，而是杀死自己的亲侄子，自己私立为楚国国君。这还不算，刚一当上国君，他就给周天子写了一封信，信中强烈要求周天子立他为王。好家伙，这个要求，周天子哪里答应呀。要知道，周朝治理国家，那是只有诸侯，没有国王的。所以春秋五霸里的主角都称自己为“公”，从来没有称“王”的。

熊通先是自立为楚国国君，然后，见周天子不答应自己的要求，就抛出去一句话 :“这事就不麻烦您来了，我自己立自己吧！”原话是“王不加我，我自尊耳！”熊通发怒了，于是春秋历史上诸侯自立称王之始作俑者出现了。

楚国打了胜仗有个习惯，就是把原来统治那个地方的人，迁往楚国的腹地，相当于给人家造了一座露天的监牢，完全看管起来。这个手段，让那些楚国的附属国，都有点胆战心惊。谁的国君位置也坐不安稳，说不定哪一天楚国熊通一发怒，就把你从自己国家迁往楚国的露天监牢给你软禁着。

吴国，应该说是楚国的附属国之中，它是第一个站起来反抗的。

而如此反抗，正是从寿梦称王开始。

称王只是一个名义上的反抗，现在寿梦得迈出实质的一步，就是北游诸侯，盟晋伐楚。

公元前 585 年，也就是寿梦即位第一年，气度豪迈的吴王便亲自带队到洛邑去朝见刚刚登基的周简王，并沿途访问了不少国家。要知道，从太湖之滨北上洛邑，那行程不下千里呀，没有两三个月是到不了的。

这个有点类似我们现在哪个国家新上台了一位总统，世界各国的首脑就纷纷打电话去恭喜的那个意思。这样做的目的，当然是和各个国家都能搞好关系。不过，寿梦比较热情，当时他的做法，相当于现在自己上台了却要打电话去告知别个国家，做法反了过来。不过，性质和效果是一样的。

寿梦在这漫漫的旅途中，那游山玩水自不必说，早年巡视吴地，也没有如此快活。就像出了樊笼的小鸟，也不知道山有多高、水有多深了，心里想：偌大的一个世界，我四十余年，却只守在一个小角落，实在是汗颜呐！

如果这趟旅行光是游山玩水，那算是我们小看这位吴王了。寿梦出发之前，就决定把这趟旅游不仅仅当做自己减轻工作压力的一种方式。他老早就给自己画好了路线图，经过哪儿，会晤谁，那都是谋划好的，并且把这些都制成一个功课表，每天都要看一看。

再怎么说，这位吴王也是一个眼光犀利、心胸开阔的政治家，哪儿能这么走马观花的旅游呢。

第一站，楚国。

啥意思？不是说，吴王此行的隐晦目的，就是盟晋伐楚嘛，为什么第一站就去了楚国呢？难道这寿梦突然高兴过度，天堂有路你不走，地府无门你闯进来？

要么说，吴家阿乘聪明呢，脑瓜子绝对好使。按照吴国所处位置来看，北上朝见周天子，第一站大可不必去楚国。但寿梦可不是冤大头呀，这么做是有一定道理的。

寿梦的意思其实很简单，假如我寿梦不称王，那现在天下称王的只有你楚国呀，那你不是太孤独了，人这一孤独，大伙儿都要欺负你。

现在我吴国也称王了，你楚国别硌应我，咱们俩就相当于是穿上了同一条裤子，可要团结啊！不然，谁都走不动。而我呀，还是你楚国的附属，请您老放心，我吴国还是尊重你的。但是呢？（寿梦会晤楚共王的时候，不得不为自己的北上找一个理由……）我吴国呢，和周天子是一家亲呀，虽然过去了一百多年，但是，总还有些走动。当初周简王的妻子死了，别的诸侯都去吊唁，唯独我们吴国地处偏僻，消息闭塞，不知道这个事情，算是我们对天子失礼了。这以后，周天子要是计较起来，我担心吴国的人民会因为我寿梦的失礼而受牵连。所以呢，我寿梦此番北上，也算是为人民服务，去补回这个礼节，之后咱们就老实回来，绝对不会让你一个人在南边寂寞的。礼尚往来嘛,有来有往,才能和气生财。

这样吧，我这一趟北上，如果有什么土特产，我一定会多带一份回来的，和气生财。我们是同一条贼船上的人，我们吴国发了，自然也就是你楚国生财了。

楚共王听得烦了，心里说，啰嗦这么多干什么，你一个小小的吴国，才发展几年呀，我强大的楚国还担心你做大不成？你爱去不去，干我什么事，说这些个搅屎棍子有啥用。

于是，寿梦确保了自己无忧之后，在楚国停留了三日，把人家楚国的粮食浪费了好些，一行人才继续北上。

从楚国出发，中间略作几次停留，直达洛邑（现在的洛阳）。

要知道这可是吴国建国以来第一次朝见周天子，也是第一次出使中原。寿梦就像是大山里边的孩子第一次到繁华的都市，幸亏这繁华的都市有自己的亲戚，否则，他真的可能流落街头了。

吴跟周本是一脉宗亲，所以吴王寿梦到洛邑见了周简王后，第一件事就是认祖归宗，祭拜宗庙。周简王和吴王寿梦，都是同一年即位，两个人聊起来也比较投缘，彼此分享了一些当领导的心得和苦楚，分外有感觉。周简王也感慨起来，说，毕竟身体里流的是一家人的血呀，谈起来有共同语言。

寿梦在洛邑的日子，也是相当开心和得意。开心的是，从吴国到洛邑，大开视野，几天工夫见识了四十年没见识的；得意的是，吴国作为南方小小的国家，还是楚国的附属国，竟然得到周天子的特别礼遇，那风光、那场面，真是羡煞旁人呐。

周简王觉得光是如此礼遇还不够，乐到兴头上，又派遣专门车队，护送寿梦去鲁国和晋国转一圈。通晓春秋历史掌故的可能知道，这鲁国、晋国可都是周王室的宗亲。周简王这么安排，意思就相当于告诉寿梦，既然好不容易来一趟，那就把亲戚拜访个遍，什么七大叔、八大爷的。虽然是在鲁国和晋国呢，但你必须得去，这也是必不可少的礼节嘛。

寿梦当然一百个乐意、一万个情愿啦。鲁国，那是礼仪之邦呀，和鲁国搭上关系，那我吴国在国际上就是有地位、有身份、有名望的诸侯啦；而晋国，我的神呀，这可是我此行的重要目的！嘘，不能声张，窃喜，窃喜。

敢情我们的吴王在洛邑这么些天，乐得都不敢大笑啦，只能窃喜。

因为他寿梦心里很清楚，距离盟晋伐楚的构想已经不远，起码他已经能真正地看见了。

07

亲鲁盟晋

辞别了周天子，寿梦先去了鲁国，会见鲁成公。

那场面是相当的大啊。你想啊，鲁国可是周公嫡长子的封地，而周公又是发明礼乐的人，所以一见面，就是又唱歌又跳舞的，把个吴王寿梦弄得眼花缭乱。

因为第一次听大型音乐会，又是专门为他一个人准备的，寿梦显然有点不得章法。特别是那些看起来像头盔一样的编钟，更是让寿梦丈二和尚摸不着头脑，脑袋边上全是问号（咱们山里的孩子哪里见过这一些怪东西，哪里有闲情逸致去听闹哄哄的音乐会）。

鲁成公从寿梦那既惊诧又怀疑的脸上，看出了作为南方国家在面对北方诸侯的繁文缛节时的尴尬，心中多少有些得意，也深感自豪。等音乐稍稍停顿下来，鲁成公便给寿梦讲起了礼乐的历史。

这一堂课，寿梦认认真真地听了一个钟头，他似乎已经打定了主意，回到吴国也要出资办家音乐学院，大力发展敲钟的人才（他始终对未知事物保持着好奇和好学，有句话叫“生活在别处”，对寿梦来说，再恰当不过）。

所谓“礼”呢，按照周公的意思，实质就是一个等级次序。《论语》里说的“八佾舞于庭，是可忍也，孰不可忍”，是孔子听说鲁国一个姓季的公卿，在家里让六十四个歌姬（每八个歌姬排成一队）给他跳舞，生了老气，就说了这句流传到现在的话。

因为按照周公礼制，只有天子资格才能欣赏八佾舞于庭，往下依次是“诸侯六，卿大夫四，士二”。也就是说呀，人要按照各自的身份划分等级，这样才能保证最高位置之人的权威，得到所有人的尊重和效忠。而所谓“乐”呢，就是再搅和搅和，前面划分的太明确，人与人交往，一等对一等，二等对二等，这迟早得造成人与人之间的关系冷漠，不就没意思了么？于是，就再实行乐，意思是说，一个人快乐不如大家一起快乐，快乐是没有等级之分的。毕竟，天子快乐的本质，是与民同乐。

乐是用来麻痹人的，它十分成功地缓和了当时各个阶层间的关系。

鲁成公讲到这儿，故意停了下，对寿梦说：“宗亲，礼乐之间的玄妙机关，是一门很大的学问呢！我们鲁国倾全国之力研究了这么多年还是没有完全搞明白，你可清楚呀？”

寿梦想，机关？还暗器呢！寿梦直摇拨浪鼓，说：“不晓得呀。这东西不能吃，不能喝，更不能帮助人家称霸，让人听了只能爱睡觉。”

鲁成公微微一笑，作一语道破玄机状，对眼前这位刚刚登位的君主说：“礼乐之间，那是一个辩证法呀，这说起来有点深奥啦。但我可以一句话告诉你，礼乐的实质，就是一个唱黑脸，一个唱红脸，既不能把国君以下的人贬低太过，也不能把他们抬举太高。”

寿梦听了，如梦初醒。哎呀！我咋没想到呢！礼乐这东西其实就是处理人与人之间的关系。鲁成公哈哈大笑，心里说，这哪儿是想能想得出来的呀。随即又说：“这可是我多年为君主的经验之谈啊。”

寿梦就坡下驴，施礼高叫：“哎呀！”把鲁成公吓了一跳，差点摔倒，好家伙，南方人说话起伏太大，有时候小到软软的，跟个蜜蜂似的；有时候又大得生猛，跟个炸雷子似的。

寿梦说：“成公啊，宗亲啊，你算是我的老师了呀！这一拜，是肯定要的。”好嘛，跑鲁国来不光是认亲戚，还认老师来了，这关系攀的，那叫个铁呀。

鲁成公因为比寿梦年长，也不谦让。

课上完了。接下来就是体验，说礼乐，没有听歌，怎么也说不过去。鲁成公也是炫耀自己作为周公嫡系的身份，他们鲁国也就是礼乐做得好。当即命令乐工，将先王礼乐一一为吴王寿梦演示，并请歌姬演唱夏商周三代的民间歌谣。当然了，所谓的民间歌谣，并不是二人转、山东快板什么的，而是一些赞颂王朝万代的歌谣，还有就是歌唱宗族历史的。

寿梦还在为自己和鲁国攀上亲戚加老师的关系而窃喜呢，一听说有歌听，也来不及偷着乐了。仔细听过去，有好几首，都很中听。只有一首，寿梦听得真切，过耳能诵。鲁成公问起哪首歌曲，记忆如此深刻？寿梦清唱了起来：

挚国有女任小姐

来自浩浩殷商国

嫁到西周做老婆

与夫季历行仁德

生得文王万世昌。

（《诗经》原文:挚仲氏任,自彼殷商,来嫁于周,日嫔于京。乃及王季,维德之行。太任有身，生此文王。）

鲁成公一听，哦？原来是这首啊！这首歌曲，唱的是我们祖先的事情啊。两个人不由得陷入遐想，仿佛回到了泰伯时代的西周。深情处，竟然泪下。谁落下泪了呀？我们的寿梦呗。

你知道他咋想的？他心里想，哎呀泰伯祖先呐，你当初是跑啥呢？你要是不跑,留在这丰饶的中原,到现在,我寿梦怎么着也是一个诸侯呀！天天有歌听，天天有亲戚串，有嗑儿唠，不知该多么快活呢。何苦在南方偏安一隅，虽然我也知道太湖之美、南方之富，但是形单影只，总不是个滋味。

两人继续聊天喝酒，通宵达旦。

次日，寿梦惜别鲁成公，领着队伍又往晋国开来。

晋国当时的国君是晋景公，已是暮年。

从寿梦来访这一年，往后来推 4 年，晋景公离世，便是晋厉公即位。这晋景公，可是北方的一个霸主。他在位期间，两次败楚，愣是把野心勃勃的楚国霸业给扼杀了；他还曾经打败齐国。要知道，楚国和齐国，在当时都是响当当的大国啊（齐国，是传统强国，第一代首领是个比较有名的角儿，叫姜子牙）。

晋国实力可想而知。而说起晋景公的死，还有一段故事哩。

晋景公，武治天下，民间传言为无道昏君。京戏里著名的《赵氏孤儿》阐述的那个君王，就是晋景公。传说晋景公夜里梦见厉鬼，披发垂地，以手击胸，暴跳于地，身形高大，形状非常恐怖，这鬼还大声叫道："无道昏君！我子孙何罪？你不仁不义，无辜枉杀，我已诉冤于上帝，请准来取你的命。"说罢，就来掐晋景公的脖子，整得晋景公梦醒了，还在害怕，往内宫奔逃，大鬼毁坏大门和正门而入，景公害怕，躲入室内，大鬼又破户追入内室。景公恐怖，呼叫中才发现，自己掐着自己的脖子，原来是一场噩梦。

古代人是比较相信梦的，尤其是噩梦，晋景公从此郁郁寡欢，并且一病不起。

晋国当时在桑田这个地方，有一位巫师，能占鬼神驱祸害，景公就召这位巫师进宫（传统就是这样，巫师比医师更加有社会地位），结果一见面，巫师立马就占出景公的梦境。

景公见巫师还讳莫如深地，就慌忙问道："你能不能制服这个鬼呀？"

巫师就说："景公，这鬼呀，是您老前世的一个功臣，而且还是一个有威德、有力气的鬼，以我的实力，实在是制服不了他。况且，现在又是他最恼怒你的时候，我可能帮不上什么忙啊。"

景公一听，差点就哭了，愁苦地说："那……那寡人这病，还有得治吗？"

巫师低着头，说："恕小的直言，主公您恐怕吃不到新麦了。"那意思是说，你熬不过今年了。

景公听了大怒，就将巫师关押起来，他打起十二分的精神，强装坚强说道："寡人不信你这般妖言，你说我吃不到新麦，我就吃新麦给你看。"

如此，晋景公的病情一天一天沉重下去，等到六月的一天，景公忽然想起吃新麦的事情。于是，就命令地方上的人献上新割起来的麦子，迫不及待地就吩咐膳夫煮好麦粥。忽然想起巫师的话，就叫人把巫师带到面前，决定治他一个欺君之罪。

晋景公指着煮得香喷喷的麦粥说："看来你小子也不怎么样嘛！竟然到处坑蒙拐骗，骗吃骗喝，今天啊，我就要揭穿你的谎言，你说寡人吃不到新麦，你看，这不是新麦吗？"

言毕，马上喝令左右把这巫师推出去斩首，巫师就这么比晋景公先走一步了。随后，晋景公正要把这新鲜麦粥送进嘴巴里吃，忽然，腹部一下子膨胀起来，要大便，急忙起身去厕所。在厕所中，忽然一阵心痛，站立不住，由于古代不像现在，于是，他就跌落厕内，陷于粪池中而死。这死法，可够牛哄哄的，那叫顶风臭八百里呀。

08

相约会盟

我们的寿梦从小课外书读得比较多，对于这位牛哄哄的晋景公，虽然说不上十分了解，但也知道个八九不离十了。

和之前与鲁成公的交往不一样，因为人家鲁成公是文治，而晋景公是武治。由此可见，寿梦的智慧之处。他与鲁成公交往，听到歌颂祖先任小姐的曲子，就潸然泪下。诸位看官，您以为他真的感动啊，那算是小看他了。感动自然也是感动，但非要在人家鲁成公面前落泪，就多少有点矫情了，那只能表明，他是做给鲁成公看的。寿梦心里很清楚，对于文治的君主，要"以情亲礼"，这样才能建立稳固的友谊，人家也才会说你够意思。

而对于武治的君主，比如即将会面的晋景公，就要“以兵盟誓”，如此才能达成共识。假如不这样，而是以兵亲礼，或者以情盟誓，那就叫“秀才遇到兵，有理说不清”。

所以呀，寿梦初见晋景公，既不拉家常，什么周室宗亲呀，什么一脉相连呀，也不攀关系，而是直陈吴国长久以来，受到楚国欺压之苦。晋景公多聪明的人啊，一听，就知道这是来求援的。

那还有什么好商量的呀！我晋国肯定帮你吴国呀，楚国和我晋国之间，夹着一个周王室，那就意味着，楚国的势力大过我，楚国就会挟天子以令诸侯；而我晋国的势力大过楚国，那就是我晋国挟天子以令诸侯。现在吴国千里迢迢来求援，我傻呀？放着这么好的有利联盟不用。

梦寿还在路上的时候，晋景公就相当明白，假如和吴国联盟，让吴国在楚国的南方边境不时地来两下，或者骚扰，或者动粗，即使不能拖住楚国的后腿，也能让其分心不已。效果好的话，说不定还能把他们整出一个精神分裂来，这在战术战略上，对晋国是大大的便宜呀。

晋景公和寿梦会晤，那可谓心有灵犀一点通，彼此的心里都跟个明镜似的。会晤当天，两人各怀鬼胎，相见恨晚，晋景公当下就与寿梦约定，假若吴国能在三年之内，和楚国干起架来，而且能取得一定胜利的话，晋国一定会大力地去吴国投资。

投资的工程项目具体包括：联合北方各诸侯，与吴国会盟，出兵、出力、出钱，坚决打压楚国。

说到这儿，得交代一下，所谓会盟，那不是一般的碰碰面、聊聊天就完了。这在春秋时期，可是一条不成文的约定，啥意思呢？就是说，诸侯会盟，表明参与会盟的是一家，这在现在叫做战略伙伴关系，牵一发而动全身。

另外，对于吴国这样一个新起之秀来说，如果真能参加会盟，那就等于在向人表明：啊，我们吴国不再是山沟沟里的小村庄了；我们吴国，和你们大家都是一样的。从而，确立了吴国真正意义上的地位。

国家国家，光是在自家圈子摆大，那不叫国家呀。别的国家都来承认你，才算有你这个国家啊。所以，寿梦听了晋景公这番约定的话，无异于吃了一颗定心丸。

有了北方大国的支持，有了吴国这么些年的发展，还有就是寿梦这个一心想要走出山沟沟，看看世界的君王在，和楚国的这一仗，想不打都难喽。

一番宴席之后，晋景公邀请吴王寿梦参观车阵。

寿梦在高台上看晋国军队操练，兴奋异常。

那样子不小心被一位史官看到，被记载了下来：就像一只恶狼看见邻家的肥羊大餐一样，恨不得据为己有。

有不了解的可能要问了，光是看人家战车胡乱窜，这吴王寿梦兴奋个什么劲呀，是不是有点小题大做？可是，你要理解，我们的寿梦，家里确实穷了点，也是个偏远地区的人嘛，少见多怪也是可以理解的。虽然他十分好学，经常向人家请教，可是，那都是听来的而已。

诸位有所不知，这车阵在春秋初期，那可是稀罕的家伙啊，完全算得上是高科技武器。而晋国车阵，在当时所有这一些高科技武器中又是排在老大地位的。

想当年晋国和楚国的城濮之战，晋国之所以能得胜，靠的就是家里的车阵。提起那一仗，至今都还在流传呢：当时，晋国一下子就出动了战车七百乘，那场面是非常大，用当时的眼光去看，那就是七百辆重型坦克排在一起。

这边，我们讲点常识（记住，所谓常识只是相对的，这种知识，只是在春秋的时候是常识，在我们21世纪，估计十个考倒八个）。所谓“乘”，是以战车为中心配以一定数量的甲士和步卒（徒兵），再加上相应的后勤车辆与徒役编组而成。所以，乘是车、卒组合的基本单元，也是当时军队的基本编制单位。战车的优点是有气势，利于近距离格斗。但缺点是行动不便，体格太过庞大，驾驭起来比亲自拿刀杀人还麻烦很多。一般的战车，要么是两匹马要么是四匹马，四条或者八条缰绳，操作起来可不是放风筝呀。孔子要求自己的弟子掌握六种技艺，其中一种叫做“御”，说的就是驾驭战车，没有足够的臂力，休想驾驭好。

闲话休提，对于寿梦来说，当时最牛的作战装备，却并非是最有力的武器。就像现在，原子弹、氢弹、中子弹等核武器，是最牛的。可是，这也并非最有力的武器，因为除了唬人和发展能源，基本上派不上用场。

原子弹不能使用，搞不好把自己也给整没了。可是，战车寿梦为什么不能用呢？因为他用不了。

这里就要懂点地理知识了，从吴楚交界的地形来看，多为丘陵地带。丘陵就是一层层的梯田，不太适合驱动战车，战车一放上去，人家一看，还以为你是在耕田呢。毕竟南方不像北方啊，北方可以在广袤的平原上展开决战（这方面，后来的赵国四十万大军和秦国的长平之战就是代表）。

晋国与楚国之间，打仗打了这么多年，一方只要占了上风，就会把所占领平原地区的田垄改成有利于自己的走向，全部铲平。既然田垄走向都会影响战车的战斗力，更不要说忽高忽低的丘陵了。

寿梦的考虑，只能是这样，对于最先进的武器，拥有不见得有利，但没有绝对会吃亏。人家楚国有战车，你吴国没有，打起仗来，百分之百要吃亏。怎么说呢？因为光是那个气势就落了人家半截，这要是打起仗来，吴国士兵一想啊，这楚国连战车这种最先进的武器都有，还有这么多辆，跟他们对着干，那不是找死吗？

瞧瞧,要是有这样的军心,这仗还是不要打的好,早点投降得了。再者,寿梦也预见到了,战场瞬息转变,吴国和楚国虽然都是崇山峻岭,可是,总还能找出一些空地来,到时候,这些战车就能用了啊。

寿梦看着心里想要啊!可是,该怎么要求晋国从车阵上,做一定的支持呢?总不能直接张口要吧!

想来想去,寿梦实在无法,看来只能用最土的办法啦!啥叫"最土的办法"呢?就是有一些女同胞经常使用的一哭二闹三上吊。

但是在鲁成公面前哭还行,在晋景公面前哭,就有点矫情了,搞不好,非但不能让这晋国送战车来,还会让他们小看了我吴国。所以要哭,但是不能掉眼泪,哀叹一通,总是可以的吧。

寿梦当下就打定主意。

晋景公坐在寿梦旁边,见寿梦一直不说话,看那边浩浩荡荡的车阵演练,先是一脸惊奇,像要吃了这车阵,现在又是满脸哀愁,像这车阵要吃了他,忍不住好奇,就问道:"寿梦亲戚,你看我晋国这车阵如何?"

寿梦拍了拍手,回答道:"好。"就一个字,不说话了。

晋景公还想听好话呢,于是又问:"比起你家邻居楚国的车阵又是如何?"

寿梦一声长叹,说:"强他楚国一倍。"

晋景公听出了寿梦话里的哀叹气息,纳闷问道:"我知道你们邻里关系紧张,我现在要帮助你,而且我的车阵也比他们楚国好,你何故叹气呢?"

寿梦见晋景公上钩,就赶紧抓住机会说:"晋国虽强,可惜离我太湖太远,而楚国虽弱,可悲离我太湖太近。远水救不了近火,我叹气,是担忧楚国之患呐。"

晋景公还没明白这小子的意思,还不知道自己中了圈套,便同情地关怀道:“这有什么难的,你我本来就是一家,我们晋国与你们吴国共同进退。”

寿梦转悲为笑，拉着景公的手充满感激、充满沧桑地说 :“果真像您老说的，我吴国就有救了呀，我们就不用再害怕楚国的欺负了。”

晋景公一脸得意。寿梦这个时候不再兜圈子了，直接说 :“亲戚啊，不知道可不可以请赐晋国御者,到我吴国去教习车阵技艺,以防楚患啊！”

到这时，晋景公哪里能不知道他的意思啊！他吴国估计连一架战车都没有，还请我们晋国的教练去他们那里教习车阵，那不是明摆着要教练连人带车一起过去吗？也罢，反正自己家里车多了去了，不在乎，晋景公就不紧不慢地说 :“亲戚啊，咱们一家人不说两家话，不就是几辆车嘛？小意思，过两天，等我选出合适的人选，必将其派往南方，与你同甘共苦。”

寿梦乐得嘴都不知道在哪儿了，这事还真成了！他清晰地看到，眼前这正在操练的晋国车阵，已经变成了吴楚开战的场面。吴国的战车，借着吴楚交界南高北低的地形，长驱直入，杀得楚军四处逃窜，杀得楚国国破山河碎，杀得吴国越来越强盛，杀得我寿梦成就千秋霸业。

猛不丁，一阵微风吹来，正在做白日梦的寿梦打了个喷嚏，才清醒过来。一清醒，他就感到了深深的失落，直感叹 :“唉，幻觉啊幻觉，人这一得意，啥幻觉都想得出来。而人要是失意，啥荒唐事都能做得出来。”还好寿梦现在是得意的时候，不然，该疯了似的冲向晋军的演练场了，那多半会成为中国版而且是春秋版的堂吉诃德。老话说,拿着鸡毛当令箭,八成都是失意之人干出来的。

讲到这儿，基本上寿梦北游诸侯的政治任务已经完成了，玩也玩了，礼也礼了，盟也盟了，还待在这儿干嘛呢？

寿梦这些天，在晋国如坐针毡，恨不得立马就变成神仙，飞回吴国，调兵遣将，跟楚国一决雌雄。

寿梦满脑子想的都是打仗的事情，晋景公带他出去游玩，他也丝毫提不起兴致。估计再这样下去，自己会得忧郁症，没过几天，他就向晋景公提出辞别，说他挂念吴国，担心吴国上上下下、老老少少。

晋景公哪儿会留他呀，心里直说，您老还是抓紧时间回去，多给他们楚国找点不愉快，也算是帮了我晋国一把。

这一天，天蒙蒙亮，寿梦就起程回国了，作为吴国真正意义上走出去的一代君王，晋景公送给了他两大车的北方特产——山西老陈醋。就这样，寿梦从晋国回到了自己的吴国，被浓浓的酸味熏了一路，也差点把自己都腌制成了酸菜。

但是，寿梦鼻子上闻起来的味道是酸的，心里的感觉却是甜蜜蜜的。

09

螳螂之喻

从北方各诸侯国游耍完毕，吴王寿梦高高兴兴地归来后，消停了没几天，就开始茶饭不思了。都市的生活是多么热闹，可是，去的时候想回来，现在回来了又想去。

作为春秋时期的一方大王，寿梦也想过自己一个人跑出去微服私访，可是，要处理的事情实在是太多了。再说，现在的春秋时不时地打仗，搞不好自己被当成壮丁抓去和人拼命也是很有可能的。于是，也就只能在宫里好好待着了。

寿梦每日起床第一件事，就是询问晋国使者是否来访："有没有北边的人来了这边，打工的也算。”

“没有……”

寿梦每日中午必去登高台眺望，恨不得有个望远镜，直接能看到晋国，好知道这晋景公到底是怎么安排的，又是如何选派使者的。哎，我们的寿梦真的是寂寞死了。

人一寂寞就容易想入非非，我们的寿梦也不例外。他想可能是晋景公贵人多忘事，把这事给忘了？或者，当日没有听明白他话里的意思，到时候，真个只给我派来几个人，我吴国没有条件提供给他训练，岂不是出丑？

寿梦还做出了更加具有诚意的举动——每日睡觉不脱衣服，这样方便随时召见晋国使者，真是一点时间都不愿意耽搁。

吴国上下都私下议论，国君去了趟北方，都染上了什么毛病？看来，人还是不要随便跑的好啊，老天爷让我们长腿不是要让我们跑的，而是慢慢走的。老天爷又生下了这么多山，就是为了防止我们不受控制地乱跑啊！

如此左等等不到，右等也等不来，眼巴巴的，年关就要到了。寿梦着急了，即位这一年，啥也没干出来，啥子政绩也没有出，别人只知道自己去北漂了，还以为真的是去旅游呢！唉，年轻气盛的吴王，有点沉不住气了。心里直犯嘀咕，难不成晋景公出尔反尔？可是不可能呀，晋国和楚国，那是死对头呀！再怎么没有道德，只要他晋景公还有点头脑，都断然不会拒绝帮助我吴国的呀！

看过春秋历史的读者可能知道，在吴王寿梦离开晋国之后，晋国马上就出事了，它陷入了可怕的内乱，即史上有名的“六卿专政”。

晋国，在春秋时期，就是一块大肥肉呀！打败了楚国和齐国之后，一跃便成了超级大国。最要命的是，晋国的朝政实在够乱的，执政者不是国君，而是异姓臣子。这异姓臣子掌权，那是既重用异姓人，又得提防着异姓人，所以就有好几个卿候，彼此牵制，结果却养虎为患了。

寿梦离开晋国的那一年，也就是公元前 585 年，还不是“六卿专政”最厉害的时候，他们各自只顾忙着发展自家的势力，还无暇他顾。

我们后人知道这些蹊跷，但对于当时的寿梦来说，他还不知道晋国的这些事儿呢。因为交通不便，消息不畅通，寿梦的猜疑也就越来越重。他猜疑越多，就越气不过。心里想，凭我吴国现在的实力，就是不用战车，也能给楚国一点颜色瞧瞧。

于是，气不过晋国加上恨不过楚国，公元前 584 年，也就是刚刚过完春节，寿梦就召集群臣，商议讨伐楚国的附属——巢（古巢国，今安徽瓦埠湖东南）。

寿梦刚把这个话题抛出，没想到，朝廷大厅就比过春节还热闹了。数位大臣，联合起来极力反对，说什么吴国现在养尊处优，生活得多好啊，我们何故无事生非去找打呢？再说，这一次，去打别人多半结果是挨别人的打，这岂不是引火烧身吗？这是其一。其二，虽然说楚国挺不讲道理的，尽欺负一个一个弱小的邻国（在整个春秋时期，光是被楚国兼并的就有十二个国家之多），但是，这数十年之内，楚国忙于和晋国争霸，断然不会对吴国动兵，我们多一事不如少一事吧！总之，整个朝堂求和求稳的声音占了上风，把寿梦气得咬牙切齿的，心里直骂道：“鼠目寸光呐。”

寿梦一时恼火，在朝堂之上，发下狠话说：“孤王伐楚之心意已决，有进谏阻止我发兵者，立斩不赦。”

你们不是求稳怕事吗？那好，现在进也不是，退也不是，要么跟着老子一起上战场，要么就冒死进谏，留在史书上所谓的一个愚忠。

尽管如此，还是有人敢于进谏。这人是谁呢？史书上没记载他的名字，我们姑且管他叫做“无名”。

无名，王宫中一青年侍卫官是也。平常吧，为人低调，极少说话，要是没有寿梦冲动伐楚这件事，大家可以跟着历史的节奏，对他报以绝对的忽视。但是，这个小青年，不是一般人，算是有点小聪明、小才学吧，他既要阻止吴王发兵伐楚，又不能直言进谏，毕竟活着爽哉呀，死是多么无趣和愚蠢。

于是，他搞了一个行为艺术，啥内容呢？很简单，就是每天早晨拿着弹弓、弹丸在吴王常去晨练的后花园里转来转去。那些花花草草的露水，把他的衣服都打湿啦，他还是依旧煞有介事地转来转去，接连三天都是如此。吴王看他如此专心致志，如此忘我，跟个疯子似的，难免纳闷地犯嘀咕：“这么靠谱的年轻人，怎么也跟抽了风似的？”好奇之下，第四天早晨，吴王就当面问他：“你到底在搞些什么？”

无名见吴王发问，就停下来，一本正经地回答：“大王啊，我在园子里转了三天啦，就在昨天，我发现我们园子里那棵大树上有一只蝉，它一边撕心裂肺地唱歌，一边喝着树上的露水，却不知道有一只螳螂正向它靠近；那只螳螂想吃掉那只蝉，却不知道旁边有一只黄雀，正向它靠近；而黄雀正准备啄螳螂，它又不知道我的弹丸已对准它哩。”

吴王听完无名的话，颇受启发。正所谓“螳螂捕蝉，黄雀在后”，人在情急之下，总是盯着自己的猎物，却很难留意自己又已经成为了别人的猎物。哎呀，妈呀！光是想想，后背都会发凉。吴王越想越后怕，就下令取消了这次伐楚的军事行动。“螳螂捕蝉，黄雀在后”的典故也就是从这场冷战中发明出来的。

吴王从这件事上，知道无名是个有思想的好青年，就擢升他为贴身侍卫。但是一个道理好明白，一种心绪却难平。难道说，我寿梦就非要这样无所作为下去吗？眼看就是奔五十去的人啦！还是干不出一个拿得出手的事业，怎么说得过去呀？

正当吴王郁闷之际，外面有侍卫传报说，晋国信使来到。

慌得个吴王寿梦，脸面也没来得及洗，衣冠也没来得及穿戴好，就急匆匆跑去见信使。见了晋国信使，二话不说，抢过信使手中的信函，拆开细看。再看寿梦，眼睛由小变大，直冒金光，随着一通响彻云霄的哈哈大笑，顿时喜笑颜开。他一巴掌拍在信使的肩膀上道："好！"差点没把信使吓死。晋国信使心里嘀咕说:"这到底是吴王啊,还是雷公啊……"

你猜信上说了什么？

信上是这么说的：我，晋景公再送你吴国几车子老陈醋吧。（没啦？光是这几句话，寿梦看了应该直接气死，哪能哈哈大笑呢）另，我已安排申公巫臣为晋使，出使贵国。愿你们合作愉快，本公静待南方佳音。

据说，光是这短短的几行字，晋景公写了一个通宵。那个认真哟，字斟句酌，咬文嚼字，遣词造句……刚开始老是写错别字，直到最后，鸡叫三遍，才最终完成。对于晋景公这个大老粗来说，这哪儿是写信呐，这分明是画画，是一件艺术品。

高兴之余，寿梦就在想象，这个信中所说的申公巫臣是谁呢？连晋景公都要尊敬他，称呼一个"公"字，怎么着也不是一个凡夫俗子吧。他必定是个全能全才之人啊！哈哈，那就好了，晋使来了吴国，那可是传授北方先进发达的技术呀！伐楚强吴大业，指日可待啦！

撇下吴王寿梦独自想象不提，接下来，我们不得不花费一些篇幅来说说这个申巫臣的故事，以及申巫臣所追求的女人——夏姬的故事。诸位有所不知，吴国和楚国之间的仇怨，虽然是必然之事，但真正挑起事端，使得吴楚结仇，以致一发不可收的，还是这位申公巫臣。那么，这是一个怎样的人呢，怎么会有如此大的手段，将国家之间的角力玩转股掌之间？

10

申公巫臣

申公巫臣，原姓屈名巫，字子灵。要知道，屈姓在楚国那是相当有地位，这并不是屈原死后才得来这屈姓的地位，而是以楚武王的儿子子瑕封邑屈地（也就是现在的湖北秭归）受姓。至于“申公巫臣”这个名字，是屈巫后来去了晋国后改的名字。他为什么要改姓换名呢？说起来倒也相当有趣。

屈巫在楚国，很受楚庄王器重，包括他的哥哥屈荡，两兄弟一文一武，可以说是楚庄王的股肱之臣，分别为左膀右臂。

屈巫虽然说只是申县（今河南南阳北）一个县尹，但此人足智多谋。前文我们已经说了，春秋时从楚国开始，设置县，那可是有战略目的的。就是说，楚国打仗，攻下一个小国，就将该国国君迁往楚国腹地，把这个地区设置为楚国的一个县，另外派楚国大臣当县尹，负责相关事宜。所以说，屈巫在当时，也算是不小的人物啦，级别相当于小国国君。名义上，屈巫是申县的县尹，实际上却陪伴楚庄王左右。

楚庄王十七年，屈巫率师陪同楚庄王一起灭了萧国（今安徽萧县西北），立下汗马功劳。三年后，又陪同楚庄王攻打宋国，占领宋国两个地方的田地。楚国的令尹（相当于宰相）子重要求楚庄王把这两个地方赐给自己。而子重呢，是楚庄王的弟弟，弟弟要地方，能不答应吗？

楚庄王心里不情愿，但面子上不好回绝。这个时候，屈巫站出来说话了，当着子重和楚庄王的面说："两位大哥，我们费了这么些力气，攻下宋国这两个地方，是为了在这个地方征兵征赋，就地取材，为我所用，好作为我与北方诸侯的屏障，以抵抗晋国。假如，现在我们把这两个地方作为赏田随意支配，恐怕楚国会丧失民心，得不到当地人民的支持啊！如此一来，晋国会联合郑国攻打我们，我们得不偿失啊！"

楚庄王就没有答应子重，至于子重，哪里还好意思再要。

从此，子重和屈巫结仇。

楚庄王有两个弟弟，一个就是前面说的子重，当过宰相，独揽政务大权；另一个是子反，独揽军务大权。而你屈巫一个末流宗亲，现在居然敢跟我们两个楚国大鳄叫板，哪里还会有你的好看？！

屈巫也不是平庸之辈，他非常清楚，自己在楚庄王心目中的地位。起码有一点他是非常肯定，只要楚庄王这个旗杆不倒，只要自己不是太过嚣张，就能始终无灾祸之忧。即便两个楚国大鳄，再怎么看自己不顺眼，也不能忒放肆。

这一年，陈国的陈灵公被夏姬之子夏征舒杀死（事故原因参看下一章）。爱管闲事的楚国，也不管你是国仇还是家恨，就借机伐陈。杀死了夏征舒，捕获了夏征舒他娘夏姬。

这夏姬本是郑穆公之女，生得蛾眉凤眼，杏眼桃腮，一笑先倾城，再笑又倾国。楚庄王见了，魂儿都被她勾去了，有意纳她为妃子。史书上记载说，楚庄王自从得到了夏姬，连续三个月不理朝政啊！三个月的说法，可能夸张了点，但一个月应该是有的。屈巫见楚庄王这么迷恋夏姬，就当上了直言进谏的角色。

屈巫见楚庄王，开门见山地说："大王，外面传言您要娶夏姬做老婆，不知是否是以讹传讹？”楚庄王答得很爽快：“确有其事。”屈巫随后引经据典：“那我先考考大王，《周书》上说，明德慎罚，大王可知道是什么意思？”楚庄王多聪明呀！已经完全明白屈巫的来意，很生气地说：“孤王不知。”

屈巫继续自说自话：“刚开始楚国讨伐陈国，外面传言说，楚国好啊！要学周天子那样，兴诸侯之礼，现在，周室衰微，将来需要一个有能力的代替它，这个唯一的名额，楚国很有希望争取到。我后来想想，还真是这么回事，普天之下，或许只有楚国才能当此大任。

何谓《周书》上所说的‘德’呢？陈国以乱臣贼子，坏君王臣子之礼，楚国以此讨伐，是正义之师呀！全天下的诸侯见了，就知道我楚国的德行之威严，不敢犯乱，如此一来，我楚国则为天下准绳。但是现在大王却为一个寡妇，还是个跟她有仇的寡妇（杀了人家的丈夫，破了人家的家园，哪能不恨啊），如此废寝忘食、不理朝政，别人知道了，就私下议论说：‘哦，原来楚国伐陈，是为了一个寡妇啊！’一旦这样的说法扩散开来，微臣试问大王，我楚国的德行之威严何在？”

楚庄王被问傻了，作为大王也是普通人呀，有普通人的那么一点小小的占有欲嘛，谁考虑那么许多啊。“这……”楚庄王无语。

屈巫继续说：“不仅德行之威严荡然无存，其他诸侯还会因为楚国伐陈，只是出于大王一己之私欲，而判定楚国当罚，兴天下正义之师伐我。到那时，楚国将怎么办呢？”楚庄王继续无语。屈巫穷追不舍，最后说：“大德与大罚之间，还请我王一言定夺。”

楚庄王长袖一甩，算了算了，罢了罢了，夏姬我不要了。看来楚庄王的志愿还是在于政治家呀，霸业比一个女人重要的多，爱美人更爱江山。

然而一场关于夏姬的争夺战，远远没有结束。楚庄王这边刚一说不要夏姬了，那边楚庄王的弟弟子反，立马前来找楚庄王要人，说：“大哥既然不要她了，那就让给小弟我吧。”

屈巫在一旁又开始数落起夏姬的家常，不厌其烦地对子反说：“将军，你难道不知道吗？这个寡妇可是一个不祥之人啊。她牵连了自己的哥哥，克死了自己的丈夫，又害死了陈灵公，还害死了自己的儿子夏征舒，这么多人，全是因她一人丢了性命。人活着，谁能不死呢？但死，的确是人活着的第一灾祸啊。天下俊美的妇人，万万千千，所谓天涯何处无芳草，将军又何必非要娶这不祥之人为妻妾呢？”屈巫的话，虽然有点危言耸听，但处处为子反考虑，子反觉得有些道理，就说：“好吧，姑且信你一回。”也就一甩长袖，回家了。

故事讲到这儿，可能很多人都会为屈巫叫好，多好的大臣啊！处处为君王、贵族考虑，而且又足智多谋，这不就是传说中的大忠臣吗？可是，诸位别着急，故事还曲折着哩。楚庄王自己是留不住夏姬了，便将夏姬赐给下面的一个叫襄老的大臣，可是呢，结婚没多久，襄老就战死沙场，夏姬于是再次成为寡妇（看来人家说她能克，她还真能克）。

襄老虽然战死沙场了，可是尸体一直没有找到。他的儿子黑要垂涎夏姬的美貌（无法想象的美貌，迷倒这么多男人），就趁老爸回不来了，霸占了夏姬。

楚国人都骂黑要无德，孟老夫子说的话，无耻之耻，无耻也。意思是说，不以为耻，就是一种无耻。黑要就是这样的人，彻彻底底没文化，平生也没啥才学和志愿，就那么点小小的占有欲。这个时候呢，屈巫又站出来了。

屈巫私下传话给夏姬说：“你呀！就以襄老之子不寻找父亲的尸体，反而霸占父亲的妻妾为由，告诉楚庄王，你就得以回你老家郑国去。”哎呀，屈巫真是好人呐！怎么对一个寡妇这么有同情心呢，难不成他……

夏姬依照屈巫的话，告诉楚庄王，申请回国。楚庄王觉得，这个女人的确是祸水，而且还不是一般的汩汩流淌的祸水，而是犹如黄河之水滔滔不绝的那种祸水。况且人家说的又有道理，她也一次次用事实证明了自己很能克，于是就准许她回郑国去了。

楚庄王本来是想让自己离祸水远一点，可是不巧的是，夏姬刚一离开楚国的边界，楚庄王就死了。唉，早知道这样，楚庄王应该后悔死了。常言道，牡丹花下死，做鬼也风流。现在风流鬼是做不成了，后悔鬼倒可以考虑考虑。

楚庄王死了，屈巫比谁都伤心，屈巫见自己的靠山没了，就开始小心翼翼地安排自己的后路。

11

夏姬之谜

楚庄王死后，他十多岁的儿子继位，称楚共王。

第二年，由于鲁、卫与晋结盟，并会晋伐齐，楚令尹子重准备发动阳桥（鲁地，今山东泰安西北）之役以救齐（他要告诉对方，别以为只有你们有血缘关系的才能会盟，咱们和齐国，不是亲兄弟更胜似亲兄弟）。出兵前，子重派遣屈巫到齐国访问，把出兵的日期向齐国做了通报。

屈巫窃喜，机不可失，时不再来，错过这个村就没有这个店了。“我屈巫傻呀！哦，楚庄王死了，楚共王就一个小孩，这楚国的天下，还不是你们两个楚国大鳄说了算，前仇旧怨，这往后哪里还有我的活路呀！我借机溜之大吉算了。”

于是，屈巫去齐国通报消息，更像是在搬家，将家中值钱的物件全部带走。访问齐国之后（他还算忠诚，毕竟把上面交代的差事给办了，站好最后一班岗啊），在回家的路上，屈巫不打算要楚国那个家了，直接就停留在郑国（夏姬的老家），吩咐手下把齐国贡献给楚国的礼物带回去，自己则给楚共王写了一封书信。信上说："老大，因为呀，我从齐国回来路过郑国，再次见到夏姬，发现我原来一直就爱着她。这次见面，我发誓再也不离开她，愿意与她长相厮守，共度余生。"这简直是一封情书嘛！

原来呀，从头到尾，这所有的一切，都是屈巫安排好的，为了心中那份暗恋，我们的屈巫真的是不择手段啊！

夏姬回国，也是他一手策划的，看来当时他已经给自己留了一手。这个屈巫呀，真是为了一个夏姬，你看他折腾得天旋地转的，一大把年纪了，还要使出吃奶的劲儿。哎！不容易啊。也难怪后人称呼他是为色而谋的先知。

屈巫征求郑国国君同意（郑国国君可不知道楚国那档子事——屈巫辞职的事儿，还以为可以讨好屈巫，讨好了他，也就是讨好了楚国，以后好让楚国罩着自己呢），娶了夏姬，本来决定去齐国谋出路。但是，齐国在最近的一场战争中被晋国打败了，晋国是楚国的敌人，晋国的敌人——齐国自然也就是楚国的朋友，两国随时能会盟，如果投奔齐国的话，估计和回楚国性质差不多。于是，屈巫就携夏姬逃到晋国，靠着与晋卿郤至的关系，依附于晋，被任为邢大夫（邢，今河南温县境）。

从此以后，屈巫改名换姓为申巫臣，他还是邢姓的受姓始祖哩！

子反知道了这个事情，火冒三丈，屈巫你当初死活不让我娶夏姬，我还真以为你是替我考虑，没想到啊没想到，螳螂捕蝉，黄雀在后，你这个猥琐之徒，打夏姬的主意打了这么久，你可真是深藏不露呀！

子反就对楚共王说："我们送一份厚礼给晋国，叫晋国灭了屈巫这厮。"

楚共王说："叔叔息怒，算了，何必跟这个人计较呢。想当初，他给我父亲做臣子，出谋划策，还算是个忠臣。但是现在不为君王出谋划策，只为自己考虑，也就是小过错而已，谁人不自私自利呢？况且，即便我们送很多钱给晋国，晋国也未必会杀了他呀，我们又何苦耗费这些钱呢？"楚共王年纪轻轻的，也就十二三岁的样子，即便说得在理，也难以平息楚国两位大鳄的愤怒。其实更重要的是,哥儿俩都咽不下被屈巫耍了的这口恶气。

盛怒之下，子重和子反两位大鳄，没经楚共王同意，就肆无忌惮地杀死了屈巫的族人。

当时申巫臣在晋国，听说了此事，差点当场气绝身亡。他用最后的一点理智支撑着，痛心非常，奋笔疾书一封书信给子重和子反，说："你们经常做坏事，对君王也算不得忠诚，我是通过正式辞职方式离开的，你们竟然这样对我！我呀，我一定要让你们疲于奔命（尔以谗慝贪婪事君，而多杀不辜，余必使尔疲于道路以死）。"唉，要么说人家申巫臣是文化人呢，发火了也无非是写一封恐吓信而已，哪里像子重和子反两位，受气与出气之间，就要了人家一大家子的性命。

申巫臣暗下决心，发誓诛杀子重、子反。他一个人在内心里窝火较劲暂且不表，再说这夏姬。有人可能问了，讲了这么多，居然都是跟这个女人有关，那么这个女人到底什么来头，又有如何的美貌呢？

说起夏姬的美貌呀，有首歌曲可能大家都听过，是唐代著名歌手李延年唱的，是这样唱的："北方有佳人，绝世而独立。一顾倾人城，再顾倾人国。"里面所说的"北方有佳人"，据说就是这位夏姬。

夏姬，郑穆公少妃姚子之女，嫁给陈国夏氏族的御叔，娘家姓姬，丈夫氏族叫夏，故称作夏姬。在春秋时候，郑国出美女，那是尽人皆知的。而郑国还有一个特点，就是男女关系相当开放。这一点，我们从以下这一段史料的记载中可以看出。

自从夏姬的丈夫死了之后，陈灵公与夏姬公开私通。不仅如此，陈灵公还跟他下面的两个大臣一起共享夏姬。三个人非但彼此无嫉妒猜疑之心，更荒唐的是，三人有时还穿上夏姬的内衣在朝堂之上嬉笑逗乐。这一切都被夏姬的小儿子夏征舒看在眼里。

有一天，陈灵公约了两位大臣一起到夏姬家里吃饭，边吃边聊，陈灵公对其中一位大臣打趣说："你说征舒像不像你？"大臣笑了笑说："我觉得他更像君上你呀。"两人有问有答，有说有笑。夏征舒听得清清楚楚，差点当场就把肺给气炸了。他趁着陈灵公出外小便的时候，将其杀死。那两位大臣知道夏征舒杀了陈灵公，便连夜逃往外国去了。

无论如何，我们现在的人是很难想象夏姬的美貌了。汉代的张衡，就是造地动仪、浑天仪的那个家伙，比起我们来说，更靠近夏姬那个时代。他曾想象着描述过夏姬的美，在一篇叫做《西京赋》的作文里这么写："纷纵体而迅赴，若惊鹤之群罢。振朱屣于盘樽，奋长袖之飒俪。要绍修态，丽服飏菁。眠藐流眄，一顾倾城。"特别是最后一句，写得极为艳丽：那种似睡非睡，如眠又醒的妖娆之态，还有那自然流露的婉约一瞥，其美艳，光是那一瞥，就足够让你赔上整座城池。如此美貌，当得妖艳二字了吧。

如果说美貌还不足以构成一个谜的话，那么更为离奇的是，李时珍在《本草纲目》里居然说，夏姬这个人，活了700岁。真的假的？我也不吊你们胃口了，答案当然是假的。怎么可能呢？活700岁就既不是人也不是神了，那只能是老妖精，而且是老狐狸精。实话告诉大家吧，《本草纲目》里，李时珍恰恰是批评了这个说话者。他引用的是别人的话，说道家修炼都吃什么用杏仁炼成的"杏金丹"，吃了可以长生不老，还说夏姬就是靠这个东西美容，保持年过半百，容颜不坏。要不人家申巫臣怎么愿意费那么大的周折，而娶这位半老徐娘呢？

哎，这里，李先生可就是你的不对了，你不能说人家申巫臣缺乏母爱吧。在这个问题上，我还是挺支持老申的。毕竟嘛，爱情是永恒的，只要说爱情的好，不管你是奸夫还是淫妇，就没有任何人能反对你了。李时珍认为这种说法纯粹就是扯淡，“妄诞可鄙”，编撰《本草纲目》的时候，直接把这些都删除了，防止欺骗后人。

回过头来看，夏姬之所以成为一个谜，就在于我们的祖先，不太注意研究女人的内心世界，究竟夏姬本人是怎么想的，可能只有她自己知道啦（中国历史上详细记载的女人，不是坏娘娘，就是好皇后，真的很无奈）。或许我们那位申巫臣——邢姓开姓始祖，也知道。只是申巫臣也没有说过，夏姬和申巫臣在一起之后，似乎从此过上了稳定的生活，我觉得这可能才是最主要的。古代的女人嘛，比现在的女人更加没有安全感，更加谋求一个安定。

夏姬到底是个怎样的人，到现在，只能成为一个谜了，我们无从知道。但她最终的丈夫——申巫臣是一个怎样的人，我们倒是多少可以了解到。通过前面申公在楚国的表现，的确不尽人意，有点猥琐，但是接下来的表现，就当得上那句古话，叫做：士别三日，当刮目相看。

12

巫臣使吴

书接上回。

申巫臣发誓反楚，让子重、子反两位楚国大鳄疲于奔命。但是光靠他一人之力，几乎没有可能。你再怎么有能耐，读的书再多，无非是一介书生，手无缚鸡之力。别说杀鸡，就是让你看别人杀鸡，就能把你吓哭喽。申巫臣，可不是赳赳武夫，当然了，凭着他的聪明才智，何苦要肉搏着拼个你死我活呢？要拼的话，也是你去死我来活。读书人不做赔本的买卖。

申巫臣既然为晋国邢大夫，第一个想到的，自然是撺掇晋国来攻打楚国，挑拨两国之间的关系。可是晋国呢，记性好的读者可能还没有忘，"六卿专政"，一个个大眼瞪小眼，谁也不想损耗自己的实力，等着起内讧的时候派上用场。所以，晋国即便一向跟楚国不和，但是想要现在发兵荆楚，恐怕比登天还难，这是与虎谋皮呀！

但是，光靠想没有行动，永远不可能有结果。申巫臣不得不带着赌博的心态博一把，即便知道前面走不通，也得走到尽头再做打算，这叫做不管山前有无路，无论桥头是否直。不能凭空想象和臆断，必须靠实际行动。

申巫臣朝见晋景公，说明自己的来意。

晋景公说："巫臣呐，你不说伐楚这事，我还真是差点忘了。前年，我的南方亲戚，就是吴国的寿梦，来找过我一趟。我带他参观了咱国的车阵，他非常赞叹，希望学习我们中原的文化，请求我派遣使者，前去吴国，传授车阵技艺。这事过去有些时间了，可是时间越长，我把这事搁哪里，心里都会难受，还是抓紧时间办了吧。不知，你是否愿意前去呀？"

申巫臣听了一愣，啥意思？你晋国不愿意发兵荆楚，就来搪塞我呀。什么南方亲戚，这分明是借口嘛！不过，聪明的申公，仔细一想，也是呀，晋国不会发兵讨伐楚国，我也是早就预料到的。我何不就当回晋国使者，去吴国发展一股子反楚势力呢。况且，吴国和楚国交界，作战极为便利。人道是宁为鸡首，不为牛后。我在这卿侯内乱的晋国，怕是无用武之地了，干嘛不去南方欠发达地区呢，说不定还封侯拜相哩！

晋景公见申巫臣琢磨不定，就说："怎么着，不愿意呀？"

"愿意！"申巫臣接过来晋景公的话，赶忙说，"臣愿为晋吴之盟，肝脑涂地，效犬马之劳。"

申巫臣回家后，多少有些不悦。夏姬看出来，就问他怎么了。申巫臣说："我过些天就要暂时离开你，去南方的吴国啦！因为不忍心离别，所以有些失落。"

夏姬说："既然是暂时离开，又何必伤心呢。反正你还要回来的呀！"

申公点点头，说："是要回来的，只是归期难测。"

夏姬一听，心一沉，总算听出老公的意思了，说："那么，我陪你一起去吴国。"唉，红颜知己啊，这夏姬在中原是一点安全感都没有，好不容易，有个肯收留并且爱她的主儿，怎能忍耐离别之苦呢！其实，这申巫臣嘴上说是因为不忍心离别而失落，心里却是因为担心夏姬受不住寂寞，好不容易到手的女人，不能因了一时的复仇而泡汤呀。

申巫臣是个啥样的人呢？我觉得，首先是个智者、渊博之士，颇能谋划；其次是个情场老手，为挚爱可不择手段；其三，是个睚眦必报之人。对于申巫臣来说，什么楚国、晋国、吴国，我在哪儿，哪儿就是一个国家，这个国家是以我这个人来衡量的。春秋诸侯混战，今天你称霸，明天他称霸，霸来霸去，最后都是空瞎。以我为重，自然是以损害我的切身利益的为最大的仇敌了。从这一点来说，倒有点像后来的杨朱，那个被孟子攻击为禽兽之徒的人，因为杨朱倡导"为我"和"利己"。申巫臣，实在是"为我"和"利己"的先驱了。

公元前 584 年，申巫臣带着夏姬一起向南方出发。

多好的季节呀！唐代人杜牧有诗云："烟花三月下扬州"。自北向南，几千里路程，两人一路下来，处处鸟语花香，敢情两人是度蜜月来了。因为申巫臣使吴是秘密行动，不能让楚国知道，所以去不了扬州。他们绕道中原，走了当年辕涛涂向齐桓公建议的巡海路线，经莒国（今山东东南沿海一带，大约在日照附近）过徐国，直达吴国。

经过莒国的时候，因为夏姬从来没有看过大海，申巫臣遂拜访莒国国君渠丘公。渠丘公早听说过楚国名臣屈巫的大名，就以上宾相待，还陪同着他们夫妻俩，一起登上城墙，远眺大海。夏姬登上城墙，远眺大海，五十年来的人生记忆仿佛昨天，一切如过眼烟云，无限感慨。

这边，渠丘公一个劲地向申巫臣夸赞自己的国家如何自给自足，不像中原，你争我夺，尔虞我诈。申巫臣一边听渠丘公在一旁夫子自道，一边看夏姬在另一旁眺望感慨，却又发现偌大一个莒国，城墙居然已经毁坏了。于是，就提醒一旁唠叨个没完的渠丘公说："城墙已经坏了。"

渠丘公却说："莒国地处偏僻，霸占它又有何用呢？"

申巫臣非常不以为然地说："渠丘公此言差矣，哪个国家没有狡猾奸诈之徒呢，渴望着封疆占地。而且呀，都是一些大国才会这么做，攻打下来一个地方，因为偏远又不富裕，就赏赐给自己的臣子（敢情这家伙说的就是楚国了）。向来只要是勇士，夜晚入睡，必紧闭房门，害怕有人谋害他，何况是一个国家呢？"申巫臣为大国谋臣，颇有远见，城墙之讽，一语成谶。

从这个小故事，我们应该更了解申巫臣这个人了吧。虽然说，他不免自私，但当他为楚庄王谋臣时，并无丝毫忤逆。就像稍晚时候的杨朱，虽说，拔一毛利天下，不为也。但是可能很多人都忽略了一点，就是杨朱一方面强调"为我"和"利己"，另一方面也强调不损害他人之利益。我们伟大的领袖毛主席老人家也说过一句话，叫做"人不犯我，我不犯人；人若犯我，我必犯人"。差不多也是这么个道理吧。

从三月一直走到六月，两个人走走停停，加上晋国赠送吴国的一些礼物，满载近 40 辆马车（怎么会那么多礼物？不会都是老陈醋吧。此中玄机，参看下一章），三个多月的时间，已经来到吴国的地界。

这边，吴王寿梦得知了消息，盼得都快失眠了，总算把你盼来。他早已经安排了专门迎接的人，就像现在车站接人一样，高举一个标牌，写着："迎接申公"。因为吴国这边不知道夏姬一起来了，所以没写"及其夫人"的字样。

申巫臣走近标牌仔细一看，差点没笑喷了，你猜是怎么啦？原来呀，这个标牌是临时写的，吴王寿梦吩咐过，未见晋国使者的队伍，不要太过张扬。所以负责迎接申巫臣的专员，是看见一个大长队伍开过来之后，见有晋国的使节标志，才现写的这个标牌。由于匆忙，"迎接"的"接"字，忘记写那个提手了，写成了"迎妾申公"。把"申公"和"妾"这个字连接在一起，多少有点滑稽和荒诞不经。知道的，明白是个别字病句，不知道的，还以为吴国有此风俗，专好这一口呢。申巫臣权作一笑解乏，也没往心里去。

申巫臣使吴，是吴国与晋国结盟的真正开始，当初寿梦在中原与晋国的口头协议，不能算数。申巫臣来到吴国，那就像个先知一样。毕竟，申巫臣久居大国，有远见卓识，对当前国际形势，有独到见解。这对于刚刚起步的吴国来说，无疑是久旱逢甘霖啊。

假如说申巫臣没来的时候，吴国有的只是志愿，那么有了申巫臣之后，吴国有的将不只是志愿，更多的是行动。

行动起来吧，吴人的辉煌时代即将到来了。

13

吴楚结仇

寿梦二年，申巫臣以晋国使者的身份来吴国做客。

如前面所说，吴王寿梦是个有梦想的人，做梦都想着富国强兵，破楚服越，争霸中原。所以，申巫臣与吴王那是一拍即合。况且，人家申巫臣可不是空手来的呀！史书上记载，申巫臣带过来 30 多辆陆战用的战车，外加 5 大坛山西老陈醋，还有晋景公赠送的各样礼物。

30 多辆战车，那在现在，相当于几十辆坦克呀！这对于吴国来说，真个是如虎添翼。光有战车还不行，因为吴国军队，没人会使用这玩意。所以申巫臣接下来就开始传授吴军用兵布阵、驾驭战车的方法。

那个时候可是纯正的冷兵器时代，打仗都是驾着战车，下面一群步兵，举着长戟，一起往前冲，看看兵马俑就知道了。就这样，申巫臣为吴国建立了武装力量。申巫臣当时看着自己一手建立起来的武装力量，肯定嘿嘿冷笑，估计脑海中不断涌现出子重和子反被吴军打得哭爹喊娘的场面。

申巫臣又推荐自己的儿子狐庸做吴国的首任外交部部长。因为之前，吴国一直是楚国的附庸国，外交关系几乎为零。有了陆地作战的武装力量，又有了初步的外交联络，吴国开始有大国的样子了。在春秋战国时代，大国可不是摆在地图上看的呀。是骡子是马，拉出来遛遛。要么人家打你，要么你打人家，不然就还是回到以前附庸国的状态，不吭不声，保得暂时的“偏安一隅”。

申巫臣在吴国，那可不是吃闲饭的呀，除了陪着夏姬逛逛街、打打麻将之外，每天还不忘时不时地诱惑、勾引、撺掇寿梦攻打楚国。为此，申巫臣还给寿梦制定了“三步走，三步都要硬”的称霸方略：

第一步：制楚。楚国可一直是吴国的顶头上司呀，现在得颠倒一下了。况且，楚国也是强国，倘能制住楚国，我吴国不就成了强国了吗？中原国家从此不敢再轻视。

第二步：服越。给越国一个信号，我吴国已经起来了，你最好看我眼色行事，从而解决南方的腹背之患。

第三步：北伐。制了楚、服了越，你不北伐，你傻呀？谁不知道中原遍地黄金呀，逐鹿中原，咱当王建国的，图的不就是一个霸业嘛！

寿梦听得着了迷，心里说，申巫臣你个大色狼，我还不知道你呀，为一个寡妇，牵连自己的族人，现在还要恶人先告状。不过，吴王仔细一想，我吴国想要发达，舍了这“三步走”，还真是不好办了。也罢，你有私仇，我有热望，起码咱们的敌人是一致的。

就这么定了（二人击掌，结果申巫臣眼神不好，没准头，错开了，拍在了吴王的身上。因为申巫臣用力过猛，寿梦被拍得直咳嗽。寿梦心里想，唉，这一掌算是白挨了）。

常言道，要想人不知，除非己莫为。这天下呀，没有不透风的墙，哪怕是你吴国再怎么地处偏僻，难保不走漏消息。而且，楚国和吴国毕竟是邻国，两国之前又没发生战事，还算友邦吧。据说，光吴国都城市集上的买卖人，有10%都是楚国人。这个统计没有科学依据，有点夸张，但是，楚国在吴国有眼线，这是千真万确的。申巫臣，北方来的贵客，带了几十辆战车来吴国，他楚国会不知道？你跟人说你是来吴国相亲的，估计还有人会考虑。但你说你是来打工的，那东家除了吴国的寿梦还能有谁啊？只是知道的没那么快而已。申巫臣来吴国三个月后，楚国宫廷里才知道吴国的动静。

楚共王知道了申巫臣使吴反楚，大发雷霆，召见他的两位叔叔——子重、子反，商议怎么处置这个事情。

子反态度很明确：打他。申巫臣，一个下贱的读书人，凭空要一些手段，就以为自己有多了不起，骗走夏姬，这口气我还没咽下去呢。好家伙，现在居然又怂恿吴国，倒打一耙，他日战场相见，我非跟你肉搏一场，活活掐死你才算完。

子重的意见也是一样，趁着吴人还不熟悉车阵战法、羽翼未丰之时，把吴国的野心扼杀在摇篮里。楚共王说了一个字："善。"意思是说，那就打吧，还能说什么呢。因为担心子反和申巫臣之间的过节，害怕子反意气用事，楚共王就命令子重负责吴楚战场，而子反负责晋楚战场。

寿梦二年，楚师以吴国收留叛楚罪臣申巫臣为由，出兵伐吴，结果在所有人的意料之中，吴军大败。

孟子说，春秋无义战。但是春秋时打仗有个毛病，出师要有名，说明春秋时候，国与国之间还没有彻底撕破脸。尽管说，大家其实都是在为自己谋福利，但是，还是要找个堂而皇之的理由。

申巫臣以晋国使者的身份到吴国来，就是一个幌子。什么晋国使者呀，只是申巫臣在晋国谋求伐楚无门，不得已才来吴国。因为他要找子重、子反报一己私仇。而楚国人攻打吴国，也是以申巫臣使吴为借口，说申巫臣是我楚国叛臣，你吴国又是我楚国的附庸国，怎么可以收留他呢？你既然收留他了，我就要攻打你，这事没商量。

所以，孟子后面又说："征者，上伐下也。"战争都是大国挑起来的，而且，仗打得多了，成了谁挑事谁就有话语权，发展下去就是战国。战国战国，不战不成国。因为周朝规定，战争的正义一方在天子这里，谁要是犯了错误，天子就有权力联合诸侯征讨他。所谓春秋争霸，争的其实就是这样的一个征讨权力，挟天子以令诸侯。

楚国把自己放在霸主的位置，自然是第一个打开了吴越征战的大门。此时，正如子重所预料的那样，申巫臣虽然使吴，带来了先进的技术和战术。但是吴国新军，并未练成，加上经验不足，这一场仗，楚国大获全胜。楚共王也难得高兴了许久，他年纪轻轻的，刚刚上台就打了场胜仗，不高兴都难。

但是，申巫臣可不是个摆设啊，吴王寿梦更不是受气包，这两人经过几天几夜的头脑风暴，最后想出来一个惊天地、泣鬼神的战术，此战术在 2000 多年后解放了全中国。这个战术就是——游击战术。

楚国和吴国的交界线非常长，而且靠近吴国这边，都是当初楚国攻打下来的附庸小国，没有什么兵力。为此，申巫臣给吴军制定了实战训练方法，怎么个实战法呢?

申巫臣指着吴王寿梦当初指过的地形图说："巢国、徐国，为吴楚屏障，且都是小国，攻伐方便，可供我吴军小试牛刀。"

按照古代文言文的标准，吴王听了申巫臣的话，说了一个字："善。"就是好的意思。

于是，从寿梦二年到寿梦五年，这三年期间，吴王接连发兵攻巢、徐等亲楚小国，节节胜利，长驱直入，竟然一直打到州来（今安徽凤台）这个地方。

申巫臣定下游击战术的方略，命令吴军上下，切勿恋战，打一枪换一个地方，反正吴楚交界线长着呢，有的是地方跑。吴军频繁出击，打了就跑，跑停了接着打，有时候还边跑边打，搞得楚军"一岁七奔命"（申巫臣之语应验），疲劳不已，狼狈不堪。

就这样，楚国几十年来，拼下的那么多附庸小国的地盘，几年工夫，全成了人家吴国的囊中之物。从此，楚国一蹶不振。由于吴国的日益强大，此消彼长，楚国的霸主地位日趋衰落。

公元前 581 年，吴王寿梦放弃游击战术，开始集中兵力，全力伐楚，大获全胜。此番吴国获胜，震动北方诸侯，其他国家再也不敢小视这个南方新秀了。五年后，吴国与北方诸侯的晋、齐、宋、卫、郑等国会盟于钟离（安徽凤阳东北），成为南方首屈一指的大国。

14

鸠兹之战

连续十年，楚国连吃败仗。楚共王再一次大发雷霆，在朝堂上大骂子重“一个小小的吴国，你都搞不定，还怎么逐鹿中原，跟晋国争霸呀！拖拖拉拉，居然耗了我十年的资财，你以为我楚国的钱财只值那些破铜烂铁（指兵器）吗？”

子重惶恐，请命亲自率兵，彻底击败吴国。

楚共王担心这个叔叔敷衍了事，让子重立下军令状说，倘若此战不胜，愿削爵罢职。啥意思呀？就是说，子重假如打败仗了，就等于从此做平民了，不用在朝堂上混了（相当于我们现在的剥夺政治权利终身）。这对贵族来说，无异于执行死刑。

公元前 570 年，子重率领精锐部队，与吴军交战于鸠兹（今安徽芜湖），这就是史上有名的吴楚第一战：鸠兹之战。

据史书记载，子重命令大将邓廖“帅组甲三百，被练三千以侵吴”。

组甲，也就是车阵的车士；被练，也就是步兵。这么说来，规模也是相当大的了，300 辆战车车士，3000 个步兵，当年楚国和晋国打仗，也无非就是这样了。

楚国的 300 车士加上 3000 步卒，打鸠兹那是易如反掌，跟旅游似的，直接就攻了下来。子重大喜，就有些飘飘然了，也不在前线督战了，对大将邓廖说："这里呀，你一个人在就可以了，我实在受不了吴地的潮湿风气，就先回国禀告我军战胜的消息。我在郢都（楚国都城，今湖北省荆州北面离城 8 公里的纪南城）等待你大获全胜的好消息。"说完，就驱车回家了。

一到郢都，子重直接去见楚共王，说了楚军如何如何跟滚鸡蛋似的拿下了鸠兹，楚共王也是大喜，说："善。"（又来了！古代君王，最爱说这个字了）大宴子重，子重喝得连醉三天。

这边，楚国的郢都，一片欢声笑语，歌舞升平；那边，吴国的前线，却是人喊马叫，血流成河。怎么着，吴国败得如此惨吗？不，不是吴国，而是楚国。

话说子重这一回国都，算是侥幸逃过一劫。我们看到此时的申巫臣正在咬牙切齿，指着楚国郢都方向破口大骂："子重，你个老匹夫，躲得了初一，躲不过十五，跑得了和尚跑不了庙。我申某人，要当一回预言者，让你子重、子反，如我信上所诅咒，疲于道路而死。"这到底是怎么回事呢？前线战事究竟又是如何？

原来呀，吴楚力量悬殊太大，申巫臣见楚军来势汹汹，觉得不宜硬碰硬，那也不叫硬碰硬，而是鸡蛋碰石头。于是就下令军队分成三路，其中一路在当涂横山这个地方设下埋伏，另外两路负责沿途滋扰，持续伏击，然后快到当涂横山时，再正面对抗，佯装战败，撤离到埋伏地。等着楚军来到横山，给他们来个拦腰一击。

稍懂军事的读者可能会明白了，这整个就一布袋阵，把楚军 3000 兵马像装稻谷一样，都给装了进去。

史书上说起鸠兹之战，只用了寥寥数语，但实际上，那可不是三言两语能说清楚的。而且对于吴楚争霸来说，鸠兹之战，可是吴楚直接对抗的第一战。之前，吴国攻打巢国和徐国，不过是滋扰楚国的附庸国而已。《左传·鲁襄公三年》记载："春，楚子重伐吴，为简之师，克鸠兹，至于衡山。"其中所说的衡山，可不是现在所说的衡山，而是安徽当涂的横山，距离吴国都城几百里之遥。

关于这场战事，子重回国后对楚共王描述得天花乱坠，但是，他太小看吴国，也太不了解申巫臣了，加上他的蛮横自大，哪里晓得战场上的事情，瞬息万变。人呐，不能得意太早，尽管说，人生在世，吃喝二字，需得意时就得意；但是吃喝到不顾生死的地步，也未免夸张了点。楚国军队虽然都是精兵良将，而且久经沙场，但不像吴国新兵，有着一股子狠劲，总之双方是各有千秋。但是鸠兹之战，楚国用兵，犯了两大忌讳：

其一，骄傲自大，过分轻敌；

其二，不谙地形，孤军深入。

子重驾着马车刚回国，脚还没落地呢，楚军已经攻打到当涂，而此地，正是申巫臣布置好的埋伏圈（一个布袋紧套着一个布袋，你就算是只再能咬的老鼠，估计也得累死）。吴军一支精锐部队，见敌人落入圈套，于是射箭的射箭，推石头的推石头，放火的放火，杀得楚军人仰马翻，楚国将军邓廖更是被吴军活捉。吴军这拦腰一击，楚军可谓损失惨重。侥幸活下来的战车车士，只剩 80，而步兵只剩 300。我的妈呀，从 3000 步兵到 300 步兵，楚国光是这场鸠兹之战，就制造了多少楚国寡妇啊。

这还不算完。吴国又趁着消息还没传到楚国郢都的空档，乘胜伐楚，攻下了楚国一个经济非常发达的地方：驾（今安徽无为县）。直到这个时候，醉酒酣眠的子重，还没有苏醒呢，可能还在做着邓廖凯旋的美梦吧。

等惨败的消息传到楚国郢都，楚共王又一次大发雷霆。除了大发雷霆，他现在也没什么可表达的了，简直是无语了啊。要么说楚共王郁闷呢，自从自己当了楚国的国君，就没一天好日子过。前些天子重从前线回来，汇报说楚军大胜，难得快乐几天，谁想到：好不容易快乐了三天，居然还是一场梦，我楚共王苦啊。这才叫喊天天不应，叫地地不灵。但是这个时候，喊一个人是有效的，就是喊酣睡中的子重。

楚共王怒气冲天地来到子重的寝室，冲着鼾声起伏的子重，大叫："子重，你这个千古罪人！"

子重一个激灵，几乎要跳跃而起，从卧榻上翻将下来，摔在地上，嘴里直叫"哎呦"，眼睛却还没睁开。等睁开眼睛一看，楚共王的脸色由绿变青、由青变紫、由紫变黑、由黑又变白，妈呀！变色龙！子重差点没喊救命。但是这一次，恐怕谁也救不了他的命了。

楚共王拿出当时子重签下的军令状，往睡眼惺忪的子重脸上一摔，大长袖奋力一甩，出门而去。留下子重在那儿，居然还没缓过神来。

子重一脸疑云，对着楚共王的身影说："这是怎么啦？一大清早跟吃了枪药似的。"旁边的侍卫赶忙纠正："这都已经晌午了。"

直到子重知道了楚国战败的事实，头脑一嗡，愣了好半天，嘴里唧唧歪歪地念叨着什么，始终还是不能明白，怎么会是这样的结局？于是，他每天把自己关在房间里，想呀想呀，自说自话："这是为什么呢？这是为什么呢？"而外面呢，楚国上下一片怨声载道，加上平日里子重作威作福，嚣张跋扈，大家索性借着这个事情，把战败的责任全推到子重一人身上。当时民间流传一首歌谣，道是：

楚子重，老懵懂。
伐吴国，未见功。
横山石门杀气重。
兵卒丧，车马弃。

抛戈盾，失艨艟。

归不敢觐楚王共。

活在世上有甚用。

不如去做梦！

这歌谣传到子重耳朵里，子重更加羞愧焦躁。因为年事已高，心神不宁，再加上楚共王那一场惊吓，以及酒精的作用，竟然得了精神病，郁闷而死。

有意思的是，子重的死几乎是重蹈他弟弟子反的覆辙，只是他弟弟早在5年前就死了。当时，子反在战场的军帐里饮酒，醉得不省人事，楚国无奈只得撤兵。楚共王责骂了子反，子反不堪楚共王的责骂，自杀了。唉，看来呀，历史上最厉害的人往往也是最脆弱的人。平常在文武百官面前八面威风，在对头面前机关算尽、杀人如麻，却原来经受不起君主的一通责骂，楚国两位大鳄之死，给我们两个教训：

一、珍惜生命，切勿酗酒。

二、大家好才是真的好。

15

吴国振兴

寿梦十七年，即公元前569年，也就是鸠兹之战第二年，吴王为了答谢申巫臣，提拔申巫臣的儿子狐庸为吴国宰相，将全国政事全部交给他来处理。这等于告诉申巫臣，我吴王不是兔死狗烹之人，况且现在兔子还没死呢！

历来能人智士，混在君王的身边建功立业，图的无非就是一个列土封疆，世袭高官。但是申巫臣似乎预见到什么，在鸠兹之战后，就向吴王寿梦提出，返还晋国，继续去当自己的邢大夫（毕竟自己现在的身份还是晋国使者，随着楚国的衰落、吴国的强盛，迟早有一天，晋国和吴国也会产生利益冲突，搞不好，自己在吴国就成了人质也不一定）。寿梦挽留再三，见申巫臣无心留在吴地，就任他返还晋国去了。

话说从此后，申巫臣和夏姬在晋国过上了无忧无虑的生活。还有一个说法，说是申巫臣预见到吴国的将来势必陷入战火之中，而且自己在吴国，虽被吴王拜为贵宾级的谋士，但是终究是个外乡人。吴国对于申巫臣来说，可以作为事业之地，却难以作为安居之所。唉，回就回吧，反正此时的申巫臣已经不是当初的申巫臣了。现在的申巫臣，被吴国、晋国两个国家养着，有着无上的尊荣，而且有美人陪伴左右，儿子狐庸也已经飞黄腾达，人这一辈子，还图个什么呢，也该知足了。

活到他这个岁数，就图个稳定，而吴国始终存在着太多的不稳定因素，不适合自己啊。

离开吴国之日，申巫臣对儿子狐庸说了这么一个道理：在外做大官，回家做大爷。千万不能颠倒过来，在外做大爷，回家做大官，两者有其一，人生就难保太平。这也算是申巫臣身处乱世，经历一生总结出来的经验之谈。

狐庸显然信奉老爸所说的话，最终也没有在吴国待下来。特别是吴王寿梦一死，吴国再难遇到德才兼备的君王，留在吴地也没什么好施展的。想他狐庸早年作为行人，相当于现在的外交官，结交的朋友多为北方诸侯，怎么着北方还是自己不错的归宿。于是，申巫臣死后，狐庸返还晋国，继承邢邑之封，后来又被加封为邢侯。

这对外乡而来、南下打拼的父子，结局都还算圆满，但是我们的吴王寿梦，却在弥留之际，多了些许的遗憾。这个是后话，欲知究竟，参看第 17 章。

随着吴国势力在南方的不断扩张和强大，北方诸侯从刚开始的震惊、佩服，慢慢变为恐慌。特别是与吴国接壤的一些小国，因为害怕吴国的扩张势力，纷纷北上向晋国求救。

当时晋国在位的是晋厉公，此人虽然有其老爹晋景公的遗风，威武霸气，但是经过几番与秦国、楚国的较量，此时的晋国实力已经锐减。尤其是公元前 575 年与楚国的鄢陵大战，消耗了晋国和楚国太多的兵力，这场战争后，晋、楚两国都逐渐失去以武力争霸中原的强大势头，中原战场开始沉寂下来。这也是晋楚争霸的最后一幕。随后，晋厉公又陷入了“六卿内乱”的纠葛之中，终于被其中的两族密谋杀死。而到了公元前 563 年，晋国已无心恋战。

最终，由晋国牵头，由吴国主动邀请，吴王与各诸侯国会盟于柤（今安徽省邳县西北）。这一年，吴王寿梦已是 68 岁。要知道，这个年龄在古代算是高龄了，老话不是说嘛，六十活埋。而此时的寿梦，在诸侯面前，非但没有显示出垂垂老矣的迹象，还主动扮演起大国的姿态，将从楚国征讨回来的一些土地，归还给了那些个忧心忡忡的小国。把那些个小国感动的呀，说哭爹喊娘好像用词不当，感激涕零总还是有的。

这一事件过后，彻底将吴国推上了诸侯霸主的位置。因为吴国已经开始扮演一个大国的角色，义不容辞地规划起天下之版图来。

但是，吴王寿梦没有想到的是，虽然吴国从他这里开始，富国强兵，将吴国从一个南方小国经十余年修炼成一个赫赫强国，但是吴国却从此被捆绑在了战车上，骑虎难下。吴楚、吴越之间，连年征战，直到吴国被越国吞灭。那么，这吴王寿梦的功绩，对于吴国来说，到底是福还是祸呢？恐怕谁也说不清楚。但是有一点，吴王寿梦恰恰是唯一一个应了吴人开姓始祖吴泰伯之预言的人，什么预言呢？（请往前翻）吴泰伯给吴人取姓为“吴”，寓意吴人要具备三样品德，分别为“勇、智、信”，并预言说，此三者，乃吴人治天下之根基。

首先，勇。吴王披荆斩棘，打破吴国闭关锁国的局面，不辞劳苦，北上会晤诸侯，盟晋伐楚，不可谓不勇。连年征战，身先士卒，不畏惧、有胆识，不可谓不勇。

其次，智。上兵伐谋，吴王北上会晤诸侯，交好于鲁，从礼节上为自己国家正名。毕竟，名不正，言不顺。只要和鲁国交好，就能得到国际舆论的支持。然后又结盟于晋，投其所好，联合伐楚。正是有了晋楚正面战场的牵制，才保证了吴国十几年游击战术的成功，给吴国新军提供了必需的培养训练。还有鸠兹之战，与申巫臣仔细分析形势，诱敌深入，拦腰截杀，以弱胜强，不可谓不智。

最后，信。感念申巫臣帮助吴国振兴霸业，提拔其子狐庸为宰相，以全国之政事托付与狐庸，如此之作为，对于朋友而言，是为托孤之信。还有与诸侯会盟于柤，吴国并没有像楚国那样蛮横霸道，而是将辛苦征战得来的土地，与周围邻邦分享，这对于国家而言，是为邦交之信。对朋友、对国家，以信义安天下，说明此人心中有道义的信念，敢为天下立言、立德、立行，此不可谓不信。

勇、智、信，三者集于一身，这在吴人历史上，是绝无仅有的。包括后来的阖闾、夫差，都不能及，这个我在后面还要逐一分析。尤其从阖闾开始，“信”变成了一种阴谋权术，“勇”和“智”也相形见绌。所以说，吴王寿梦，实在是吴人开眼看世界之第一人。后世有姓寿者，皆以吴王寿梦为开姓始祖，由此可见寿梦在吴人心目中的崇高地位。

纵观吴人历史，可以看出，吴人的骨子里有两个极端的人生态度：

其一是信大于勇。

比如吴人的开姓始祖吴泰伯，在他心目中，信义更重要，所以他选择离家出走，成全大义。就连孔子也对他佩服得五体投地。

其二是勇大于智。

再比如吴人的开姓始祖吴泰伯，你离家出走就离家出走吧，还偏偏要选一个在自己看来是蛮荒之所的地方，抱着一股子死亡冲动，开辟新的家园，开始一段新的历史。

不管是“信大于勇”也好，还是“勇大于智”也罢，总之就是不缺“勇”和“信”，唯独缺乏“智”。所以吴人历史上，在“智”这个位置上站着说话的，都是外乡人。前面讲的申巫臣是一个例子，后面要讲的伍子胥也是一个例子。

为什么突然说这些呢？因为下面要讲的发生在吴国的故事，就充分说明了吴人骨子里的气质。吴王寿梦活了70岁，就病逝了。死后留下四个儿子，分别是诸樊、余祭、余昧、季札。在奄奄一息之际，吴王寿梦几乎碰到了几百年前老祖宗古公亶父（周人和吴人的共同先祖，周文王姬昌的祖父）所面临的问题，一样的头疼。这四个儿子里面，就属老四季札，读书最多，为人和善又聪明，但碍于周礼（嫡长子即位），始终不能做决定。

吴王寿梦其实考虑得很简单，觉得吴国打天下容易，守天下难，而只有小儿子季札通晓周礼，识大体，讲仁义，将来能服膺天下的恐怕也只有他啦！我们接下来要讲的故事，也就是寿梦四个儿子的故事。这四个人的人生经历，简直非常好地诠释了什么叫“勇大于智”和什么叫“信大于勇”。

欲知故事究竟，且看下章分解。

16

兄终弟及

书接上回。寿梦二十五年，吴王寿梦得了重病，基本上没救了。

奄奄一息之际，就把四个儿子叫到床前。这四个儿子按长次顺序分别是：诸樊、余祭、余昧、季札。

老吴王犯了老祖宗周太王古公亶父的毛病，最喜爱小儿子季札。

史书上说，老吴王还有一番道理呢。大概意思是说，我老吴跟楚国打了大半辈子的仗，才在中原江湖圈子混出来点名堂。中原那圪垯，他去过几次，还是比较了解的。那边的人呐，虚伪、好谈论、少行动。而吴国呢，假如一直守着江南一带，不是不好，但是要想发展的话，还必须得学中原那一套仁义道德。在这四个儿子里，就小儿子季札懂点文化，虽说他有点得了便宜就卖乖，但功底扎实，任督二脉已经打通了，学什么都快。所以，吴王有意传位给小儿子季札。

四个儿子屁颠屁颠地来到父亲大人的病床前。

谁也不出一声。

老父亲说话了，“诸樊呐！”老大凑过来说，“在。”

老父亲说：“我有意传位给你四弟季札，你不要有什么抱怨。”

老大心里说，你话都这么说了，我就是有抱怨也说不出来呀！

这个时候，季札凑上来说话了，他说，“爹呀，我不愿做国君。”

寿梦睁大眼看着季札，说："你什么意思？"

季札不慌不慢地说"周礼规定呀，只能嫡长子继承，您怎么能不顾周礼而只顾自己呢？"

好嘛，儿子把父亲教训了一顿。

哎，看来，寿梦老矣，的确有点昏聩。你这个小儿子虽然知书达礼，可惜有点迂腐。这哪儿是当国君的料呀，分明是史官的才呀（司马迁那种）。动不动就前朝旧礼，迂腐不堪，看来呀，这次吴国的让位风波又要掀起来了。只不过和之前吴泰伯、吴仲雍两兄弟让位风波不同，上次让位，让出一个800年的周朝，而这次让位，让出一阵阵的血雨腥风。

以上就是传说中的季札三让天下中的第一让。

这次病床前的紧急会议，无果而终。

寿梦卒，诸樊立。

老大当这吴王当的一点也不自在。老吴有言在先，要传位给季札，说只有季札才能光大吴国。"我是没什么本事了，坐在这位置上，真个是如坐针毡。不行，我得找老四说说。"诸樊心想。

老四季札规规矩矩，以君臣之礼过来见大哥。

诸樊眉头一皱，计上心来，给季札来个下马威：

"大胆季札，不忠不孝，你可知罪？"

季札差点被吓出病来，自己的命不要紧，声誉不能毁了呀！

我的历史形象，那是公认的，谦谦君子，德行典范，怎么背得起不忠不孝的罪名呀！

于是季札小心谨慎地说："大哥呀，小弟我一向为人处事都是很小心的，完全按照圣人周礼的规定，什么时候犯了不忠不孝的重罪呀？"

诸樊心里乐呵，哈哈，上钩了吧，你且听我说哈：

"父亲临终诏令你继位，你不从，父亲死有不甘。这不是不忠不孝，又会是什么？”

季札急了：“不是呀，大哥，那……那书上说了，嫡长子继位，这礼不能坏呀！”

末了，还搬出书上的话说：“大哥呀，你别着急，听我慢慢说。小弟我觉得呢，一个人有志愿，假如他能达成这个志愿，去身体力行呢，这就叫做达节。假使有生之年觉得无论如何也实现不了这个志愿，但是此生无悔改，一直坚持，这呢，就叫做守节。假若既不能达成也不能坚持，就是失节。”

随后，季札给大哥诸樊举了一个例子，他害怕诸樊听不明白什么叫守节，就讲了曹国的一件事：曹国人想拥立贤能的子臧为国君，来取代无德的曹王，但被子臧拒绝了。为了坚守臣民应有的忠义，并打消国人拥立的念头，子臧离开曹国，奔走到了宋国，使曹国的君主，仍然得以在位执政。说完，季札对大哥说：“这就叫守节呀。”

诸樊打了个哈欠，打断说：“四弟呀，你到底要说什么呀？”

季札还是不紧不慢地说：“我觉得自己种种地，读读书还行，当国君我不在行，既不能达节也不能守节，我明知会失节，是不会选择的。我还是种地去吧”（这就是传说中的季札三让天下里的第二让）。

诸位，你还别说，季札这个选择还算明智之举。要在今天呀，他当个教书先生，应该绰绰有余了，还能保证学生上课、睡觉两不耽误，美极美极呀。

季札跟大哥诸樊大辩论之后，就去种地了。诸樊没办法，表现出了他人性中慷慨大方的一面，就把二弟、三弟叫过来说：“咱老祖宗的法制实在不好，从今天开始呀，我们兄弟之间也可传承。这样一来，我死了，二弟你继位，然后三弟继位，接着就由四弟继位，他想不继位都不行了。”二弟、三弟心想，这样一来，岂不是大家人人有份，不错不错，异口同声地说：“大哥，我顶你。”

兄终弟及制，一直影响到三国时候的孙氏东吴，简直可以说成了吴地的风气了。

老大诸樊自从当了吴国君王，性情大变，以前还是谦和君子、有说有笑，现在却变得莽撞冒失、轻生冒死。

唉，据说呀，这诸樊完全是因为缺乏父爱。作为嫡长子，在老爷子临终之际，都不能得到哪怕一句贴心的话，居然连继承王权的份儿都差点被剥夺了。

诸樊即位，做了一件大事。这件大事，倒是有他爸爸寿梦的风范，就是迁都。他将都城迁往南方，具体迁到什么地方，史书中没有记载，考古界中也有争论，我们且不管，但是，肯定在现在的苏州地界，不可能太远。

有人说，诸樊将都城迁往了扬州附近，权作参考。关于诸樊为什么要迁都，更是无从知道。可是有一点，这家伙自从迁都之后，频繁对楚国发动战争，就连吃饭的时候，也对神祈祷请求降灾祸到自己身上。明摆着，诸樊不想活了。对他来说，也许战场才是真正有趣味的地方。枪林弹雨、血流成河，在生与死的边像，他找到了别样的快慰。

假如说前面季札让国，表现了吴人骨子里那种“信大于勇”的倾向，那么诸樊这种轻生冒死的作为，就充分体现了吴人骨子里那种“勇大于智”的倾向。季札让国，给大哥诸樊举了曹国公子子臧的例子，但是季札怎么能比子臧呢。子臧让国，是因为子臧的堂弟杀死了曹国太子，自立为王,这国君当的本来就是不义。子臧让国,是为了曹国不再发生内乱,以免晋国带领北方诸侯讨伐,那样的话,曹国这么一个小邦,在一夜之间,就能覆灭。而你季札呢？先是不遵父亲遗言，又明明知道，诸樊有死亡冲动的毛病，还把他推到风口浪尖上。吴国实施兄终弟及制，更是在以后的历史中，引发了血雨腥风。

季札让国，全天下只有一个人称赞，这个人就是孔子。为什么呢？

因为孔子这个人看重的是一个虚拟的礼，克己复礼嘛！其他的都是次要，而季札让国，唯一成全的，就是一个穷途末路、日益衰落的周礼。所以说，季札简直是“信大于勇”的典范。

而诸樊呢？由于缺乏父爱，对自己没有自信，觉得自己没有达到父亲的要求，才能上也不如四弟季札，人生也是了无生趣，最后寄托战场。在死亡面前，试图摆脱这一切困扰，将吴人骨子里那种由来已久的死亡冲动，发挥得淋漓尽致。

17

吴越结仇

公元前 549 年，即诸樊十二年（诸樊总共在位也就是十三年），诸樊挑拨楚国的附庸国舒鸠（今安徽舒城县）谋反。

当时楚国在位的楚康王知道后，恼羞成怒，亲率大军一直攻打到舒鸠的都城，舒鸠国君见了楚康王嬉皮笑脸地说：“大王，这都是误会一场啊！我还蒙在鼓里呢，您怎么就亲自带军屈尊来拜访我了呢？”

楚康王质问舒鸠国君，可有背叛楚国而与吴国结盟之事？舒鸠国君说：“没有，绝对没有。”还指天发誓，舒鸠国效忠楚国，不敢有丝毫怠慢。楚康王怒气也就消了，又发挥了楚人骨子里看不起人的特点，班师回朝，完全不当一回事。

楚康王前脚刚走，诸樊带着军队就过来了。原来呀，诸樊和舒鸠国君，都没料到消息走漏得如此之快。

舒鸠国君对诸樊说："大王呀！算了吧，我舒鸠小国，夹持在您吴国和他楚国之间，实在不好相处，现在呀，我只愿偏安一隅吧！"

诸樊哪里肯答应，没仗打，这个世界还有什么意思，那太难受了，诸樊说："不行。这次我们错过联盟伐楚的时机，而现在正是最好的时机。楚康王现在已经返回郢都，我们待明年春时，攻打巢国。"

舒鸠国君也不能不答应，另外呢，他也实在高估了诸樊的能力。谁知诸樊看着挺人高马大的，内心却是一个一心求死之人。这不，还拉着舒鸠国君做垫背。

公元前 548 年，吴楚会战于巢国。因为巢国是楚国的附庸国，所以也可以说吴楚会战于楚国的巢邑。巢邑的首领，在城墙之上，眼睛擦亮了一遍又一遍（不敢相信啊），终于确定那是吴国军队，诸樊居然首当其冲。料定此人虽然勇猛，但是轻率，于是就命令手下，打开巢邑的城门，让吴军冲进来。果然不出巢邑首领所料，第一个冲进来的正是吴王诸樊。楚军在城墙之上的射手，对准诸樊就是一箭，诸樊应声倒下，一命呜呼。

结果是，吴军大败，舒鸠更是惨遭灭国。

按照兄终弟及的约定，诸樊死，余祭立。

吴国迎来了称王以来的第三位国君，也就是第 21 世吴王。

这一年是各诸侯国召开弭兵大会的前一年，因为此时，各诸侯国内部豪门卿族势力的矛盾已经开始激化，完全没有精力对付外国。

每个诸侯都是各扫门前雪。偏偏呢，这个余祭简直就是诸樊的翻版，所以各诸侯国，包括楚国、晋国、齐国，开弭兵大会的时候，都没来参加。那意思很简单，你们弭兵吧，我不弭兵。我非但不弭兵，我还唯恐天下不乱哩！

弭兵大会后第二年，齐国大夫庆封在本国政治斗争中失败，逃奔到了吴国，余祭不仅收留了他，还把朱方（今江苏镇江东南）这个地方赐给庆封。这下算是跟齐国结下梁子了。要知道庆封是什么人呐，那可是篡夺齐国政权的人呀。当初庆封逃亡鲁国，鲁国国君因为不堪齐国压力，最终没有收留他。不得已，庆封才逃亡吴国。没想到，来吴国算是来对了，不仅得到吴王余祭的热情款待，还赐他封地，让他把族人安置下来，不仅如此，余祭还将自己的女儿许配给他。余祭简直是糊涂到家了。

公元前 530 年，也就是余祭死的那一年，楚国举兵伐吴，攻下了朱方，斩杀了庆封，尽灭其族（楚国与齐国是盟国，而且楚国就爱管闲事，小到个人财务纠纷，大到国与国的征战，事无巨细，事必躬亲，俨然把自己放到了周王朝的地位。不用说，余祭的女儿算是嫁错人了，也没得活命。可怜的吴姑娘啊！历史证明，作为女儿家家的，不仅要有一个好丈夫，更要有一个好爸爸）。

至于说起余祭的死，则更是可笑，实在是一出滑稽剧。

公元前 545 年，楚国的国君楚康王逝世，他的小儿子郏敖即位，楚康王的弟弟、郏敖的叔叔王子围当了令尹，叔侄两人开始了权力的明争暗夺。

于是，余祭看到了翦灭楚国之羽翼、吴国之心腹之患的越国的机会。

公元前 544 年，吴伐越，大获全胜并俘获了一大批越人。从此，吴国和越国结下世仇，直到吴国被越国吞灭。

最有意思的是，余祭为了表示作为吴王那少得可怜的仁义，将俘获来的越国奴隶安排到水军军营，让他们负责看守船只。

这也就算了，结果余祭又出于恶搞、好玩、变态、无聊等多种趣味之缘由，将这些越人全部阉割。如此一来，越人遭受奇耻大辱。其中有侠士级别的人物，暗下决心，咬牙切齿，每天在心中默默咒骂余祭三万六千次。终于乘余祭有一次视察水军船只时，用一把普通匕首，刺杀了吴王余祭。

余祭在位期间，金戈铁马、耀武逞威、西侵强楚、南攻越国、又结仇强齐，简直从来没有把自己当成一个治理国家的国君，而是当成了一个驰骋疆场的将军。但没有一件事情，是针对国内的经济文化建设的，完全投身到诸侯乱战的洪流之中，你说说，这是图个啥呀！

风水轮流转，今年到我家。兄终弟及制的好处就是，同辈兄弟之间，不至于引起内讧。但是它有两个坏处，而且是明显的坏处：其一，假如寿梦生了八个儿子，这可怎么传呀？兄终弟及，这个完了换那个，一个接一个，传到第八个儿子，吴国在历史的长河中早就淹没了。其二，也是一个致命的坏处，那就是，假如兄弟们都死光了，那么，兄弟们的子嗣，该按怎么一个次序来轮换？兄终弟及制里没有说法，也就是说，兄终弟及制给下一代之间的内讧制造了机会。这个还是后话，先说寿梦的三儿子——余昧。

这名字起的实在没什么水平，余昧，听起来跟“愚昧”似的。那么这个余昧到底愚昧不愚昧呢？我们不得而知。为什么呢？因为呀，自从当了吴国的君王，这个娃娃就生病了，得了什么病，史书上也没记载。想来应该是，这个孩子，身体孱弱，一直以来大病不犯、小病不断，从来没有安生过。所以余昧即位后，吴国并没有多少战事。为了缓和与各诸侯国之间的紧张关系，余昧还派出自己的弟弟季札，出使北方各国。

当时呢，季札在延陵（今江苏常州市南淹城）这个地方种地呢！尽管季札有点迂腐，但好歹是个知书达礼的人。吴王下令，让自己出使北方各国，能不答应吗？好吧，反正种地也种累了，只当是去旅旅游，去一些大的城市，玩耍玩耍。

季札出使北方各国，应该在余昧即位那一年（这个《左传》和《史记》所记不一，本文作者为了讲述方便，依照的是《左传·襄公二十九年》)，因为季札出使北方，还有一个政治任务，就是向北方各国诸侯通报一声，说我吴国换大王了。早年是我二哥余祭称王，但是被一个越国人给刺杀了。现在是我三哥余眛称王，这孩子病体孱弱，为人和善，愿与北方各诸侯交好，诸位多照顾着点哈。

余眛之所以派遣季札出使北方，有三个原因：

一、季札是自己的亲弟弟，够资格；

二、想自己病体孱弱，恐怕不久于人世，给自己的弟弟季札一个出头的机会，挣个名头，将来季札做了吴王，吴国也会有很大的影响力；

三、季札当初让国于诸位兄弟，这个事情被传为佳话，又加上季札被大哥诸樊封在延陵邑，所以世人皆称"延陵季子"。都当得上一个"子"字，那地位是相当高了。让季札出使各国诸侯，必定能缓和国家之间的紧张关系，谋个一两年的安定。

那么季札是否能不负余眛厚望呢？这次出使北方各诸侯国，又要演绎出怎样的故事呢？作为吴王寿梦之后，第二个出使北方的人，季札会有怎样的影响呢？且看下章分解。

18

延陵季子

季札先去了吴都城，看望了病榻上的三哥。这不看还好，一看呐，把季札哭个够呛。这哪里还是当年那个青春年少、心宽体胖的三哥啊，简直跟个瘦猴子似的。看来啊，这国君不是随便当的，有的人呢，当得挺滋润，有的人呢，却吃罪一般，无福消受。

也没什么好说的，季札临别的时候，对三哥余昧说："三哥，多多保重。"余昧眼睛微微一睁，对季札说："四弟，吴国天下全靠你了。"季札也只管点头答应着，其实他本来还想着辩驳的，就像他之前跟大哥诸樊辩驳的那套，但是看着三哥萎靡不振的样子，还说什么呢，闭嘴默认算了。

季札随身佩剑，带了若干随从和简单的装备，即时就出发了。出了吴国都城，到郊外，颇觉空气清新。此时正值春夏之交，繁花还在，香气尚浓。从吴国出发，季札选择的是当年申巫臣使吴的路子，即从吴国走徐国，到鲁国，经齐国、郑国、卫国，然后到晋国，再返回。

第一站：徐国

季札和徐国国君（我们不妨称徐某人）会晤，一见如故。两人彻夜攀谈，上天下地，无所不言。但是季札和他徐某人盘桓了整整一天，发现他一直夸赞自己腰间的佩剑，说吴国造剑手段如何如何好。

要知道，吴国的青铜剑锻造，那在当时的中国，确实是独一无二的。徐国和吴国距离并不遥远，对吴国青铜剑那是闻名已久。况且季札的佩剑，可是吴国至尊啊。他徐某人看了，能不眼馋？

季札呢，也不是一个爱收藏的人，况且一介书生，本来佩一把青铜剑，也只是摆摆场面，自己又不会使，留着也没多大用处，索性想送出去。可是接下来还要拜访很多国家，第一站就送出去佩剑，这往后就不知道送什么东西了，万事开头难。季札虽然觉得徐某人也算一个人物，招待的又不错，本当做个顺水人情，将佩剑赠送徐某人。但是心里虽如此想，实际却没有这么做。季札想：还是回来的时候再送给他吧，不然，这一路北上，不知道要送多少呢！而徐某人见季札始终没有表示要赠送他的意思，也就不好直白地索要，直到第二天，季札辞别，徐某人依依不舍（他不是不舍得人，而是不舍得剑）。

第二站：鲁国

鲁国实在是一个奇怪的国家，全天下的礼义廉耻都出自那里。

就在季札出使鲁国之前，楚国的国君死了，楚国人要求鲁国国君来为楚王穿寿衣，为什么呢？因为呀，鲁国代表着周朝礼乐的正宗，是天下礼乐之源头，楚国要求鲁君为楚王穿寿衣，意思是向天下表明，他楚国国君，也享有周天子的权力。所以史书上有句老话叫做："齐一变，至于鲁；鲁一变，至于道。"啥意思呢？这句话不妨理解为，假如齐国发生变故，影响的无非是一个国家；而鲁国发生变故，影响的却是天子之道义，那可是影响天下了。

季札来拜访鲁国，自然知道鲁国在天下的分量。头一天去见叔孙穆子。

话说，这位叔孙穆子可不是一般人啊！他是鲁国的大贵族，他的"家"几乎相当于全国的三分之一，比一些小诸侯国的整个国家都大。而且，他更是鲁国朝堂上的权政大臣。

没想到季札这家伙，一见面就出言不逊，你知道季札说什么啦？他对穆子说："你呀，将来不得好死啊！"穆子气得头发变白又变黑，来回变了三次，脸色都青了，大骂道："南方竖子，我敬你季札是个人物，何苦这般诅咒于我？"

季札还不卑不亢，说："你贵为鲁国大卿，但是你呢，不善于择人。我听说，君子之要义恰恰就在于择人用贤，如此说，你的前途难道不堪忧虑吗？灾祸必然降临啊！"

穆子一听，头发也懒得变色了，直接竖了起来，大喝一声："滚！"命令手下将季札扫地出门。

唉，有不识时务的，但没见过这样疯子似的不识时务之人。你一个远道而来的客人，何苦对人家王公大卿说这些晦气的话呢？你说你季札是有毛病呀还是得了失心疯了呀，这不是吃饱了没事干吗？

从穆子府中出来，季札去拜见鲁国国君鲁襄公，一见面就请求人家给他唱歌听。鲁襄公可是从未见过这么不讲道理的亲戚，但是作为一个两国交好的使节，你能拿他怎么着呢，也就随他去了。

季札见乐工们一个个都来了，自己也不客气，像进菜馆点单一样，随意点了起来，说要听《周南》。然后乐工就给奏唱《周南》。《周南》，我想诸位可能都熟悉，虽然作为一套组曲，有些复杂，但是这套组曲的开篇就是："关关雎鸠，在河之洲。窈窕淑女，君子好逑。"季札听完《周南》，心花怒放，说："美哉！始基之矣，犹未也，然勤而不怨矣。"翻译成白话文，意思是：好美啊！那个时候周朝刚开始，一切都还在建设中，但是人民勤劳不怨。

乐工接着奏唱《邶风》、《卫风》组曲，其中有一首《二子乘舟》着实打动了季札，让他想起了远在南方病榻之上的哥哥。这首歌是这么唱的：

二子乘舟去出游，
随波飘荡影悠悠。
每一想起弟兄俩，
心头涌起无限愁。
二子乘舟去远方，
随波飘荡影全光。
每一想起弟兄俩，
愿无差池和祸殃。

（《诗经》原文：二子乘舟，泛泛其景。愿言思子，中心养养！二子乘舟，泛泛其逝。愿言思子，不瑕有害？）

听到动容处，季札不禁怅然慨叹，等乐工停下来，他赞叹说："美哉，渊乎！忧而不困者也。”翻译成白话文是说：多么美妙啊！如此深沉，但是却令人忧愁而不困惑。

然后，乐工又给他奏唱《郑风》，季札听了，就开始皱眉头，说：“好听是好听，但是这歌曲过于琐碎了，人民呀不堪忍受这样的歌曲，这个大概是郑国要最先灭亡的预兆吧。”说这话真是有点过分了，因为当时郑国还没灭亡呢。季札却借着鉴赏音乐的机会，在鲁国的朝堂之上，说起别国的坏话来，而且他的话语，往往有南方巫师的风范，每句话都像预言。

乐工还为季札奏唱了《周颂》，歌唱的无非是周朝宗庙之礼，这个曲子一出，直接把季札给听兴奋了，跟吃了耗子药一样，上蹿下跳，直说：“哎呀妈呀！这个曲子已经达到极致了。正直而不倨傲，婉柔而不屈挠，亲近而不相逼，疏远而不离心，活泼而不邪乱，反复而不厌倦，哀伤而不忧愁，欢乐而不过度，常用而不匮乏，宽广而不显露，施舍而不浪费，收取而不贪婪，静止而不停滞，行进而不流荡。”这句话几乎是一口气说下来的，创下春秋时期脱口秀一气呵成之最。

就这样，乐工奏唱完这个又奏唱那个，几乎把《诗经》组曲奏唱了个遍，从大清早一直唱到晌午。中间乐工们轮流换班倒是休息了，就他季札一个，跟个神仙似的，摇头晃脑，手舞足蹈，一直折腾到大中午。每听完一段曲子，就发表评论，借着歌曲评议各个国家，除了自己的吴国他没说什么以外，其他国家几乎被他数落了一个遍。

鲁襄公当然没工夫陪着他了，但是鲁襄公派了一名史官伴随季札左右，这个史官将季札在鲁国朝堂上评议各个国家的话一一记录在案。具体参看《左传·襄公二十九年》。

到吃饭时间，乐工们一个个累得够呛，纷纷跑出去吃饭了。季札也饿了，海吃一顿之后，又回来召集乐工，乐工们都不敢见他了，害怕他又有什么麻烦事。但是乐工干的就是这门差事，只要人家吩咐，自己就不敢不从。但愿他季札别再听歌曲了，乐工们一个个不住祈祷。季札看见乐工们又回来了，就咳嗽一声，说："下午，我不想听歌曲啦！"乐工们听了这话，差点跳起来，看来祈祷真是灵验。季札继续咳嗽一声，说："我想看舞蹈，我们大家一起跳舞吧。"妈呀，乐工们几乎摔倒在地上一半，这不是折磨人么！没办法，谁让你鲁国端着一个礼乐的架子不放呢，人家南方小国，从来没听过黄钟大吕，好不容易来一趟北方，自然是要听个够、看个够，这样才不留遗憾嘛！

鲁国的乐工，没得办法，先是给季札跳了《象箾》、《南籥》舞，把季札给乐坏了，但他又说："好是好，可是这个舞蹈，还是有些缺憾，有点美中不足。"乐工们大眼瞪小眼，咋办呢？继续跳吧，于是又跳了《大夏》舞，顾名思义，就是关于大禹治水的舞蹈，场面很大，几乎所有的乐工都参加了，季札跟着一起跳，累得气喘吁吁、大汗淋漓的。跳完了，季札还说："这种舞蹈也许只有天生神力的大禹才能跳得开。"最后一出，就是《韶箾》舞，季札跟着跳了一半，就不想再跳了。乐工们还纳闷呢，怎么突然停下来不跳了？只见季札倒在地上，只顾大口喘气，敢情这家伙到鲁国锻炼身体来了，把鲁国的朝堂当成他的私家健身房了。乐工们都不知该怎么办，这个时候，有人把鲁襄公请过来，鲁襄公看见自家亲戚这样，哈哈大笑，对着倒在地上的季札说："你一定是跳了《韶箾》舞吧。"季札眨眨眼睛。鲁襄公说："这种舞蹈，是要经过严格训练的，有点像街舞，动作比较大，你我都是中年人了，哪能经得起这么折腾呀！你现在是不是觉得天旋地转？"季札说："我跳这个舞的时候，觉得天不像天，地不像地，我的注意力也无法集中一处，只觉天旋地转，只好倒在地上啦！"鲁襄公轻声一笑说："公子啊，你这个状况叫做醉舞，就像喝醉酒一样。"

季札汗颜说："晕，这下算是出了洋相。"

鲁襄公心里说："活该啊！谁让你上午还背地非议北方各国呢。"

话说季札醉舞，在鲁国休息了三天，才恢复精神。

19

季氏预言

季札这趟北方之旅，其实啥事也没干，只做了一件事，那就是:预言。

前面说的季札在鲁国听歌跳舞，难道他是真的喜欢音乐吗？也许吧。但是他的目的却是借古讽今，比如他听了《郑风》之后，就预言了郑国在各个诸侯国里将最先覆灭。而接下来的旅程，从鲁国出发，来到齐国，季札照旧对齐国做出了预言。

先是见了齐国的相国晏婴，两个人一见如故。这一点，咱是相当佩服季札，去哪个国家都能找到一见如故的人。这就等于说，人家去哪儿都能混得开，去哪儿都不愁没有朋友。这个原因，恐怕就是孔子《论语》里说的，君子坦荡荡，小人常戚戚。与人交往，越是处心积虑，反而交不到什么倾心的朋友；直来直往，更加显得彼此坦诚相见，越聊越投缘。季札估计就是这么做的。季札去齐国，依旧对齐国做出了预言，他对晏婴说："你呀，赶快交出你手里的权力，这样才能免于灾祸。"季札简直跟个算命的似的，他对所有与他一见如故的朋友，几乎都是这么说的。就像算命先生说的那样:破财消灾。这个方法，说白了就是做个缩头乌龟。毕竟，春秋末期，没有一个国家是安定的，所以季札所谓灾祸不远矣的预言，说到哪儿都不会错。在这样的乱世，你不躲起来，反而争权夺利，那不是找死吗？你看我季札，早早的就去乡下种地去了，连君王都不当，为的就是保全性命，苟活于世。人一旦是死了呀，那什么都谈不上。苟活虽然卑微，但是还能坚守节义，不是很好嘛。晏婴听了季札的这番话，颇多感慨。就信了季札的预言，将权力交出去一部分。果然，随后不久齐国发生政变，晏婴免于灾祸。

接着季札来到郑国，见郑国的子产。史书上说，两人一见如故。又是一见如故，我觉得，这只是客气的说法。其实，季札和子产，两个人思想观点完全不合。子产是谁呀？法家先驱啊！而季札呢，儒家先驱。儒家和法家，那是死对头啊。韩非子，大家都知道吧，他曾经写过一篇文章，把儒生看做社会的蠹虫，要统治者必须除掉他们。秦始皇焚书坑儒，实行的就是法家的政策。史书上记载，季札和子产刚一见面，就很有意思，先是季札赠送给子产白绢大带。这不是让别人自杀嘛，你季札还怕他子产自杀的时候找不到上吊用的白绫呀。子产呢？也不示弱，赠送给季札麻布衣服，哈哈，子产心里说，我死不要紧，你季札可一定要为我披麻戴孝啊。唉，儒家跟法家比起来，还是法家有损招。季札临别，对子产说："郑国的执政者奢侈，祸难将要来临了！政权必然落到您手中。您执政，要用礼来谨慎地处事。否则，郑国将会败亡。"他为什么这么说呢？因为子产是法家先驱，是第一个将刑法公之于众的人。子产治政，非常严苛，采取猛政狠赋。季札的意思是说，假如国君奢侈，你子产还一意孤行，采取猛政狠赋，那么底下的人民就会觉得国家在剥削他们，把剥削而来的钱都浪费地花掉了，民心必然不稳，国家必然大乱。所以季札叮嘱子产，用权要谨慎。这一点，季札倒是洞若观火啊！也难怪司马迁在《史记》里把季札称作是"见微而知清浊"之圣贤。说明这家伙的确可以以小见大，见微知著。看见你的钱包，就能知道你钱包里有多少钱，你说这样的人在你身边，你能不担心吗？还好，这些北方的朋友们都知道他季札也就是逗留几天工夫，就又回南方老家种地去了，所以也由他夫子自道，不与他过多计较。

此事过去两年后，大概在公元前542年，郑国发生政变，因为子产处事谨慎，且一直有些威望，依然执政，没有受灾祸所乱。

季札最后去了卫国。这次会见的场面，有点夸张，也许是因为出使的任务快要完成了，心情舒畅，他一下子在卫国交了六个朋友，分别是：蘧瑗、史狗、史鳍、公子荆、公叔发、公子朝。季札这次说："哎呀，卫国有这么多的君子，那么说，卫国的将来肯定不会有事啦！"哦，我总算明白了。原来呀，季札不是预言家，而是数学家，他的预言完全是建立在数学基础上的。也就是说，他去一个国家，看能交多少朋友，交的朋友越多，那么这个国家就越能长治久安。为啥子这么说呢？因为我季札是君子啊，和我交上朋友的也是君子，君子多的话，这个国家就能免于灾祸（汗）。

跟随先王寿梦的步伐，季札又来到晋国。他那乌鸦嘴一直就没怎么消停，在晋国也不例外。只是这个预言，更有点吓人！什么预言呢？三家分晋。

季札认真观察了晋国的政治形势，敏锐地看出大夫赵文子、韩宣子和魏献子是晋国政界举足轻重的人物，他认为这三个人都是很有政治才能的人，晋国的未来就掌握在这三个人手中。季札对身边的人说："晋国的政权恐怕要归属这三家大夫吧！"

随后他又对晋国的贵族叔向说："晋国的国君生活太过奢侈，而晋国有很多有才能的大臣，这些大臣又都很富有。我认为晋国的政权必将归属于赵文子、韩宣子和魏献子三个家族。先生您为人刚直，希望您一定要慎重思考如何免于灾祸。"叔向也是跟季札一样性格的人，就听信了季札的预言，从此以后，在朝堂处事，小心谨慎，最终免于祸乱。

关于季札使周，朝见周天子，没有什么言论流传下来。

这倒是很有意思了，这起码说明一点，即便是再唠叨的乌鸦嘴，也有沉默的时候。再怎么着，你季札不能对周天子做出预言吧。所以呀，所谓的季氏预言，其实是代周天子预言。

由此我推测，季札最想当的官职，就是周朝的巫师，管理祭祀、占卜什么的。

而老吴王寿梦实在看走眼了，这个小儿子要是当了吴国国君，那还不天天带领大家跳大神啊？尽管说，南方人民都挺信这个的，但是再怎么信，天天跳，搁谁都受不了。

假如真让季札当了吴王，有一点就很不好受，那就是季札的眼太尖，看事情过于清楚。在他心中，除了仁义，对什么都有恐惧心理。有句话不是说嘛，"水至清则无鱼，人至察则无徒"，说的就是这个道理。历来身居高位者，擅于发挥人的两只眼睛，睁一只眼闭一只眼，时不时再眨眨眼，没有过不去的坎儿，也没有什么可担惊受怕的。季札明显缺乏这样的品性。虽然如此，他的儒家先驱的地位，在孔子以前，几乎无人可以取代。下面要说的，就是季札跟徐国国君的那点事儿，关于诚信之三个境界：诚、信、义的故事。

20

季札挂剑

北上中原遍访诸侯的政治任务完成，季札一路狂奔，赶回吴国。

随从们一个个跟着累得够呛，这天再次来到徐国，季札吩咐进城拜访徐国国君：徐某人。前面我们提到，徐某人一直惦记着季札的宝剑，日思夜想。那么季札是什么意思啊？你说你不愿意把自己的宝剑给人家可怜兮兮的徐某人，你绕个路抓紧回家呗，家里的三哥还在病榻上等着你的消息呢，你何故再来徐某人面前，拿宝剑刺激他呀？这不是成心的吗？

随从里有人就劝季札，别去见他徐某人，我们随便找个旅馆，吃点东西，休息一下，抓紧赶路吧。俗话说，越是快到家了，就越是觉得走得慢，因为大家都等不及要回家了。季札说，我去见他徐某人，自然有去见的道理，跟你也说不明白（这可真够固执的，你不说，人家怎么明白呢）。好吧，看看你季札要做些什么。

季札带着那个劝说他别惹事的随从，腰间佩带当初那把宝剑，来到徐国的朝堂上，指名道姓要见徐某人。谁知道，喊了半天，没人出来。最后，徐某人的儿子出来了，身披麻衣，头戴孝巾。季札一看傻眼了，倒吸一口冷气，心里说：“出啥子事了？”

徐某人的儿子一见季札好不烦心啊，埋怨说：“我父亲大人自从和你一别，整夜积思，不得排解，加上年事已高，身体不支，于上个月驾鹤西去了。”

季札一听，“啊呀”一声，身旁的随从吓了一跳，说：“咋的呀，你又要唱歌啊？”季札哪里是要唱歌呀，就是要唱，现在也不是场合。季札说：“都是我这把宝剑害的。”说着，就解下佩剑，双手呈给徐某人的儿子小徐。小徐看见季札这样，又喜又气：喜的是，父亲在天之灵，终于可以安息；气的是，季札你早些时候干什么去了？人死了，你又在这儿演戏，也许你早些把宝剑送给我父亲，我父亲也就不用死了。

季札也真够倒霉的，第一次出使国外，第一站就碰上了一个收藏癖，给他宝剑吧，接下来出使其他国家还需要这个物件作为使节的信物，不给他吧，你看他纠结的，把自己的小命都搭进去了。按理说，这事本不与季札相关。就好比说吧，有人惦记你的钱包，你不给他（你肯定不会给他），结果他因为这个苦闷成疾，死了，反过来要你偿命，你会答应吗？你绝对不会答应啊！但是季札不这么认为，为什么呢？季札觉得，当初徐某人想要这把宝剑，自己也是觉察到的，而且当时虽然没有口头答应送给他，但自己在心里其实已经答应了，只是不能立即送给他。

旁边的随从开口了，说：“老爷啊，你这是何必呢？既然口头没有答应，那就不算了。比方说，你口头说要杀一个人，和你心里想杀一个人，这怎么能相提并论呢？”季札啐了一口随从，大骂道：“亏你还是我季札的随从，怎么满脑子法家毒素啊，回家好好给你洗洗脑，消消毒。”季札可不是法家，相信什么心口不一。千万别忘了，季札可是儒家先驱，心口绝对要一致。想当初，自己在心里默许了要送给徐某人宝剑，就一定要施行，否则就是不诚、不信、不义。不诚，就是不诚实，连自己都不能相信自己心中所想了；不信，就是不讲信用，想的和说的，不能兑现不能实行；不义，就是对不起朋友，况且现在徐某人已经因为思念这宝剑而死，我更不能做对不起朋友的事。

在小徐的带领下，季札来到徐某人的坟墓前，当时正值深秋，瑟瑟秋风，惹人无限悲凉。季札在徐某人墓前，几声长叹，随后行了礼，祭了酒，把宝剑挂在徐某人坟墓边的一棵树上。那棵树早已经是光秃秃的了，树下满是枯枝落叶。季札说：“徐兄，倘你泉下有知，就宽恕我季札姗姗来迟吧。”小徐陪在一边，听季札这么一说，哭得稀里哗啦的。

徐国人知道了这件事后，深感季札这个人啊实在是诚信仁义之人，就编了一句顺口溜，来赞美季札：“延陵季子兮不忘故，脱千金之剑兮挂丘墓”。

此事过去一千多年，到了唐代。有个写诗的书生，仰慕季札挂剑的故事，就写诗来赞美季札。毕竟，“季札挂剑”是历史上有文字可考的最早关于佩剑书生的故事。况且，大家同是书生，同命相连，而且这个唐代的书生，也是“仗剑走天涯”的人，平生信仰罗曼蒂克，满腔的侠义精神。这位唐代书生是谁呢？不着急，我们先来看看他写的诗，聪明的你，也许一下子就能猜出来这个人是谁了。诗文如下：

延陵有宝剑，价值千黄金；
观风历上国，暗许故人深；
归来挂坟松，万古知其心。

宣布答案，这位书生就是李白。这首诗的名字叫《陈情赠友人》。

既然大诗人李白都这么敬仰季札挂剑的作为，那么吴人更不用说了。吴氏宗庙有副通用的对联：

上联：三让两家天下。（说的是吴人开姓始祖吴泰伯的故事）

下联：一剑万世千秋。（说的是吴人先祖吴季札挂剑的故事）

季札挂剑后，快马加鞭，离开徐国。日夜兼程，回到吴国。一到地方，也不先回家看看，赶忙就来看望病榻上的三哥。唉，俗话说的好，是福不是祸，是祸躲不过。人生最难躲的，无非是一个死，不管是怎么死的。三哥这病，是越发难过、越发严重了。本来归来的路上，季札还设计了一大段话，要来讨得三哥一些笑脸，可一见面，就哭了起来。

自古有德行的人，富贵不能淫，贫贱不能移，威武不能屈，但最怕动感情。有句话说的最好，叫做：动什么也别动感情。一动感情，就显露出来书生的脆弱本性，变得不堪一击了。

老三余昧，勉强支撑身体，问起这次北上之事。季札转哭为喜，说："三哥，我办事，你放心。那些个北方诸侯，凡是君子，我都能搞定；而至于小人嘛，不用理会，他们是自己的掘墓人。"老三点点头，心里说："小人的心灵是小人的掘墓人，而我呢？我的身体就是我的掘墓人啊！"

三哥终于没熬多少年，病体不支，死了。

按照兄终弟及的约定，吴人邀请季札出任吴国国君。季札又一次推掉，算上前面两次，这已经是季札第三次辞让国君之位了。此为传说中的吴人"后三让"，而吴人"前三让"是吴泰伯干出来的。这一次，季札比前两次都要干脆，毕竟前面两次都还费了一番口舌。而这次呢，也不怎么说话了，只是留下一句貌似有语病的话："富贵于我，如秋风之过耳。"这到底是一种啥感觉呢？也许只能等待秋风起、菊花残的时候，去吹吹耳朵才能知道吧！

季札说完这话，就直接回延陵的山里安贫乐道去了。吴国人没有办法，只好推举余昧的儿子僚即位，也就是吴王僚。至此，兄终弟及制的缺陷，彻底暴露。因为四个同辈兄弟之间，排次序还好排，而这四个兄弟的儿辈们排次序就不好排了。

季札这个在北方叱咤的预言者，绝对没有预料到，因了他的让位，竟然惹来了吴国历史上唯一一次血雨腥风。从此之后，吴王的王冠染上了消不去的血腥味。

21

祸起萧墙

吴王僚即位，第一个不答应的人，就是诸樊的儿子，公子光。

公子光是这么想的，我老爹死了，我二叔继位，二叔死了，我三叔继位，三叔死了，我四叔继位（多米诺骨牌似的，好玩极了）。现在我四叔不受王位，那么应该由我——嫡长子的儿子继位才是，怎么一下子就轮到最末的僚了呀。

而吴王僚却是这么算的，我大爷死了，我二大爷继位，二大爷死了，我爹继位，我爹死了，我四叔继位（一二三四的，敢情这游戏还是益智游戏）。现在我四叔不受王位，我自当继承我老爹的王位啦。

就这么着，按照公子光的算法，自己应该继位。按照王僚的算法，自己理所应当继承父亲的王位。不是说，中国古时候数学不发达吗？由此可见一般，光是数数，两个人就能数出来两个截然不同的结果，更别说算术和方程式了。

想必吴王僚也觉察出来公子光硌应自己，登基第二年，就派公子光伐楚。

你不是硌应我吗？我派你上前线。一来，离你远远的，免得瘆人得慌；

二来，前线多事故，不死即伤。公子光心说，丫的，你狠。但王命在身，不敢不去呀。硬着头皮也要上，但说实在的，公子光对伐楚之事，实在没什么把握，况且自己又是第一次领兵打仗，难免心虚。所以从朝堂上回到家里，一直闷闷不乐。

公子光手下有一个谋臣（我们称他“被离”），见公子光郁郁寡欢，就问起缘由。公子光将吴王僚命令自己伐楚之事一一道来，被离听了眉头一皱，计上心来，对公子光说：“主上，请恕小的直言，按照先王‘兄终弟及’的约定，当今吴王的位置，应该由主上您来坐，哪里轮得到他僚啊！”

公子光一听，说到自己心坎上了，禁不住有些欢喜，就想听被离继续说下去。

被离继续说：“主上，小的虽然不懂太多道理，但早年也曾阅读一些书籍，记得吴人先祖周文王曾在《易经》里说，‘君子豹变，小人革面’。大凡君子为人处世，就像刚出生的小豹子一样，看起来丑陋而且软弱，但是一旦成长起来，就会显露出独特的美丽和气魄。也只有那些小人，才图一时之快，所以多半都难成大事。主上您现在，正处在成长之时，就像那刚出生的小豹子一样，他日必将有一番大作为啊。”

公子光咳嗽了一声，心想，你这个书生，我养你大半年了，敢情让你来给我上课呢！尽管你说的有道理，文采奕奕的，但是现在不是本公子欣赏你才华的时候。所以公子光有些不悦，就直接说：“你跟我说这些是什么意思？”被离说：“小的以为，主上不如借这样的机会，兴兵伐楚，建立功业，挣得威望之后，再谋霸业。”公子光无奈长叹：“唉，也只能这样了。”

有好奇的可能要问了，那个被离说的道理自然没错，但是多少显得有点哗众取宠，这不是讨巧吗？就相当于一个大人可以永远责骂一个孩子居然不知道一加一等于二那样。在这个时候，说些大道理，不是讨巧是什么呢。诸位，别着急。听我慢慢道来。诸位可别小看了公子光，别看他表面无奈，垂头丧气，在朝堂上受自己的堂弟吴王僚使唤，回到家里还要专心听他的谋臣讲哲学课，好像胸无主见一般。其实，他心里跟个明镜似的，比谁都清楚呢！

寿梦生了四个儿子，这四个儿子又生了五个儿子，老大诸樊生了两个儿子：公子光和夫概；老二余祭没有子嗣；老三余昧生了三个儿子：吴王僚、盖余和烛庸；老四季札因为退隐江湖了，并不牵涉接下来的宫廷之争，所以我们暂且不考虑在内。吴王僚之所以能即位称王，一方面是因为一些朝堂大臣的拥护和推举；另一方面，吴王僚的老爹余昧在位时，尽是生病了，无暇打理朝政，就让他的儿子处理各处事务。所以除了吴王僚，他的两个弟弟盖余和烛庸也有些势力和威望，不可小视。

公子光的确有篡位之心，何以见得呢？自从吴王僚即位称王那一天，公子光就觉得自己仿佛遭受了莫大的羞辱，愤恨恼怒之余，他开始暗下决心，在家中招募谋臣议士，以图大计。公子光比谁都明白，篡位夺权，并非一朝一夕的事情，需要周密的计划，详尽的安排。只是他公子光万万没想到，这一等就是十多年。等得花儿谢了又开了，开了又谢了，他心都要碎了。

而宫廷暗战的另一方——吴王僚难道信任公子光的忠诚吗？也不见得。只是，吴王僚有两个兄弟拥护，又有老爹在位时的一些股肱之臣的推举，想他一个公子光，掀不起什么大风浪。况且，现在吴楚、吴越之间战事不断，我只要多指派他去打仗，岂不是一举多得之事？何苦忧虑呢。包括这次伐楚一战，他公子光从来没有作战经验，此一去，九死一生。我吴王僚作为堂弟，只有祝福他的心，没有幸灾乐祸的意。怎么着，不信啊？那随你们了。

政治嘛，不可能没有牺牲，政治的法则，从来就是把好人留在自己城邦的中心，而把坏人放逐到与敌人对峙的战场上，这样可以磨练他们的心志，有助于他们改邪归正啊。堂哥啊，你可得体会我的良苦用心啊（公子光若听了吴王僚这段心声，八成要吐血了）！

吴楚之战，迫在眉睫。

这天，公子光正在家里与谋臣议士商量伐楚之事，有朝堂上的侍卫传下来吴王僚的旨意：“王体恤公子初涉战事，特赐公子艅艎大船，共两千勇士十艘战船。”公子光听说吴王僚赐自己艅艎大船，当时就吓傻了。

诸位有所不知，这艅艎大船，是吴国先王打造的一条水战航母级战舰。据说是一艘楼船，气势相当恢宏，但对于快速的歼灭战来说，没有什么实用价值和战略优势。公子光心里说，好你个僚啊！你这不是想置我于死地吗？哦，你把先王的艅艎大船赐给我，等于是让我背上了一个大大的累赘啊，用也用不上，丢又丢不得。用不上，我必然会打败仗；丢了的话，我肯定又犯了欺辱先王之罪，将寄托先王无上荣耀的战船，拱手送给楚人，这跟卖国无异啊。

而所谓的两千勇士呢？全是一些老弱残兵。10艘战船，又年久失修，在战场上简直不堪一击。公子光越想越懊恼，越想越委屈，竟然在家里嚎啕大哭起来。

家臣一个个慌了手脚，都过来劝说，也不知道该怎么堵住公子光鸭子叫式的嚎啕。这个时候，被离又站出来说话了，他说话之前，先哈哈大笑起来。没想到，这一招还真管用，公子光嚎啕之声戛然而止，破口大骂道：“哪个遭瘟的，在那儿失心疯了不成？”

家臣一个个把手指向被离，是他！被离不慌不忙，拱手施礼道：“主上，恕小人斗胆，我当初以为主上乃堂堂君子，将来会有一番大作为，才来府上投靠。却不想今日主上竟然做出如此有失大丈夫气节之事，令我非常汗颜，觉得自己当初的选择实在可笑，故而哈哈大笑起来。一来，我可怜自己而笑；二来，我可怜主上而笑。”

公子光质问："可怜你自己什么，可怜我又是什么？"

被离答："可怜我从此失去依靠，满腹才学，将无处安放，所以笑这个世界忒荒唐；可怜主上竟然毫无斗志，政治之理想，将无法实现，所以笑这个世界忒无趣。"

公子光眉头紧皱，看着眼前这位对任何事都似乎早已胸有成竹之人，又仔细打量了一番，他几乎还没有真正打量过这个人：身高八尺有余，脸庞阔达，目光有神，站在厅堂之上，犹如一棵松柏。

公子光拱手施礼道："光目前处于险境，千钧一发，请先生指教。"

被离微微一笑，捋捋胡须，对公子光说："可否内室细谈？"

一般演电影、电视剧，像这样的情形，就是两个人咬咬耳朵就完事了，在戏剧里，也无非是嘀咕一番，对方点点头。可是，这个被离到底对公子光说了什么呢？以致公子光听完之后，毅然决然奔赴战场。要知道，这可是历史上闻名遐迩的一场水战啊，那么公子光能否凯旋呢？且看下章分解。

22

长岸之战（上）

话说公子光和被离来到内室，公子光对被离说："你到底要说什么，现在说吧。"

被离对公子光说："此番伐楚，只需如此这般。"

公子光没听明白，哈哈，当然没听明白了，公子光大怒道："你小子耍什么把戏！"

被离嘿嘿一笑说："开个玩笑，哈哈。"

公子光说："此番伐楚，凶多吉少，你倒好，还有工夫开玩笑。就冲你这个嬉皮劲儿，我必带你一同作战。"

被离吓了一跳，说："主上，我是文臣，出谋划策还行，用兵打仗我不专业啊！"公子光说："战场瞬息万变，出谋划策的人不去战场，还能出什么谋划什么策呀！"

被离无奈，调整一下情绪后，对公子光说："主上，王僚所派之兵，大多是老弱残兵，虽然有两千之众，而实际力量只相当于一千。小的以为，主上可调用府上两千精锐，再调用二十艘良工巧匠打造的战船，依次编队，以艅艎大船为主轴，或可与楚军抵挡一时。"

公子光听完之后，捶胸顿足，说："被离竖子，你是不是王僚派到我身边的奸细啊？我多年来训练的三千勇士，现在要拿出两千来去伐楚，这些勇士，我可是准备以后派大用场的啊！你居然让我几乎倾囊相送，置他们于死难之地，你这不是拆我的台吗？还有，你说可抵挡一时是什么意思？"

被离回答道："主上，非我有心拆台。只是小的以为，主上谋取霸业的时机未到，此番战事，胜算无多，但倘若没有精锐勇士，那就是百分之百的输了。本来小人也无良策伐楚，但是王僚既然赐主上艅艎大船，我们不妨以其人之道还治其人之身，在艅艎大船上作文章。"

公子光说："到底如何应付？"

被离凑上来，嘀咕道："对付楚军，我们可以如此如此；对付王僚我们可以这般这般。"看来，有些话啊，必须小声才能说出来。

公元前525年冬，公子光带领四千人马，战船三十艘，向楚地长岸（今安徽当涂西南）进发。这长岸在江南的东梁山之北到牛渚矶的翠螺山一带。江面宽阔，两岸山峦起伏，是水战的好战场。

而楚国方面，在得知吴军攻打长岸的消息后，楚国令尹子瑕赶忙用蓍草占卜。蓍草本是一种草药，但因为它生长时间长久，根茎可达上百条之多，所以古人用它来占卜。其中的计算方法相当复杂，在此就不作特别说明了。

总之，令尹子瑕占卜的结果是：不吉。随后他就把这个结果上报给朝廷了，楚平王听说了这个结果，就非常相信，说："那算了，由他们攻打算了，我们楚国人绝不会做那些赴死之事，除非有人执意这么做。"看来啊，楚国人信鬼神，比吴国人还要厉害。

楚平王这边刚说完话，有一位大臣闯进朝堂来。此人身高马大，体格魁梧，一看就是一个武将。

楚平王对这个人说："子鱼呀，你这样匆匆忙忙所为何事？"

子鱼就是公子鲂，子鱼说："请战。"令尹子瑕慌忙走到子鱼跟前，说："我刚才用蓍草占卜了，结果是不吉啊！"

子鱼说："蓍草占卜，太过复杂，算来算去的，所谓人算不如天算，哪里能有龟甲占卜准确呢。"

子鱼又对楚平王说："大王，按照楚国惯例，占卜应该由专门的人员负责，子瑕私下占卜，怎么能当真呢？"楚平王倒也是个和稀泥的人，就叫来专门占卜的巫师，用龟甲占卜。

只见那位巫师身穿彩衣，披散头发，额上系一条黄布，左手持一大的龟甲，右手把一盏油灯，走上前来。将灯放于地上，从衣袋中取出一枚五寸长的青铜钻，在龟甲上钻孔。

只见那平而白的龟甲不一会儿就被钻出一个不小的孔，碎屑飞落地上。卜者念念有词，把龟甲置于灯火上烧灼。不大一会儿，只听得"卜"的一声，龟甲被烧裂开来。卜者举龟甲细细端详裂纹，向楚平王报告说:“大王，神龟至明,裂纹显示,卜辞为‘鲂以其属死。楚师继之,尚可大克吴兵。吉。’”

子鱼一听，哈哈大笑，对子瑕说 :“就吴国那点力量，多年以来，图谋我楚国属地，妄图蛇吞象，岂不可笑？”子瑕却一脸愁容，说 :“子鱼啊,卜辞虽说我们可以战胜,但是第一句也提到会死人的,而且所说的鲂,不就是你的名字吗？”

子鱼大怒道 :“子瑕，你什么意思？还没出师呢，你就咒我，你这分明是长他人志气灭自己的威风，临阵畏惧，哪里是大丈夫所为啊！”

随后子鱼向楚平王请命，说 :“大王，臣子鱼请战，即便牺牲，臣也心甘情愿。”

楚平王为子鱼这股傻劲感动，说 :“要是楚国上下都像子鱼这样，孤王可高枕无忧。”

为了周全，楚平王又令子瑕做统帅，子鱼做先锋将领，战船八十艘，战士八千余人。这几乎是吴国军队规模的三倍。

临战之前，子鱼向统帅子瑕请战，说 :“我既为先锋，愿亲率一千精锐勇士，用闪电战式的打法，去痛击吴军。”子瑕不放心子鱼如此莽撞轻敌，说 :“占卜已经明言，公子且毋意气用事，以命犯险。”

子鱼生气，怒目圆睁 :“你个文质彬彬的书生，懂得什么叫做危险！我子鱼身经百战，九死一生，我杀过的人，比你见过的人都多。况且此番开战，我楚国在长江上游，而吴军在下游，他们已经犯了兵家大忌了。要说以命犯险，那也是他们在以命犯险，我楚国只不过给他们点颜色，好让他们知道楚国人不是好惹的。”

子瑕哑口无言，实在无奈，只得由他而去。

再说公子光和被离，率领部队开船到长岸险要地段后，命令部队减速行驶。

被离一路上观察地形水势，盘算对敌方案。见长岸河岸狭长奇峭，就对公子光说："主上，此番作战，我军处于下游，从兵法上来说，是为不吉。但是仔细观察两岸地形，我军可在河岸周围设置弓箭手埋伏，将所有弓箭，一律涂毒，见血封喉，可抵抗楚国先锋精锐之师。"

公子光说："太好了。""只是……"被离支吾起来。

公子光说："只是什么？说。"

被离说："只是，打败楚国先锋部队，我倒是有十分把握。可楚国后续部队，人数众多，我就没有任何把握了。"

公子光叹了一口气说："既然会败，我们何故还要打呢？"

被离听到公子光说"败"这个字，忽然脑门子一亮，计上心来，对公子光说："我有一计，不知可否？"

公子光心急，说："都什么时候了，你还要卖关子，快说。"

被离说："古语有言，'将欲取之必先与之'。今我有艅艎大船，可深藏一百精锐勇士于船底，盛装于船舱水酒木桶内，借机佯败，让楚军掳走大船。值夜，再里应外合，杀他们一个措手不及。"

被离的"木桶计"让人不由得想起了另外一个差不多的计策，不过这个计策不是中国人发明的，而是古希腊人，两者可谓有异曲同工之妙。

大约在公元前13世纪，斯巴达有一户人家生了个女儿，取名海伦。这小姑娘俏丽无比，渐渐长成一个举世罕见的美女。大家公认她是全希腊最美丽的女子。希腊各国的公子王孙们都纷纷追求她，追求不成者也以看到她的芳容为一生最大的愿望。从那种为了见海伦而万人空巷的盛况来看，今天的任何一位超级巨星可能都无法和海伦相比。

海伦成了各国公子王孙们的偶像和精心保护的珍宝，对于这样的宝贝，毫无疑问，人人都想得之而后快。但是这群竞争者的实力之强，让任何一个竞争者都不敢小觑别的对手，这样下去似乎就没有办法了，谁也不敢耍狠啊，因为对手太强，谁想耍狠的话，毫无疑问地会招致别的竞争者联合起来群殴，那肯定是不占便宜的。

为了在和平的状况下早点解决海伦的归属问题，拥有着良好教养和古希腊传统的竞争者们想出了一个在今天看来都非常公平合理的办法。他们最终达成了这样的协议：让海伦自己选择丈夫，大家保证尊重她的选择，而且要共同保护她丈夫的权利。

最终斯巴达王阿特柔斯的儿子墨涅依斯成为了那个让所有竞争者们眼红的幸运儿，他被海伦看中了。英雄美人的完美组合，不久之后两人就成了亲。墨涅依斯绝对是个幸运儿，这个不久之前刚刚娶了天下第一美人的家伙结婚之后不久又做了国王，国王和王后两人相亲相爱。作为一对美满的夫妻，本来可以成为全希腊的楷模，并且在后世成为不朽的传奇。

可惜的是，英雄美人的传奇往往都是一些悲剧，海伦这位希腊第一美人注定不会悄无声息地安心于只是成为一位王后。美人从来都是不甘寂寞的，古往今来，敢于娶美人的，必须是胆子够大能力够强的，并且足够能折腾。只有这样才行，想要安心过日子的，绝对不适合娶海伦这样的美人。海伦这样的美人注定是要成为传奇，并且必须是传奇的主角。

在婚后不久，平静的墨涅依斯的王宫里就迎来了一位尊贵的客人，他是特洛伊国王的儿子——帕里斯。特洛伊是小亚细亚半岛上的一个小王国，它和希腊隔海相望。墨涅依斯是一位豪爽的国王，热情好客，他对帕里斯盛情款待，连年轻的王后海伦也亲自出来接见。帕里斯是个年轻的美少年，他不但长得风度翩翩，而且风流潇洒，很讨女人喜欢。刚刚度过了新婚的蜜月期，对平淡生活已经感到有些乏味的海伦对他一见钟情。而帕里斯，这位年少无知的花花公子，竟然胆大妄为、色迷心窍地把海伦带着一起逃回了特洛伊城。

如果说色迷心窍让人还能够理解的话，帕里斯干的另外一件事就让人感到非常的流氓了。这个小子在带走海伦的同时，竟然还掠走了墨涅依斯王宫中的许多财宝……夺人妻子，偷人钱财，这对于任何一个普通人来说都是奇耻大辱，更何况是堂堂一国之君呢！墨涅依斯本身就是一个了不起的英雄，否则他也不可能从海伦的众多追求者中脱颖而出，抱得美人归。所以，当发现自己的老婆海伦被人拐跑了的时候，被侮辱、被损害了的墨涅依斯就连夜赶到迈锡城，请国王阿伽门农，也就是他的哥哥帮他复仇。

阿伽门农当时是希腊各国的霸主，听说自己的弟弟被人欺负了，阿伽门农当然不愿意。他马上邀请了希腊许多小国的国王来开会，会上大家决定联合起来，用武力消灭特洛伊城。阿伽门农被推选为统帅。

不久，一支有十万人马，一千多只战舰的大军，浩浩荡荡地攻打特洛伊城去了。希腊人和特洛伊人的战争爆发了。这场本来实力悬殊的战争最初的战况却让人感到很意外：人多势众、兵强马壮的希腊人攻打了九年，竟然也没有打下特洛伊城。特洛伊人的英勇顽强是毫无疑问的，但是最重要的原因却是特洛伊城是个十分坚固的城市，希腊人拿它无可奈何。那个时候又没有炸药，没法炸开那么坚固的城墙。想要攻下特洛伊城只有一个办法，那就是杀死对手，爬上对方的城墙，但是特洛伊人太顽强了，特洛伊城太坚固了，希腊人一点办法都没有。

到了第十年，希腊联军已经有点颓废了，这么耗下去不是办法啊！士兵都老了，而且老是打不下来，士兵不能回家，厌战的情绪也越来越重。希腊联军的将领们为此惆怅不已，既攻不下特洛伊，又不能撤兵，因为如果撤兵的话那实在是太丢脸了。这时希腊一位多谋善断的将领奥德修斯想出了一条妙计。这一天的早晨非常奇怪，希腊联军的战舰突然扬帆离开了，平时喧闹的战场变得寂静无声，特洛伊人以为希腊人撤军回国了，他们跑到城外，却发现海滩上留下一只巨大的木马。

特洛伊人惊讶地围住木马，他们不知道这木马是干什么用的。有人要把它拉进城里，有人建议把它烧掉或推到海里。正在这时，有几个牧人捉住了一个希腊人，他被绑着去见特洛伊国王。这个希腊人告诉国王，这个木马是希腊人用来祭祀雅典娜女神的。希腊人估计特洛伊人会毁掉它，这样就会引起天神的愤怒。但如果特洛伊人把木马拉进城里，就会给特洛伊人带来神的赐福，所以希腊人把木马造得这样巨大，使特洛伊人无法拉进城去。

特洛伊国王相信了这话，正准备把木马拉进城时，特洛伊的祭司拉奥孔跑来制止，他要求把木马烧掉，并拿长矛刺向木马。木马发出了可怕的响声,这时从海里蹿出两条可怕的巨蛇,扑向拉奥孔和他的两个儿子。拉奥孔和他的儿子拼命和巨蛇搏斗，但很快被蛇缠死了。两条巨蛇从容地钻到雅典娜女神的雕像下，不见了。

希腊人又说:“这是因为他想毁掉献给女神的礼物,所以得到了惩罚。”特洛伊人赶紧把木马往城里拉，但木马实在太大了，它比城墙还高，特洛伊人只好把城墙拆开了一段。当天晚上，特洛伊人欢天喜地庆祝胜利，他们跳着唱着，喝光了一桶又一桶的酒，直到深夜才回家休息，做着关于和平的美梦。

劝说特洛伊人把木马拉进城的希腊人其实是个间谍。深夜,一片寂静。他走到木马边，轻轻地敲了三下，这是约好的暗号。藏在木马中的全副武装的希腊战士一个又一个地跳了出来。他们悄悄地摸向城门，杀死了睡梦中的守军，迅速打开了城门，并在城里到处点火。隐蔽在附近的大批希腊军队如潮水般涌入特洛伊城。

十年的战争终于结束了,希腊人把特洛伊城掠夺一空,烧成一片灰烬。男人大多被杀死，妇女和儿童大多被卖为奴隶，特洛伊的财宝都装进了希腊人的战舰，海伦也被墨涅依斯带回了希腊。

被离的这招计策和“木马计”有异曲同工之妙，区别不过是一个用木桶，一个是用木马。但是被离比希腊人厉害的是，希腊人在经历过十年的苦战之后才想出这招“木马计”，但是被离只是脑筋一转的工夫，就想出来了更加简便易行的“木桶计”，所以说，被离更厉害啊！

公子光听得汗水直流，心里说，你好毒啊被离！倘若此计失策，我将一败涂地啊！但是现在也别无他法啦，反正艅艎大船也保不住，干脆来个欲擒故纵，也是没办法的办法。

当下，被离秘密挑选一百勇士，只告诉这一百勇士此番计划，其余将士全然不知。将他们藏于船舱木桶之内，要知道艅艎大船，可是一艘楼船，分上中下三层，下层为划船的桨手和手执长戟的士兵，中层为弓箭手，上层为投石兵。

船舱之内，光是盛装水酒的木桶，就有上百个，被离命令士兵将水酒倾倒江中（当天，好多鱼都醉死了），每个桶内，可装下三个勇士。埋伏好后，被离向公子光复命，公子光点点头。于是，公子光派出擅于攀援峭壁的兵士三百名，埋伏于两岸山壁之中，绿树掩映，很难发现。

一切安排妥当，吴军慢速行驶，因为是逆流而上，感觉好像在江面滞停不前一般。

公元前525年，一场江水之上的大战，马上就要开始了。

23

长岸之战（下）

此时，楚国的子鱼率领六艘轻快的楚兵船，顺江而下，已经来到吴军阵前。

公子光眼看着子鱼进了埋伏圈，心里乐得开了花。被离在一边也是嘿嘿直笑。

楚将子鱼根本不把公子光放在眼里，下令战船全速前进。他实在有拼死一战的狠劲，心里想，就是撞，我也要把你吴国的战船撞翻，因为顺江而下，这股子狠劲还是很厉害的。

公子光见子鱼来势汹汹，就吩咐舵手，准备好闪躲，不要跟他鸡蛋碰石头。在两军距离三百米远的时候，公子光一声令下，鼓手击鼓，号手吹号，埋伏在两岸山壁之上的弓箭手，一时弓箭齐发。而公子光这边，射箭的射箭，投石的投石，于是，一时之间，楚军三面受敌。

最可气的是，山壁上的吴军射手，隐蔽在树木之间，难以辨认，没费多少力气，子鱼所带兵马已所剩无多。

再看楚国子鱼所率领的战船，几乎成了木头刺猬。子鱼大叫不好，刚才那股狠劲，立马变成一股傻劲，冒死与吴军搏战，一不留神（唉，三面受敌，留神也没用，这人就一个心眼，哪能三面都照顾到啊），被箭射中。子鱼故作英勇，将箭拔出，试图继续作战，哪里知道吴箭有毒，见血封喉，子鱼此时想哭都来不及了。

正当公子光得意之时，对面由子瑕统率的楚军大部队开船过来，顺江而下，气势磅礴。公子光对一旁的被离说："又要一场血战了，先生以为我们可抵抗多久？"

被离也算得上是当时最杰出的军事家了，他一下子反应过来："抵抗多久是多久吧，尽量拖延些时间，好趁天黑，让艅艎大船进入楚军的腹心之地。"

公子光随即命令擂鼓吹号，重新布阵，前面战船十五艘，两边各有五艘，后面五艘。艅艎大船，稳居中间。但是任凭你布阵，如何抵挡楚军八十艘战船和八千勇士啊。现在只能拼死周旋，公子光下令吴军将士血战至黄昏，就是胜利。

楚国这边，令尹子瑕见子鱼已死，哭得一塌糊涂，可怜的子鱼啊，你这不是作孽嘛！恼怒之余，子瑕命令楚军投掷“抛石索”。所谓“抛石索”，和一般的投石不一样。一般的投石，也就是一块石头，而投石索投掷的却是一麻袋的石头，分量更重，杀伤力更强。

吴军已经消耗一些体力了，虽然说消灭了楚国先锋部队，士气大振，但是完全经不住投石索的猛力打击啊。尤其是山壁上的弓箭手，这么庞然大物的一大堆石头砸过来，你就是躲得再隐蔽，也无济于事，照旧一命呜呼。公子光在大船上，见山壁上的勇士接连掉落，心里像被刀剑刺中一般。哎呀，不好！被离在一旁大呼小叫，书生意气在战场上完全变成了畏惧，“主上，快快撤退吧。”被离大叫道。公子光说：“不行，此时尚早，必须再挨上一个时辰，才能方便下一步的夜间偷袭。”

于是，吴军的战鼓再次擂响。

吴国战船与楚国战船一一对阵，奋死相拼，喊杀连天。双方死伤士兵的血染红了江水。吴公子光背上也被击了一石，他仍负痛指挥战斗。但终究寡不敌众，楚船将吴船半包围起来了。楚将子瑕加紧攻击，千百抛石索从半空纷纷砸下，吴兵的战船、盾牌、士兵被砸得七损八伤。眼看着吴国军队抵挡不住了。子瑕大喊：“活捉公子光！”楚兵喊杀之声如江涛涌涨，争先恐后，冲杀吴兵。

公子光见势不妙，与被离一起，连忙跳到另一艘战船上撤退。吴船仓皇北去，一直逃到翠螺山下。楚兵因俘获了艅艎，也未穷追。

子瑕此战，悲喜交加。悲的是，子鱼这个傻孩子，过于轻敌，唐突作战，到现在尸首都还没找回呢，不知道顺江漂到哪儿去了。喜的是，打败吴军，缴获当年吴王余昧的艅艎大船，立下战功。真是哭笑不得，因为子鱼之死，也算自己督军不力，基本上和立下的战功抵销了，回到楚国郢都之后，只求楚王不责罚也就是了。

子瑕这边想着的时候，有兵士来报，问如何处置吴军的艅艎大船。子瑕心里想，将这个物件运回楚国吧，太花费人力财力，况且我楚国也有这样的大船，不缺这样的战舰，就对兵士说：“将艅艎大船停泊在我们的营帐之外，等休息之时，烧掉这船，为全军将士取暖。”

且说公子光失去艅艎大船，在将士面前，故作慌张之状。这都是被离的主意，不告诉这些将士，艅艎大船里有我吴国勇士埋伏的消息，是为了最好地最彻底地鼓舞士气，以便深夜拼死偷袭。

公子光对剩余将士说：“这艅艎大船，是先王之物，我今日将这大船拱手让给楚人，是给先王颜面抹黑，犯下大不敬之罪。但是，这样的罪责，难道只由我一人承担吗？等回到国内，大王怪罪下来，你我都有份。所以我决定，趁夜偷袭，夺回先王大船，以免我们的死罪。”

众人犹如破釜沉舟、背水一战，异口同声说：“喏！”

于是被离从军中挑选三名长头发的士兵（楚人蓄发），让他们穿上楚国士兵的衣服，潜伏到楚国军营中，依计行事。其余将士由公子光亲自带领，值夜偷袭，夺回大船。

天色渐渐暗了下来。楚军将艅艎大船拖到岸边，在离翠螺山一二十里的地方系缆休息。子瑕赐全军将士酒肉，犒劳战功，庆贺胜利。子瑕也不管回国后楚王怎么处置自己了，只顾饮酒。当晚月色朦胧，漫天繁星如雨。

艅艎大船，就在楚军军营不远处，有大概十个兵士看守。

以下是十个兵士之中三个兵士的对话（根据蹲守在大船船舱中吴军勇士的回忆）：

兵士甲：“据说这个大船是吴国上一任大王造的呀。”

兵士乙：“嗯，我知道这个大王，自从当了大王后，一直生病，最后病死的。”

兵士丙：“啊？好吓人啊，病死的人最可怕了。”

兵士甲：“咦？你这么一说，我都起鸡皮疙瘩啦！”

此时一阵冷风吹来，三人纷纷发抖，尿裤子的心都有了。

有胆大的读者可能要笑了，楚国兵士有这么胆小怕事吗？杀人都不怕，怎么怕鬼呢？这个啊，不能跟现代人比，现代人都信奉无神论，而当时的楚国人，是出了名的敬畏鬼神。在他们的信仰中，鬼神是无所不能的。而且，鬼神高于一切力量。所以楚国人最怕的事情，就是关于鬼神之事。

尤其是，楚军兵士在检查艅艎大船时，在船舱发现了余昧的灵位和画像（这都是被离故意安排的），更是引起了楚国兵士的敬畏之心，一时间也不敢对船舱进行过多的搜查，不然，那一百勇士估计就成烈士了。

直到楚军酒足饭饱，正要休息之时，那三个长发潜伏的吴国兵士，分别在楚军军营的三个角落里，呼应嚎叫道：“艅艎啊，我的艅艎在哪儿啊？”那边对应喊道：“艅艎啊，我的艅艎在这儿呢。”此起彼伏。看守艅艎大船的十个兵士听到这样的喊叫，浑身发抖，有经不住吓唬的人，跳起来，边跑边喊：“吴王爷爷饶命啊。快跑吧，鬼魂追来了。”

埋伏在艅艎大船里的兵士，先是在船舱里咚咚作响。然后直接趁乱杀出，结果了看守大船兵士的性命。而另一方，公子光早已带领将士杀了过来。楚国军营，一时间乱作一团。

荒郊野地的，什么也看不清楚，正当楚军还在寻找那些喊叫声从何发出，正在诧异到底发生了什么之时，公子光则指挥一百名将士，将大船运走，从水路先撤退。自己则亲率其余将士，与埋伏在艅艎大船里的勇士会合，趁乱杀向楚军军营。楚人死伤无数，子瑕趁乱撤退，侥幸活命。

天色越来越深，借着微弱的月光，可以看见，长岸一带，到处是楚国兵士的尸骸，还有楚军丢弃的战船和营帐。公子光下令将楚国军队营帐焚烧一空，将缴获的战船、铠甲、兵器，全部运回。而此时，被离正在采石矶翠螺山上，等待公子光凯旋。

就这样，史上记载最早的一次编队水战，曲曲弯弯，一波三折，最终以吴国战胜楚国而结束。这是一次以少胜多、置之死地而后生的战役。

那么，公子光回到国内，又会发生什么？且看下章分解。

24

暗中访贤

公子光在采石矶的翠螺山与被离会合。他们将艅艎大船，找人重新粉刷一新，然后带着战利品，浩浩荡荡地返回吴国都城（一千多年后，采石矶这个地方，竟然成了大诗人李白的葬身之地，当然了，这是题外话。）吴国上下，一片欢腾。公子光暗暗窃喜，心里说，这下我公子光的名声算是打响了，从此凡是吴国人，没有不知道我公子光的啦！

吴王僚又能拿他怎么样呢？毕竟人家打了胜仗，这是事实啊，全国人民都听到耳里、看在眼里、记在心里。既然不能抵赖，那么我干脆耍赖。怎么个耍赖法呢？吴王僚以公子光拿艅艎大船犯险为由，既没有对公子光褒奖，也没有对公子光惩罚，算是将功补过了。公子光一吐舌头，好你个僚，我辛苦打下来的胜仗，死了我多少患难的兄弟，差点连我自己的小命都搭进去，你居然还拿艅艎大船说事。我的心啊，都被你整寒了，拔凉拔凉的。

要说寒心，其实公子光对于吴王僚，何曾热心过啊？公子光介意的，不是说王僚对他是否公平，而是王僚做吴王，这本身就对他公子光不公平。

这一次伐楚之事，算是吴王僚先下手为强。要知道，此番伐楚，战死的勇士，多是公子光在自己家里严格训练出来的，这可不是为了打仗准备的呀！

公子光此时想要对王僚行不轨之举，还明显不是时候。

一来缺的是时机，时机靠的是耐心，要等；

二来缺的是帮手，帮手靠的是热心，要找。

有人可能要问了，难道说帮助公子光伐楚的被离，就不算是帮手吗？还找什么呀！

没错，被离的确是一个帮手，才学和计谋，从长岸一战中让人不由心生胆寒。但是有一点，被离并不符合公子光的要求，那就是正可匡国，邪可覆国。被离是什么人啊？从他当初规劝公子光，对谋权篡位之事要从长计议就可以看出来，被离并不是枭雄，而是标准的儒生。他的战争计谋绝顶，而政治手腕却不够强硬。历来，儒生匡扶国家绰绰有余，而谋权篡位，既无心也无力。

被离建议公子光从长计议，试问，换谁谁愿意啊？哦，我倒是从长计议了，可王僚这边不答应啊，今天伐楚之战，明天伐越之战，我怎么受得了？战场上的事情，谁又能说得准呢？我公子光这次打仗，虽然胜利了，但难保下次照样胜利啊。从长计议的实质，等于是消磨斗志啊。况且公子光又是急性子，性情刚烈如火，哪里受得了儒家这种慢条斯理的节奏。

更要命的是，这次伐楚一战，险胜楚国，全靠被离的一番精密安排，使用计策。所以被离得到吴王僚的重视，升了官职，现在已经不在公子光的府上做食客了，而是摇身一变，成了王僚身边的谋臣。

吴王僚这个手段不能说不毒辣，打仗用的精锐勇士，你没给我几个，都是我公子光辛苦培养训练出来的，经过这一仗，折损大半。好不容易，从家臣之中，涌现出一个拔尖的，还被吴王僚给招安了。公子光那个窝火劲头，就甭提了，但是对这种挖墙脚的事情，又无可奈何。

谁叫人家是大王呢！

你们叫他大王，可我公子光不承认，你挖走一个被离，我再找出来一个比被离更狠、更厉害的人。

对，没错！我公子光要找的，就是一个狠角。最好像我公子光一样，内心淤积着愤愤不平的恨意，具有法家的严苛、道家的自私、纵横家的言辞和阴谋家的心计。

天呐！这岂不是比找神仙还难啊？普天之下，果真有这样的人吗？有的。

要不怎么叫做无巧不成书呢。并不是说书人说得巧，也不是写书人写得巧，而是事实本来就是这么巧，巧到一切都显得如此顺理成章，不多不少，恰到好处。

公子光私下里，暗暗派人寻找这样一个帮手。

派谁去了呢？不是别人，正是被离。

怎么回事？不是说被离跟了吴王僚了吗？难道被离是个两面派？

事情还得从被离升职，搬离公子光的府邸说起。

那晚，月色朦胧，秋风依旧，让人想起来长岸伐楚一战的那个晚上。

被离前来道别，公子光以酒相送。被离明显有些歉疚，毕竟，他非常了解眼前这位已经盛名在外的吴国公子，对当今的吴王是多么的不满，欲取代他的王位。而今，自己却投靠吴王僚去了，实在说不过去，像是一个背叛者。这明显违背了被离刚正不阿的儒生形象。

被离说："小的此去，虽然不再为公子府上的家臣，但是公子但凡有事，被离鞍前马后，出生入死，仍然是公子的左膀右臂。"

公子光微微一笑，心里说，这以后的事情谁说得准啊。他拍了拍被离的肩膀，说："先生言重了，出生入死，我实在不敢当；只是，有一件事相求，还请先生务必答应。"

被离说："什么事？公子但说无妨。"

公子光说："替我找一个人。"

被离被"找人"这个词给唬住了。他心里犯嘀咕，找人？这可是古代啊，又不是信息发达的现代，你说找人，我去网上发个帖子，或者人肉搜索一下就可以。而在春秋的时候，找一个人，等于是找一个外星人，茫茫人海，去哪里找啊？但是被离又不好回绝，于是他试探地问道："不知公子要找何人？"

公子光被问得哑口无言，叹了一口长气："唉！我也不晓得啊。"被离当时就傻眼了，什么嘛这是，你公子光不想放我被离走，也不至于出这样一个没法完成的作业吧，我指定交不了这个差，这不是有意刁难我吗？被离说道："这……公子，那你要我如何寻找呢？"

公子光嘿嘿一笑："这就是需要劳烦先生的地方。我听说啊，先生不仅儒学高深，兵法谙熟，而且擅于识人看相。老人们常说，凡是这世上的人，皆有一个出处，譬如此时天空上寥落的星星。而不同的人，又有不同的长相、不同的气息。不知道是否真有这样的事？"

被离说："确有其事。"嘴上这么说，心里却想：这家伙葫芦里到底卖的什么药啊？

公子光说："那就好呀。我要找一个能补先生空缺的人，陪伴左右，与其磋商大事。"

恍然大悟，恍然大悟。被离这么聪明的人，也被公子光绕得迷迷糊糊，直到听到这里才明白，原来公子光是想让自己帮忙找一个能人智士，辅佐其所谓的“大事”。(啥大事啊？这都不知道，谋权篡位呗。)这么说，被离心里就有谱了。不答应他公子光，是万万说不过去了。

被离想啊，自己从家里出来闯荡，漂了这么多年，都没有什么成绩，无业游民一个，房子、车子都买不起，婚姻大事就更别提。幸亏公子光将其收留到府上做了一个食客，靠出卖一点小智慧、小计策、小话语挣点银子，竟然熬过了这么久。倘若没有公子光的收留，指不定自己现在沦落在哪个街头乞讨呢。天生一个穷书生的命，就是乞讨装可怜也装不像，况且现在假乞丐这么多，乞讨度日，无异于自杀。借着公子光一阵伐楚的东风，从一个小小家臣，突然蹿到了吴王身边做谋臣，这是什么？这是传说中的一夜暴富啊，这是神话中的一步登天啊。所谓一人得道鸡犬升天，又所谓滴水之恩涌泉相报，总得给人家公子光表示表示吧，不能白瞎了人家这么久的照顾。

“好！”被离答应了。

公子光大悦，与被离连干三杯。喝到第三杯的时候，被离觉得喝下去的酒，到了腹中，折了个来回，又涌上来，到嗓子眼那里，被自己压下去了。有喝酒经验的都知道，再喝下去，这位八成就要吐了。可见书生的仗义与豪爽，多半也是赶鸭子上架，被逼的。

25

被离相面

公子光特意嘱咐被离，访贤一事切勿声张。

被离说："放心吧公子，这个道理咱读书人明白。"心里却嘀咕，我傻啊？声张的话，被大王知道了，我以后还怎么混啊。

被离虽然是个书生，有固执的一面，但在这件事上还算聪明。你想啊，假如公子光大事不成，人家被离依然做吴王王僚的谋臣，吃香的喝辣的，不为房子、车子、女子发愁，可谓前程无忧。而一旦公子光取而代之，自己也算是帮助过他的得力干将，少不得一个大夫当当，到时候大块吃肉大碗喝酒，那日子过得怎一个"安逸"了得。但是做两面派，做潜伏者，最怕的是东窗事发。公子光这边倒好说，王僚那边就不好说了。哦，我提拔你做我身边的谋臣，对你如此信任，你却暗地里帮着我堂哥到处寻找颠覆我的人，你这是怎么一回事？吃里扒外，不是正经人干的勾当，更不是儒生所为啊。

所以，虽然被离答应了帮助公子光暗地里访贤，但是每天还得去王僚那里上班，也就只能利用节假日什么的，帮忙寻找。去哪儿找呢？他倒也省事，每逢节假日，就去都城集市上最繁华热闹的地方，找一个茶肆，临街靠窗弄一个位置，坐那儿喝茶。一边喝茶，一边观察来往行人，见有顺眼的就跑过去搭讪。为此，这位先生还总结了一套搭讪学的窍门：

一、开门见山，绝不啰嗦。

比如在大街上看见一位美女，就直接凑过去说：“你好，国家需要你。”（当然了，对于一位美女来说，“国家需要你”这样的台词，显得太土，而且容易让人误解。女人家家的，既不能打仗，又不能议政，慰安妇吧，有违国际人道主义。被离自己以权谋私吧，又有点说不过去，毕竟，这不是给自己找老婆。）这么做的原因有三：其一、大街上骗子太多了，不直接说明来意，人家就会误会你，往下交流就更困难；其二、开门见山是最快的方式，茫茫人海，找人多难啊！直接说明来意，对口的人自然会接话，不对口的人顶多说你被离是神经病，那又有什么关系呢；其三、搭讪不是要朋友，更不是谈情说爱，讲究一面之缘，通常情况下，双方都是凭着直觉确定要不要和眼前这个人交往。

二、见招拆招，避免尴尬。

既然你是主动搭讪的一方，一定要做到见招拆招，但也不能乱拆一通，要注意两点，不冷场、不雷场。冷场的话，人家就觉得没意思了，既然都没意思了，还留在那儿跟你大眼瞪小眼干啥啊！雷场的话，更是严重，对方会觉得你这个人没文化、没素质、没情趣、没品位，总之，雷场是搭讪的大忌。假如你不知道什么是冷场和雷场，那么不妨去大街上实战几个回合，积累点常识。比如你到大街上遇见一个美女，想过去搭讪，可以这么做：“可以握个手吗？”对方说：“可以。”你于是很严肃恭敬地敬了礼，开始握手，然后大声高歌：“敬个礼，握个手，你是我的好朋友。”对方要么哈哈大笑，很开心和你交朋友；要么彻底被你雷到，掩面离开，以免接下来发生更雷人的事情。这个手段有点冒险。那么还有一个见招拆招的办法，一般情况下，我们遇见美女，搭讪的话，美女会这么问：“为什么你想认识我啊？”如果我们回答不上来，那么接下来自然免谈。怎么回答呢？不妨这么说：“我估计这周围很多人都想认识你，只不过我比他们的脸皮厚一点儿而已。”

三、咬定青山，决不放松。

搭讪的最大乐趣，在于心诚则灵。有诚意的搭讪犯，总能有所收获。要知道，搭讪的秘诀就在于有诚意。让对方感觉到你的诚意，比什么都重要。否则，就不是搭讪了，而是调戏。调戏书生秀才，还可原谅。调戏良家妇女，就有点为君子所不齿了。正是因为一番诚意，才会去珍惜眼前人。人海茫茫，九转轮回，在这吴国都城的集市上相见，本身就是极大的缘分。特别在古代，一旦错过，再难相见，不像现在这个时代，节奏飞快，人与人见面的机会也多，还有电话啊、QQ啊什么的，可以留个联系方式。被离那个时代，一旦遇见有缘人，第一件事就是问家住哪里，姓甚名谁。认定要找的人，心里觉得对口的那位，要咬定青山不放松，直到受到不可抗力的影响，比如对方拨打了110，或者直接当街喊救命。

话说被离的搭讪生活，就这样风里来雨里去，遭到无数美女少妇、帅哥公子的白眼和辱骂。有人说这位先生疯了，有人说这位先生傻了，还有人说，这位先生不疯也不傻，他脑残了。但是，可爱的被离先生，坚定无改，持之以恒，一找就找了一年多。这期间，也给公子光介绍了一些个江湖术士，比如卖膏药的、当街卖大力丸的、耍猴的、卖艺的、不穿衣服在集市上裸奔的，总之形形色色，全不对公子光的胃口。被离真是无奈，跟个死刑犯似的，只是迟迟不到死期。公子光等于是给被离戴上了一个枷锁、一个紧箍咒，啥时候一念叨暗中访贤这个事情，被离就头疼。

但是头疼归头疼，有一点，他却乐此不疲，那就是长久的搭讪生活，彻底把他惯养成了一个搭讪犯。上班的时候，都想着吴国集市大街，几天不去，心就痒痒，跟犯了毒瘾一样。这一天，风和日丽，又是节假日，不上班，被离穿戴整齐，出了家门，又出来逛街搭讪。大街上，熙熙攘攘，叫卖声不绝于耳。啊！置身人潮之中，是多么的惬意啊！被离不由得诗性大发，一边走一边朗诵起诗歌来："关关雎鸠，在河之洲。窈窕淑女，君子好逑。"这厮，还惦记着勾搭人家良家妇女呢。根据我的观察，搭讪犯没有一个修成正果的，原因就在于心里面拿不出多少的诚意，满脑子都是调戏的心思。像小孩子过家家一样，纯粹是一番玩耍。

正当被离朗诵诗歌时，忽然于嘈杂的市井喧闹声中，听见隐约的丝竹之声。被离怦然心动，心里想，嗯，一定有货，过去瞅瞅。信步由听，便来到一个破败的茅草亭子前，只见一个五大三粗之人，白发素衣，在里面吹奏柳笛（这个时节，正是春暖花开，柳树发了新枝，正好做柳笛）。简单的一个乐器，却被眼前这个人吹奏得四面缭绕，七窍玲珑。一会儿气势磅礴如大江大河，一会儿氛围幽咽如小溪山涧，起伏之间，浑然天成，犹如天籁。

被离听得入了神，不觉叫出好来。吹奏之人，被叫好声打断，停下来，正面看被离。这一看，着实唬了被离一跳。为什么呢？因为此人，面相绝非一般。据史书记载，被离见的这个人，虎背熊腰，身长一丈，腰十围，眉广一尺，目光如电。按算命的说法，两眉之间的距离代表着一个人的气量，眉距越宽，心胸越宽广，反之则越狭窄。照此说法，伍子胥眉广一尺，算是宰相肚里能撑船的主儿了。

被离当时就傻了。吹奏之人跟他打招呼，他也听不见，兴奋得有点耳鸣了。

好不容易转过神来，被离问道："先生一看就是饱学之士，为什么会沦落到大街上吹柳笛乞讨要饭啊？"这个满头白发的吹奏者，支支吾吾，说不上话。被离稍微有些明白，将其引到一个偏僻的地方。被离开门见山说："先生不必忧虑，吴国现在正是用人之际，倘有才学和抱负，在下很荣幸愿为引荐。"那人仔细看看被离，说："敢问先生是？"被离回答道：“吴王僚身边的谋臣，被离是也。”那人眼光发紫，直勾勾看着被离，跪下叩谢的心都有了，说：“那就有劳先生了。”

说了半天，这位满头白发、吹奏柳笛的人，到底是谁啊？

他呀，不是别人，正是大名鼎鼎的伍子胥，传说中一夜愁白头的那位。

别看他满头白发，乞讨到吴国这一年，他才刚过完中年的第一个生日。

为了说明此人的背景和来历，接下来我们不得不转移一下注意力，插播一段伍子胥他们家的悲剧故事（有这个必要吗？相当有啊。吴国历史上，只有两个外人，值得我们插播，一个就是前面写过的申巫臣，一个就是现在要写的伍子胥。这两人都是从楚国逃亡出来，最后投奔吴国，然后掀起一阵吴楚战争狂潮）。

注意，是悲剧哦，感情脆弱、泪水丰富者，慎入。

26

伍家忠烈

这伍子胥说起来还是楚国名门之后。

他的祖父伍举为楚庄王时大夫，相当于现在的文化部部长吧。

庄王即位三年，压根不理会朝政。正年轻时候，喜欢喝点小酒，酒后再左右拥抱两个少女。史书上记载，楚庄王沉溺声色，“左手拥秦姬，右手抱越女”，看来艳福确实不浅，审美上还偏爱异国情调。然后对外传出话来："谁来进谏，就让谁死。"估计他不说这句话还好，一说结果好多人都来进谏，他不知道，这个世上想死的人太多了。

换个角度考虑，这直言进谏，死就死了，假如不死呢，可有得赚呀。这是人生一次赌命。不成人，便成鬼。伍子胥的爷爷伍举，八成就是这么考虑的。

伍先生一上大殿，就装神弄鬼起来。他对楚庄王说，有一只大鸟在这朝堂之上，三年了，不飞也不叫，这是什么鸟呀？（幸好没有口误，没把鸟说成鸟人）

楚庄王说："你管它是什么鸟呢，它不飞是不飞，一飞跟个火箭似的，冲天直上；它不叫是不叫，一叫跟个炸雷似的，惊吓众人（楚庄王貌似是做烟花出身的）。"

伍先生哈哈大笑，说："你个冤大头，在这儿不飞不叫不动弹，早就被射弹弓的给秒杀了，还火个什么箭，炸个什么雷呀，都是白瞎。"

楚庄王被伍先生的话点了穴道，怔住了。心想，可不是嘛，我倒安逸了，别人却伺机而动，看似声色犬马，其实处处暗藏杀机。

书上说，从此以后，楚庄王发愤图强，重用贤臣，发展经济，训练勇士，遂称霸诸侯。

楚庄王死了，楚灵王即位。

当国君的，历来看重一个功绩，盖个大楼啊，弄个地标建筑啥的，楚灵王也不例外。他派数以万计的工匠打造了一个传说中"举国营之，数年乃成"的章华台，被誉为当时的"天下第一台"。史载章华台"台高十丈，基广十五丈"（周代一尺相当于二十三厘米，一丈为十尺，十丈为一百尺，这么算下来，章华台高可达二十三米，相当于现在的十层楼那么高）。曲栏拾级而上，中途得休息三次才能到达顶点，故又称"三休台"。又因楚灵王特别喜欢细腰女子在宫内轻歌曼舞（楚王好细腰的典故就是从这儿来的），不少宫女为求媚于王，少食忍饿，以求细腰，故亦称“细腰宫”。

对于如此浩大的一个工程，伍举肯定是颇有微词的。忠臣嘛，一般就是处处替国君精打细算，以小见大，为未来担忧。章华台刚刚落成之日，楚灵王邀请伍举一同登台远眺，楚灵王分外得意，对伍举说：“这章华台真是美啊！”伍举冷笑道：“我听说啊，作为国君，都是以安定百姓为美，却没有听说过以一堆土木为美的。从前你的父亲造了一个抱居台，高度也就是只够用来瞭望战事，大小也只够用来放置祭祀用的器皿，不会因为修筑一个高台，而占用了修筑城墙的资源。而现在大王您啊，光是造这个高台，就花费了七年之久，百姓怨声载道，百官烦劳奔忙，诸侯愤怒怨恨，贵族诋毁诽谤，这哪里是什么美啊？又或者是老臣年老昏聩，愚昧无知，实在不知道您说的美，是什么意思啊！”楚灵王听了，非但没有发怒，反而重赏了伍举，章华台也没装修，就废置了。

唉，你看看，多可惜啊。花费那么多的钱，就这样扔在那儿，成了烂尾工程，这都是伍举一番话的结果啊。楚灵王也是，他伍举说得对，你也不必跟章华台过不去啊，起码装修好，还可以实用。废弃在那里，简直跟个废墟一样，多么不吉利啊。

撇下章华台不说，总之，伍举这一家，从伍举开始，往后三代，都是飞黄腾达。

到伍子胥这一辈，老爸伍奢给楚平王的儿子太子建做太傅。这是啥概念啊？给太子当老师，那等太子当上国君，岂不就是国君的老师了呀。这级别高的，可见伍家在楚国的地位，非同一般。伍奢两个儿子，伍尚和伍员，伍员就是伍子胥，两个人一文一武，伍尚是文职，伍子胥是武职，这个家庭小日子过得那叫一个得意啊。整天家里唱的都是：“今天是个好日子，今天是个好日子。”

可是俗话说得好，伴君如伴虎，给太子做老师，历史上一直有个麻烦，那就是一旦国君立储的心思变了，太子的权势就一落千丈，而跟随太子的臣子也从此一钱不值。写《红楼梦》的曹先生，他们家族也是因为这样的原因而败落的。

和许多宫廷之变一样，这次变故，也是人为的结果。只是这次啊，几乎是一个人的阴谋。

这个人叫费无忌。伍奢是太子太傅（相当于教授），而费无忌是太子少傅（相当于辅导员）。事情还得从费无忌这个人开始说起。此人擅于计谋，行为卑鄙，品性不是很好。偏偏楚平王的儿子太子建，是一个正儿八经的人，不是爱好玩耍的公子哥，和老师伍奢调子倒是很搭，跟费无忌这个辅导员，一向不和。这似乎是现在大学的通病，跟老师关系还行，跟辅导员关系就很紧张。

因为辅导员（少傅）牵扯的都是些鸡毛蒜皮的小事，所谓常在河边走哪能不湿鞋，再加上费无忌办事不力，从来不讨太子的喜欢。这在费无忌脆弱的心灵里几乎成了心病。你想啊，太子可是未来的国君啊，你不讨他喜欢，那不是跟自己的远大前程过不去吗？费无忌经常为此事发愁，夜不能寐，想到未来，就抱着枕头哭。

多么可怜的娃子啊！

无巧不成书，机会来了（机会太多了，但是机会再多，多不过等机会之人的算计）。

这日，楚平王召见费无忌，商讨太子建的婚事。

楚平王说，太子建也老大不小了，到了谈婚论嫁的时候。偏巧呢，秦国答应了亲事，日子我们也选好了。你呀，收拾一下，去秦国给太子迎亲去吧。费无忌本来待在太子建身边就觉无趣，一听说是出国旅游，就很乐意地答应了。况且又是分内之事，想不去都不成。你还别说，这还真是个美差。你想呀，新娘子第一个见的人，不是太子，也不是楚平王，而是我费无忌。你说，这美滋滋不美滋滋？直到这个时候，机会都还不是机会，直到费无忌确实见了新娘子，机会才算到来。

费无忌一见新娘子，当时就傻那儿了！哎呀，那个美呀，费辅导员的口水差点流出来。历史真是一个有趣的东西。假如我们的费辅导员和之前的申巫臣一个模样，携新娘子私奔，那八成就没有后来的伍子胥的故事了。但是费无忌不是申巫臣，他把垂涎三尺的口水咽回来，眼珠子机灵地那么一转，计谋就出来了。有个成语叫做守株待兔，说的八成就是这种人吧。并不是真正的巧合，而是这样的人啊，本来就心眼多，在做坏事之前，早已经在盘算着怎么去做坏事了。

到底是怎样的计谋和坏事呢？且看下章分解。

27

父娶子妻

费无忌在秦国见了新娘子后，口水也来不及流完，就快马加鞭，急匆匆回国了。这边迎亲的队伍，完全没闹明白，这个负责迎娶的太子少傅，头脑里到底在想些什么。他回到楚国的郢都，偷偷去见了楚平王。楚平王异常纳闷，对费无忌说："我让你去迎亲，你怎么一个人跑回来了，我的儿媳妇呢？"

费无忌喘息未定，说："这个……大王……漂亮……绝代……老婆……

另娶吧。”楚平王一听，什么乱七八糟的，怒斥道：“你给我好好说话！”

费无忌当时冷汗直冒，这小子太怕死了。费无忌呼哧呼哧，深呼吸两三下，气息稍定，对楚平王说：“大王啊，臣去秦国迎亲，一帆风顺，并未出什么麻烦事。只是有一件事，臣如果不回来向大王禀告，臣于心不安呐！”

楚平王说：“快快讲来。”

费无忌眼珠子转了四五圈，说：“大王，臣无意中窥见新娘子的容颜，真是绝代佳人啊。”

楚平王怒了：“费无忌，你大胆，我的儿媳妇，也是你随意淫视的吗？”

费无忌这下彻底流完了冷汗，脸色发白，说：“臣不敢。臣是看秦女美貌，觉得普天之下，非大王之神勇，不能与之匹配啊。”

看来我们的费无忌对楚平王还是非常了解的，简直是楚平王肚子里的蛔虫。男人好色，容易理解，但是像楚平王这样好色好到不顾一切的地步，也是少见。楚平王话锋一转，对费无忌说：“果真有如此美貌吗？”费无忌微笑起来，说：“臣如有半句虚言，愿以死谢罪。”

楚平王是谁啊，楚国国君，后宫妻妾成群，但也正是因为这样，反而使得他容易审美疲劳，对周围的女人缺乏新鲜感，总是觉得“生活在别处”，路边的野花最香甜。或者有人质疑，楚平王又没有见到秦女，何以如此动心，光听费无忌一通聒噪，就这么按捺不住内心的欲望？诸位，欲望欲望，正是在欲之中眺望，楚平王就是因为从来没有见过这个秦女，才会惹来无限遐想。他于是越想越欲望，越欲望越想，心里痒痒，就顺着费无忌的话，就坡下驴了。楚平王眉头一皱说：“只是我的儿子那边，该如何回复啊？”

费无忌见楚平王中招，心中欢喜雀跃，喜形于色，眉飞色舞地说：“大王，您为一国之尊、一国之主，太子又孝顺，自然是依您的旨意行事。”

楚平王说：“那么，就按你说的办吧！”

费无忌唱了一个字“喏！”

随后他一路高歌，狂奔秦国，变换旗帜，改弦更张，就连聘礼也比之前增多了一倍。像是一支战争队伍，中途换了统帅一样，本来要成为太子妃的秦女，一瞬间，却又成了楚国大王的妻妾。费无忌这一招真是又高明又阴损啊！明摆着挑拨楚平王与太子建的父子关系呀！让做父亲的娶了儿媳妇，这就是费无忌给自己的政治生涯制造的一个契机。

而此时的太子建，正在家里跟着伍奢诵读《诗经》呢：

蒹葭苍苍，白露为霜。

所谓伊人，在水一方。

一边诵读，一边想着，再过几天，自己就要结婚，成家立业了。时间又往前推进了一大步，这么一来，离自己继承王位，也不远了吧。诵读着这首诗，想着远在秦国的未婚妻，心情格外舒畅。他完全不知道，事情已经变到可以用“瞠目结舌”来形容的地步。本来属于他的亲事，现在几乎已经和他不再有什么直接关系，除了他要喊自己的未婚妻为王妃之外，他简直就是一个局外人。正值年少轻狂，这孩子哪里经得住这样的打击啊！

而伍奢呢，对即将发生的变故，一点也没有预料到。他还在为眼前这个年轻有为的太子暗暗祝福。他太喜欢这个孩子了，可以说，他是看着太子建长大的。俗话说，一日为师，终生为父。伍奢实在就是太子建的第二个父亲，伍奢待他也格外亲切，就连儿子伍尚和伍子胥，也都和太子建非常要好。

让我们再诵读一遍那首传唱千年的诗句吧：

蒹葭苍苍，白露为霜。

所谓伊人，在水一方。

溯洄从之，道阻且长；

溯游从之，宛在水中央。

再过几日，这段萦绕在楚国宫室的诗韵余音，将成绝唱。

费无忌离开楚国去秦国，再从秦国赶回楚国，这中间，要花费大概一周的时间。

在费无忌走后第三天，楚平王就再也坐不住了。一是等不及看秦女美貌；二是怕太子建大闹神圣的婚姻殿堂。对于后者，楚平王毕竟是老谋深算的老狐狸了。左思右想之后，他想出一个计策，便手书一道命令，叫太子建和伍奢一起立即前往边塞城父，说那里有外敌滋扰生事，事不宜迟，速速前往。楚平王还特别交代，太子建出发之前，不用朝见他了。

太子建接到这样的命令，一脸狐疑，自己马上就要迎亲结婚了，怎么在这个时候，父亲又派我出去到边塞打仗呢？而且还要太傅伍奢陪同，太傅一个知识分子，老眼昏花，跟着我去边塞，又能起到什么实际作用呢？只落得旅途颠簸，来回折腾。

但是王命不可违，军令如山倒。刚才还在诵读诗歌的太子建，此时一身戎装，已经在去往边塞的路上了。与此同时，费无忌也在从秦国回楚国的路上，一大队迎亲队伍，锣鼓喧天，浩浩荡荡。一边走，费无忌还不忘一边宣传，说楚国大王娶秦女为妃，作为楚秦两国世代永好的象征。沿途的老百姓听到这样的消息，也非常纳闷，去的时候不是说给太子建娶亲吗？回来的时候怎么变成了给大王娶亲了……这还真是有史以来头一遭糊涂亲。这事，全天下也只有费无忌一人能做出来。

第七天，费无忌迎亲大队到达郢都，楚平王亲迎，一见秦女，心都酥了。天下果然有如此美貌绝代的佳人，费无忌果然没有虚言诳我。这一次，我楚平王真是拣了秦国一个大便宜啊，哈哈。楚平王乐得浑身血液都达到沸点了。楚平王二年，也就是公元前527年，楚平王不顾诸多大臣的反对，娶了自己的儿媳妇为王妃。

从道德上，楚平王应该遭到谴责。但是事情发展到目前这个地步，似乎还不足以要死人。楚平王完全可以置父子感情于不顾，况且他另外给儿子挑选了一名齐国女子，总算没亏欠儿子什么。可是坏就坏在费无忌的煽风点火上，楚平王是什么人啊，凡事没有主见，听风就是雨，整个一神神叨叨的人。

自从自己夺了儿子的未婚妻，就像得了幻想症一般，唯恐太子建对自己不满，经常做噩梦，梦见太子建刺杀自己，整日忧心忡忡，虽然美女在抱，却并没有太多快乐可言。

而费无忌呢，自从做了对不起太子建的勾当，也是越发为自己的前途担忧。诱惑楚平王娶太子建的未婚妻，这只是他全盘计谋中的第一步。接下来，就是要怂恿楚平王立秦女为后，废掉太子建的母亲蔡氏。这一步还算好办，反正楚平王对蔡氏早已冷落，现在一门心思全在新婚燕尔身上。

楚平王连续梦见太子建刺杀自己，这给了费无忌以可乘之机。

看来机会真的是只给有准备的头脑，只是它并不在乎这个头脑正在构想些什么。

28

伍奢被囚

这一天,楚平王再一次从噩梦中惊醒,豆大的汗珠子还在额头上打转,脸色苍白,浑身发抖。深更半夜的,王妃、侍卫们也着了慌,赶紧找太医来。太医嘛,对付这种病症,肯定是束手无策了。心病还得心药医,所以只是说大王过于操劳,太累了,故而梦中出现许多不好的情境,便开了一些安眠宁神的药,了事交差。虽然只是一场梦,但是楚平王再也睡不着了。当下立即宣费无忌觐见。

费无忌这个时候居然还没睡觉,满心盘算着接下来的计划,他需要一个合适的机会,向楚平王的耳朵,鼓吹一些闲话。而楚平王的深夜召见,恰恰就是一个最好的机会。夜黑风高杀人夜,正是施展阴谋的时候。正所谓神不知鬼不觉。费无忌聪明的脑瓜子,其实已经猜出来了楚平王为什么召见他。因为平常这个时候,楚平王早已经抱着秦女呼呼大睡。今天深夜召见,肯定是失眠了呗。

费无忌进了书房,楚平王正在那里唉声叹气地踱步。

一番礼节之后,楚平王把梦中的情景描述了一遍:他正在花园里和秦女游玩,碰见太子走过来,头也不抬,披头散发,手里拿着利剑,走过我们身后。我一回头,看见他的剑已经刺进我的软肋,疼得我惊声尖叫,就醒了。

楚平王问费无忌："我这到底是怎么回事啊？我并不是被这个梦惊吓了，而是被接连好几天，都是做这样的梦，情景大致相同。唉，我现在有些后悔当初听了你的话啊！"

费无忌故作镇定道："大王，您可是尊贵之躯，想来啊，必定不是鬼神侵扰，而是您对娶秦女之事不能释怀。臣以为，大王之所以无法释怀不是没有道理的。"

楚平王听出来费无忌话里有话，就追问说："有什么道理？"

费无忌说："臣私下里听说，太子建自从得知大王您娶了秦女为王妃，就一直耿耿于怀。再加上身边有一个伍奢，整日鼓动，太子已有谋反之心，他似乎已经等不及您让位给他了。而且城父这个地方，外通敌国，正是他太子建扩张势力、拉帮结派的最佳地方。大王啊，对于这样的传言，你不能等闲视之啊！"

楚平王眉头紧皱，说："果真有这样的事？难怪我最近老是做这样的噩梦……"

费无忌在一旁煽风点火，说："是呀大王，我也听说，梦有预示作用，大王更应该早做决断了呀！"

楚平王的确犹豫了。因为接下来他要做出的决断，是针对自己的亲生儿子，这个决断有可能要了他的小命。多么奇怪的王权啊，全在于此时此刻楚平王的灵机一动。费无忌在一旁催促地喊："大王，早做决断啊。"老话不是说么，当断不断，反受其乱。一旦等太子建羽翼成熟了，一切也就晚了。楚平王眼睛微微闭上，背对着费无忌，长袖一甩，说："你去办吧。"

费无忌欢快地唱了个"喏"，退出书房，离开宫殿，消逝在无边际的夜色中，像是一滴水回归了大海。

费无忌多么阴险啊！他首先以楚平王的名义下令将伍奢召回郢都。

伍奢当然不明白究竟怎么回事了，他完全不知晓一场阴谋正等着他，这是一个人的复仇。费无忌的复仇跟申巫臣的复仇还不一样，申巫臣再怎么说，也是证据确凿的仇恨，是因为子重和子反杀死了他的族人。而费无忌呢？完全是小人的猜忌和怨恨，对于这样的人来说，他的怨气就是他的杀气，哪怕你从始至终，都不曾伤害他一根寒毛，他反过来也要置你于死地。所以孔子曾经说过，君子以德报怨，小人以怨报德。

刚一到郢都，还没见到楚平王的面，伍奢就被费无忌五花大绑，囚在牢狱之中。

哪怕到关进牢狱的那一刻，伍奢仍旧没有明白过来，这到底是怎么一回事。直到费无忌去牢狱之中看他，他才反应过来。费无忌嬉皮笑脸，小人得志，对伍奢说："太傅大人，想不到吧？您可以教出来一个天下，我可以换出来一个天下。我们两个，也算是才学相当了，哈哈。"伍奢一口呸在费无忌的衣服上，说："费无忌，你这个奸佞小人，乱臣贼子。我恨当初怎么就没识破你的狼子野心呢！"费无忌觉得这伍奢老儿，实在不可理喻，整天只知道教太子诗歌词赋，他哪里晓得，国家是靠权谋维持的。

囚禁了伍奢之后，费无忌又以楚平王的名义，命令城父的司马奋扬就地杀死太子。可是这次，费无忌完全失策，因为奋扬是一个侠义之士，对太子建格外尊重，他并不想太子死，就提前告知了太子建，让他赶快逃跑。太子建自杀的心都有了，父亲如此，自己又失去势力，活着还有什么意思。奋扬却说："俗话说，留得青山在不怕没柴烧，太子年纪尚轻，何苦为难自己的性命呢？楚国宫廷当今之局面，全是费无忌一人之祸害，太子可逃亡宋国，再做筹划。"太子建谢过奋扬救命之恩，即刻启程，逃往宋国。

也许心情最复杂的，就属太子建了。先是被父亲夺了未婚妻，吃了一个哑巴亏，把苦衷咽下去；又被莫名其妙派往边塞，去了边塞之后也没见什么外敌，却在国内多了敌人（楚平王宠幸秦女，废太子母亲蔡氏的王后头衔，立秦女为王后，并与秦女生下一子，取名熊珍），忽然之间，自己竟然成了多余之人；再接着就是这道不念父子之情的追杀密令。难道父王他真的患了精神疾病不成，类似幻想症呀什么的，先是夺了自己的新娘子，反正自己也没见面，跟新娘子一点不熟悉，你夺也就夺了，却反倒认为自己要篡位弑父，这不是精神病、幻想症，是什么呀！唉，从楚国到邻邦宋国的逃亡之路上，太子建趁着夜深，深一脚浅一脚地走着，恰似旷野之中一个孤独的游魂，回也无处可回，去也无处可去。

天地这么广阔宽大，可哪里是我的容身之所呢？

哪怕不再做什么王公贵族，就是做一个偏僻山村的农夫，平安一生，也已足够了。

而此时的伍奢，对着牢狱里碗口大小的窗户，看着外面天空上澄明如镜的月亮，心中无限感慨。但直到这个时候，他甚至还希望楚平王能回心转意，惩治小人费无忌，释放自己，哪怕不再有任何官职。而且还有太子呢，他可是楚平王的亲生儿子啊！虎毒还不食子呢，我也是做父亲的，楚平王也是做父亲的，难道他对自己的儿子就没有丝毫的恻隐之心吗？也不知道太子现在的状况可好？还有自己的两个儿子，伍尚和伍子胥，不至于受到牵连吧？

伍奢被囚，太子建逃亡他国，秦女被楚平王立为王妃，接下来立熊珍为太子，那就是顺理成章的事情了。一切都在费无忌的掌握之中，这总该满意了吧。还能有什么不满意的呢？此时的费无忌不必再像当初那样，整日提心吊胆、夜不能寐，每天为自己的前途担忧了。现在的楚国，经由自己的一番策划，几乎已经换了天下，本可以鸟尽弓藏了吧。

不，绝不！费无忌是谁呀，一个活脱脱怨气十足的小人。

俗话说，好人做到底，送佛送到西。其实呢，做坏人也不例外。

斩草要除根啊！尤其对于费无忌这样的小人来说，做贼心虚，假如不除掉隐患，他哪里能安然入眠呢？他每时每刻都在提防着别人，算计着别人，并以此为乐，从中获得极大的成就感和满足感，他的全部人生乐趣，也就在这里了。那么他接下来又要撺掇楚平王，采取怎样卑鄙无耻的手段来斩草除根呢？且看下章分解。

29

父兄罹难

前面我已经说了，费无忌复仇是一个典型的小人报复心理。

早些时候，做太子少傅，没少受气，整日看太子建的脸色行事，极尽阿谀奉承之能事，连自己都有点讨厌自己。而伍奢呢，仗着伍家忠烈的家世，显然也不把他放在眼里，时不时还有意嘲讽，想想都觉得实在窝囊。但是今日的费无忌已经不是昨日的费无忌，而今日的伍奢也不再是昨日的伍奢。我费无忌现在得势了，你伍奢就甭想有好日子过。

尤其在春秋时候，对于一个人最大的惩罚，不是杀头、凌迟、车裂，而是灭族。子重、子反对付申巫臣，用的就是这招。只有灭其族人，将其完全从这个世界上抹除，才能消除淤积在心中的恨意。费无忌也是这么想的。再说，伍奢的两个儿子伍尚和伍子胥，那都不是平庸之辈，你费无忌欺负他们老子，他们岂能袖手旁观，善罢甘休呢？干脆一不做二不休，要么干脆别得罪人家，要么就得罪到底，免得留下后患，祸害无穷啊！

于是，费无忌找机会（又是机会！是啊，对于小人而言，机会就是真理）向楚平王耳朵吹风说：“大王啊，伍奢还有两个儿子，你应该知道吧？”楚平王说：“知道，咋啦？”费无忌说：“此二人，颇有才能，今日我们囚禁伍奢，他两个儿子必定有谋反之心，私通敌国也未可知。这样一来，对我楚国岂不是留下两个祸患？”

楚平王想起了楚国历史中申巫臣逃亡吴国，挑起两国战争的事情，倒吸一口冷气，其实呀，楚平王和费无忌都是一类人物。

俗话说，为人不做亏心事，半夜敲门心不惊。可是楚平王和费无忌却是亏心事做了一大堆，就是你不来敲门，他们也惊。要想使他们睡个安稳觉，须得等他们坏事做尽。

楚平王说：“你可有妙策对付此二人？”

费无忌凑上前来，小声说：“大王，我听说此二人都是孝子，何不借伍奢名义，传令他们二人来见伍奢，并说大王决心释放伍奢，重用他们兄弟二人，拜为卿侯。只待他们来时，再来个瓮中捉鳖，手到擒来。”

楚平王心里说，还是你狠，对付我儿子，你用的就是这招假传圣旨。楚平王点点头，说：“善。”这个字最狠，因为国君说这个字，表明主意都不是他出的，是下面的臣子出的。但是他表示认可，如此一来，也就成了他国君的主意了，那国君的主意，可就是命令啊，不得不服从呀！

楚平王派人到牢狱中，对伍奢说：“大王啊，念你伍家三代忠良，特下诏召见你的两个儿子，他们要是能来呢，说明他们信任大王，大王就赦免你；他们要是不来，说明有二心，大王就不打算再留你了。”伍奢听了哈哈大笑，因为他知道这不过是一个幌子，是一个圈套。笑完之后，他又担忧起来，在牢狱之中自言自语："我这两个儿子，大儿子伍尚，为人忠孝耿直，楚王若派人去传召，他必定前来见我。而我的小儿子伍子胥呢，小的时候，就熟读兵书，长大了又爱习武打架，文治邦国，武定天下，而且为人克制，善于容忍，他肯定知道此事有诈，哪里肯来啊？"

楚平王听到了伍奢的这番话后，觉得有些可笑，对一旁的费无忌说："他也太高看自己的儿子了吧？"就派遣使者带着卿侯的官印，去伍奢的家里，传召伍尚和伍子胥。两兄弟正忧心忡忡地为父亲担忧呢，因为费无忌做事谨慎小心，伍奢家里只是知道伍奢从边塞城父回来之后，就被楚平王关押了，但具体因为什么并不清楚。而楚平王娶了太子建的未婚妻，则无疑给这个家庭当头一棒，看来伍家是搅进一场政治斗争中去了，而且难以幸免。没办法，谁让你们伍家三代忠烈，跟王室走得这么近呢。

使者来到伍家那天，正是阳春的末端，两兄弟正在家中商量对策，如何搭救自己的父亲。忽然听到外面急促的马蹄声，就一起出来看，因为怕是从王室传来的坏消息，两个人都极为紧张。结果出门一看，高头大马，彩色官车，使者笑容可掬。两兄弟还以为做梦呢，大哥伍尚暗地里掐了一下自己的大腿，哎哟，看来这是真的了，赶忙躬身相迎。

使者说："贺喜了两位。你们的父亲因为忠诚仁爱，去祸就福。大王对囚禁你们父亲一事颇感惭愧，每天晚上自责的都睡不着觉，而且各国诸侯也都纷纷谴责，不该这样对待国家栋梁。所以呢，大王为了弥补自己的过错，特意任命你们父亲为宰相，另外封你们二人为王侯，伍尚大人为鸿都侯，伍子胥大人为盖侯，这两个地方离得也不远，方便你们以后常来往。而且我来的时候，你们父亲特别嘱咐我，要你们二人一同去郢都看望他，也算是上任之前见一面，老大人非常想念你们兄弟俩呀！"

要说楚平王挑选的这个使者，那口舌也算是伶俐。说得伍尚当时就哇哇大哭啊，哽咽着对使者说："父亲被囚禁，我是吃不下饭，睡不着觉，夜夜忧愁，日日难过，吃东西都嚼不出来甜美，觉得是苦的。现在大王释放我的父亲，我已经很感激了，哪里还敢要什么王侯爵位啊！”

使者很严肃地说：“伍尚大人言过了。这王侯的爵位是大王特意赏赐你们兄弟二人，你们要是不接受，那大王怎么能心安呢？”

在一旁的伍子胥将哥哥伍尚拉到一边，义正辞严地说：“哥哥，这里面必定有诈呀！我今天为父亲算了一卦，卦象显示，父亲被蒙蔽，说明还在牢狱之中；大王受欺骗，说明这件事有不可告人的阴谋。如果现在前去，凶多吉少，更别说封侯拜相的事情啦！”（传说伍子胥是用日期和时间来算卦的，见《吴越春秋》：“今日甲子，时加于巳，支伤日下，气不相受。”）

伍尚说：“弟弟你说的固然有道理，但是总不能眼睁睁撇下父亲不管吧。我哪里贪图什么王侯爵位啊，我现在只想和父亲见上一面，哪怕是死了，也比现在好受得多。”

伍子胥真是拿这个忠诚老实的哥哥没办法，但是又不能不劝，又说：“你现在不能去，父亲我会想办法搭救出来的。王室害怕我伍子胥的勇武，势必不敢杀害我们父亲的。你要是不顾一切去见父亲，必定惹来杀身之祸，到时候，父亲也不一定能活命啊！”

伍尚急了，心里说，都什么时候啦，你还吹嘘自己呢！人家是一个王室、一个国家，你是什么，你的勇武又算什么，不过是匹夫之勇，关键时候，起不到任何作用。

伍子胥明显侠义心肠，而伍尚却是一个儒生。伍尚说：“父子之情，无以为报，我宁愿抱着哪怕百分之零点零一的侥幸心理，去见父亲一面，不然，我死也不会瞑目。”

伍子胥急得跺脚，但看着哥哥如此坚决，也只好作罢。

他再看看哥哥，一脸敦厚老实的样子，目光中此时除了亲情再无其他，愿他侥幸吧。

伍子胥对哥哥说："你陪同父亲一同赴死，真相也只能由我来澄清了。冤仇不除，耻辱就日增，但是放心吧哥哥，他们不会得意太久的！"

伍尚听了又哭起来，说："我活在这世上真是一个笑话啊。不能为父亲报仇，那就是一个废物。但是兄弟你就不同了，你有此才能，就要承担报仇雪耻的重任，要活下去。倘若大哥我此去还能回来，算是侥幸；倘若一去不返，也是心甘情愿。"

伍尚就转头对使者说："我弟弟还要处理家中一些事务，我就先随你前去郢都吧。"

使者无奈，只好答应。于是，伍尚就哭着和伍子胥告别，去郢都了。

30

亡命天涯

楚平王逮捕伍尚后，还算有点仁慈，把伍奢、伍尚爷俩关押在一起。

父子俩一碰面，那场面比老乡见老乡还要惨，牢狱里从未有过的潮湿感，被这二人演绎得淋漓尽致。伍奢听说小儿子逃跑了，颇为感慨，像是对伍尚说的，又像是自言自语，又像是说给狱卒听的，他说："楚国这下，将要陷入战乱灾祸之中啦！"

逃脱了伍子胥，费无忌当然不死心了。伍子胥这家伙可是一个练把式的，有点手段，这个祸根想起来费无忌就觉得惊悚。费无忌怂恿楚平王全力追捕伍子胥，坏事一定要坏到底。

伍子胥逃跑的时候，因为匆忙，随身只携带了弓箭，连干粮都没带多少。

他究竟要去哪儿呢？他还能去哪儿呢？找太子建呗。

起码在这个时候，伍子胥想的还是帮助太子建夺回王位，杀回楚国郢都。

追兵先是来到伍子胥家里，从伍子胥的老婆口中得知，伍子胥出逃没多久，现在顶多跑了大概三百里地的样子。然后追兵又快马加鞭往宋国方向追，在一个荒郊野地，发现了伍子胥。追兵一共才五个，被伍子胥射杀了三个，打死了一个，还有一个跪在地上正求饶呢。伍子胥说："你回去告诉楚平王，要想国家不灭，就放了我的父亲和兄长；如若不然，楚国将变成废墟。"

这话传到楚平王的耳朵里，他当时就怒了，大发雷霆，掀桌子扔板凳的，这次也用不着费无忌怂恿教唆什么的了，直接下死命令，杀伍奢和伍尚于街市口。

此事过去十天，伍子胥才知道。当时他正在去往宋国的路上。

捶胸顿足，心胸欲裂，跪倒在地，对天呐喊："天呐！我伍家一门忠良，竟然落得如此下场。我伍子胥誓死报仇，不雪父兄之耻，誓不为人。"

伍子胥在大路上这么夸张的动作，引来许多人的围观，听见他要报仇杀人，一脸恐怖的样子，所有的人都吓跑了，只有一个人还站在一旁，仔细看着伍子胥。伍子胥站起来，定睛一看，此人不是别个，正是自己的好朋友申包胥，为楚国大夫。

申包胥诧异地问："你为什么要这样啊？"

伍子胥就说："楚平王杀了我的父亲和兄长，你说我该怎么办啊？"

申包胥说:“我要是叫你报仇吧，我又是楚国的大夫，我就是不忠啊；我要是叫你不报仇吧，那是对不起你呀，那样的话，我就是对朋友不义。”（嗨，他倒为难起来了。）

伍子胥说：“我听说，父母之仇，不共戴天。兄弟之仇，不与同城。朋友之仇，不与乡里。我决定了，要报父兄之仇，让楚国得到应有的报应，来洗刷我父亲和兄长所蒙受的耻辱。”

申包胥说：“我没有什么支持你的，也没有什么反对你的。但对于楚国来说，你能灭掉它，我就能保存它；你能使它陷于灾祸，我就能使它重归安泰。”（这人实在有意思，后来在伍子胥率吴军攻入郢都之时，申包胥只身前往秦国求援，最终搬来救兵，挽救楚国于旦夕之间，实现了当日的诺言。）

伍子胥心里说，随便你吧。随后对申包胥抱拳，两人遂告别，伍子胥就去了宋国。

到了宋国，找到太子建，两个人抱头痛哭。

此时的太子建，似乎已经换了一个人，面容虽然有些憔悴，但是比以前更加坚定，多了一股子狠劲，不再是只知道风花雪月的书生了。

伍子胥对太子建说：“太子好像变了一个人啊！”

太子建说：“我早年跟着太傅读书学习，经常问起，我何时才能变成一个大人，好做一名国君。你父亲却告诉我，这样想，就不是君子所为。君子豹变，小人革面。因为君子的变化都是日积月累的，只有小人才渴求洗心革面，来个一百八十度大转弯。而我现在的情形，往上做不了君子，往下难以成小人，不伦不类，如同丧家之犬，赖在别国，苟且度日。”

伍子胥说：“太子不必伤心，自己鄙视自己。今宋国形势不稳，他日可由郑国辗转去晋国，谋求晋国的援手，让太子即位，重整朝纲，杀费无忌，为我们雪耻啊。”

"唉，"太子建一口长叹，看着眼前疲惫不堪的伍子胥，说，"也只能如此啦！"

公元前522年，宋国的大夫华氏谋反，宋元公无力镇压，一时间宋国陷于内乱。

伍子胥就和太子建，还有太子建的妻子（楚平王另聘齐女为太子妃）以及太子建的小儿子一起去了郑国。

说起来，郑国是个很奇怪的国家。因为郑州地处周王室的地盘，南方受楚国滋扰，北方受晋国滋扰，夹持在两个国家之间，既不想被楚国所灭，又不愿为晋国所吞。所以太子建来到郑国后，郑定公非常礼遇，生怕哪里不周到而留下挑起战争的把柄。于是，太子建就把妻子安置在郑国，按照与伍子胥商定的计划，去晋国求援。

此时晋国在位的是晋顷公。晋顷公在位的时候，晋国的六卿已经壮大起来，不断地侵蚀王室权力。所以晋国根本没有心思帮助太子建杀回楚国的郢都。太子建与伍子胥的杀回郢都计划，一时落空。但是临走的时候，晋顷公对太子建说："你在郑国混得不错啊！这样吧，我们晋国攻打楚国，现在还没有闲暇，但是郑国是我们早就打算灭掉的一个国家。倘若你愿意在郑国给我们做内应的话，攻打下来的郑国属地，就是你的啦！"

伍子胥知道后，并不满意。因为他一心报仇，其他的都不感兴趣。但是太子建不是伍子胥，况且携妻带口的，能安定下来，安稳度日就是最理想的生活了。所以太子建当时就一口答应了晋顷公。

事有不巧。还是那句老话，世上没有不透风的墙。

跟随太子建的一个侍从，回到郑国后，提前将这个消息告诉了郑定公。郑定公大怒，命令士卿子产，带兵包围了太子建住的地方，将太子建抓了起来，秘密杀害了。那位侍从得到郑定公赏赐的一块田产和许多金银。

子产虽然对太子建愤恨非常，但是他却是一个重视刑法的人，是有名的法家先驱，凡事都要依法行事，跟此事无关的人，统统不治罪。太子建的妻子、儿子还有伍子胥，幸免于难。

太子建死，伍子胥一度心灰意冷。

事发当晚，他就离开了郑国。因为无处可去，就在一处荒野上游荡。

他看着头上的天空，又看看黑黢黢的荒野，心中无比惆怅。父兄已死多日，自己的报仇大业，却仍旧没有丝毫头绪，有何面目苟活在这人世间？真是惭愧啊。

现在宋国不能去，郑国不能去，晋国也不能去，当今天下，还有哪个国家，可与楚国对决呢？吴国！对，吴国。想当年申巫臣反楚，就是去的吴国，如今吴国已经崛起，况且又有地理优势，方便对楚国作战，实在是我报仇的最好去处。

没错，就是吴国。

夜更加深了。伍子胥准备在一个茅草堆旁小憩一晚。

天空之上，星如攒箭，月如钩镰。

时间在所有人的睡梦中，毫无迟疑地跨步向前。

31

一夜白头

京剧《文昭关》讲了这样一个故事：伍子胥借道吴楚边界，试图从水路直达吴国，却在昭关遇阻，然后遭人搭救，最终顺利过关。京剧演员里，人称“程门三杰”之一的汪桂芬，当年在上海滩，正是靠着这出《文昭关》成名的。有一段故事说的是汪桂芬习惯在上海的寓所里吊嗓子，时间久了，他的戏迷粉丝就摸到了窍门，常去偷听。但是汪桂芬不爱被人打搅，所以大家都是寻个隐蔽的去处，屏声静气听先生唱戏。

有一天，汪桂芬吊嗓子唱《文昭关》，门外戏迷听得比在戏园买票还过瘾，内中忽有一人情不自禁叫起好来。汪桂芬发现有人窃听立即停弦，叫好人成了众矢之的，竟然被他身旁的人打了一个嘴巴，其他人也群起而攻之。此人急忙辩解说：“你们打我自然有理，但是我听他唱得好，不叫好会把我憋死。”可见当时汪桂芬有多么受欢迎了。插播这么个小故事，权当延伸阅读了。

戏文中搭救伍子胥出关的是东皋公，早年曾学医于扁鹊，在这边塞之地，也算是个隐士。这一天，伍子胥问路经过，东皋公见此人眉宇不俗，知道不是普通人，又发觉他和昭关城墙上的通缉犯画像有些相似，故而认出来是伍奢的后人，敬仰之余，东皋公决心帮助伍子胥过关。可是，伍子胥在东皋公家里停留了七天，仍不见东皋公的消息。

这每一天对于伍子胥来说，都是煎熬和折磨。

而另一方面，他又开始怀疑，东皋公会不会出卖自己？内心忧虑，夜不能寐。

刚听见敲了一更鼓，伍子胥就唱道：

“唉，爹娘呃！
一轮明月照窗前，
愁人心中似箭穿。
实指望到吴国借兵回转，
谁知昭关有阻拦。
幸遇那东皋公行方便，
他将我隐藏在后花园。
一连几天我的眉不展，
夜夜何曾得安眠。
俺伍员好一似丧家犬，
满腹的冤恨我向谁言？
我好比哀哀长空雁，
我好比龙游在浅沙滩
我好比鱼儿吞了钩线，
我好比波浪中失舵的舟船。
思来想去我的胆肠断，
今夜晚怎能够盼到明天。”

就这样一更鼓，一更歌，伍子胥既担心出关无望，又担心东皋公向官兵揭发自己。不管哪种情况，结果都是报仇无望，父兄之耻就无以洗刷清白，而自己也枉为堂堂的七尺男儿。这一夜心理挣扎和斗争，怎一个愁字了得啊！

第二天早上，东皋公来敲门，伍子胥开门。东皋公一见伍子胥吓了一跳，这位朝廷的通缉犯，竟然在一夜之间，愁白了头，正像戏文中所说：“冤仇未报容颜变，一事无成两鬓斑。”伍子胥照镜子一看，也被自己的模样吓了一跳。这才叫雪上加霜，伍子胥哀叹不已，说：“大仇未报，自己却成了这副模样，真是无颜啊！惭愧啊！”

而一旁的东皋公却哈哈大笑，并且拱手施礼说：“恭喜先生，贺喜先生。”

伍子胥一脸茫然：“这喜从何来呀？”

东皋公说：“昭关所张贴画像，画的分明是一个少年，而今先生一夜白头，从少年变成老年，任凭守卫如何盘查，也辨认不出来了呀。先生可以顺利过关了。另外，我已经找到了一位朋友，和先生身材相当，体型相符，我让他特意装扮成先生的样子，和先生同时过关，趁乱之时，先生可顺利过了昭关。”

伍子胥听得心花怒放，恨不得把全天下一年四季的花，在自己心中全部开个遍。

伍子胥跪倒便拜，说：“先生大恩，无以为报，子胥在这里拜谢了。”

东皋公将伍子胥搀扶起身，说：“我搭救先生，不图报答，只为不忍奸佞残害忠良啊！”

《吴越春秋》里并没有记载伍子胥一夜愁白头这件事，但仍记载了伍子胥过昭关这件事。《吴越春秋》里说的是伍子胥过昭关的时候，被守卫认出来，守卫要拿他去回郢都请赏。伍子胥看情况不妙，就撒谎说：“你知道楚国王室为什么要抓我吗？”那守卫就说：“我管他们呢！我只管我的赏钱和爵位。”伍子胥嘿嘿一笑，说：“那好，我告诉你，他们抓我，是因为我偷了王室的宝珠。你如果将我送回郢都，我就说，宝珠被你吞食了。”那守卫一听这话，吓了个半死，好家伙，我只是想要一点赏钱，你倒好，这不是栽赃陷害么！到时候，口说无凭，只能剖腹查验，我不是就没命了呀！守卫越想越害怕，就放伍子胥过关去了。这个故事，比起东皋公那个情节来，就要简单得多，全凭着伍子胥三寸不烂之舌和一点小聪明，就搞定了。

但是实际情形，可能更为简单。

那就是伍子胥去了距离昭关百里之外的荒山野岭，翻越一座座山，趟过一条条河，白天休息，晚上赶路，便过了昭关，来到通向吴国的水路。

一路走来甚至连个追兵都没有。但是各个关口，有通缉伍子胥的画像倒是真的。

因为远在郢都的费无忌，抓不到伍子胥，绝难罢休。

他太了解伍子胥这个人了，为人心狠手辣，比自己更为歹毒。

倘若让他逃到吴国，岂不是第二个申巫臣啊！况且他伍子胥已经夸下海口，说只要楚平王杀了他的父亲和兄长，他就要楚国成为废墟。这多么瘆得慌啊。

这个费无忌也是，你要么别做坏事，要么做了坏事，就别这么胆小。可他倒好，坏事照做，而且胆子越来越小，整日提心吊胆，生怕出什么意外。唉，小人最畏惧者，莫过于死。这也是没办法的事。孔子他老人家不是说过了嘛，君子坦荡荡，小人常戚戚。

实际情形中唯一复杂之处，就在于伍子胥不是一个人单独上路的，而是带着一个人，这个人就是太子建的儿子胜（后来的白公胜）。所以由此可以推断，伍子胥不会唐突犯险，如果只是他一个人，犯险倒也容易，但两个人的话，就有点冒失。所谓不怕一万，就怕万一，万一有什么闪失，可是无法弥补的呀！

经历那么多事故的伍子胥，绝对不会拿自己和太子建儿子的性命开玩笑。戏文中所说的昭关，在今天的安徽含山县北。从地图上来看，含山靠近长江，伍子胥从昭关附近出逃，倒有可能确有其事。他带领一个小孩，只能走偏僻小道，崎岖山路，辗转到当年公子光与楚军对战的长岸一带，从那里顺江而下，可直达吴国。这应该是最便捷的一条路了。

从昭关出来，没走几日，就到了江边。伍子胥见江水波涛汹涌，又因担心后面有追兵，颇为忧虑着急。正在此时，一渔翁驾舟逆流而上。伍子胥大喜，真是天无绝人之路啊！便在岸边，朝渔翁大喊，请求摆渡过江。那渔翁过来载了伍子胥上船，因见其随身佩剑，知道不是平凡人家。船到江心时，这位老者突然对伍子胥说："我认得你。"伍子胥吃了一惊，心里哭着喊妈妈呀，这下可如何是好啊，我伍子胥是旱鸭子呀！

好不容易等来一个摆渡的船，却不曾想被人认出来。杀了他吧，一来人家是驾驶员，我不会开船啊；二来我伍子胥也不愿意杀害无辜平民。可是不杀他吧，他已经认出自己，万一泄露自己行踪，敌人快马加鞭的，极有可能就抓到我了。到底该怎么办呢？跳江？一准淹死，保不齐这江里还有吃人的怪鱼，啊，太可怕了。

32

子胥奔吴

伍子胥心里正在翻江倒海之际，只见这位渔翁不慌不忙，嘿嘿笑着说：

"你姓王是吧，经常在附近捕鱼卖鱼，所以人家都叫你王有鱼，是不是啊？"伍子胥一听，立马回过神来，哦，认错人了呀！这误会深的，害得我杀人的心都差点有了。

伍子胥连忙点头，说："是、是，我就是王有鱼。"渔翁接着嘿嘿笑，伍子胥也陪着嘿嘿笑，额头上冷汗都冒出来了，唉，刚才好险啊。

渡至对岸，渔翁嘿嘿笑变成了哈哈笑，笑得很开怀。伍子胥觉得这老头挺怪的，认出个人来有这么开心吗？忽而渔翁又说："你是伍子胥！"妈呀，伍子胥被这老头折腾得要哭了，居然连自己名字都喊出来了。

伍子胥再次萌生跳江喂鲨鱼或者杀死渔翁的念头。但是仔细想想，伍子胥觉得不可冒失，还是先试探一下眼前这位渔翁。伍子胥拱手施礼道："我正是伍子胥，现在楚国正四处派人抓我呢！你可以告发我，然后领取一些赏钱。"

渔翁凛然正色说："先生错怪我了，我刚才只是开个玩笑，我哪里是那种落井下石，出卖别人的人啊！我只是看过你的画像，对先生容颜记忆深刻，尽管今日先生一头白发，还是逃不脱我的眼睛。放心吧，我不会揭发你。"

伍子胥这才放心，然后将自己随身携带的佩剑解下来，对老者说："倘若不嫌弃，你把我这把佩剑拿去吧，这把剑是我家传之宝，我送与老先生，以为答谢。"

渔翁笑了，说："我要是拿了你的宝剑，还不如去拿揭发你的赏钱呢。因为光是赏钱，都比宝剑值当。我听说呀，君子无剑不游，况且此剑又是先生的家传之宝，还是留着自己路上防身用吧。"

伍子胥感激不尽，问起老者尊姓大名，好日后图报。渔翁说："我叫你作过路人，你叫我作渔丈夫，岂不是很好吗？何必知道姓名呢？"说完，渔翁荡舟入江，唱歌远去。

伍子胥在岸边跪谢不已。

离开岸边，伍子胥打起精神，奔吴国而来。

这一天，已入吴国边境，他走到溧阳这个地方，实在是又累又饿，饥肠辘辘，腹中咕咕作响，连日奔波，脑门子经常冒出金灿灿的星星来。没得办法，伍子胥决定再往前走走，看看能不能遇到些许人，好行乞求食。来到一条小溪边，伍子胥欢喜地跑过去，喝了点水，再洗洗大半年都没洗过的脸，觉得分外舒服。

正在洗脸的时候，伍子胥听见不远处有捣衣声，抬头看过去，见一妇人，正在洗衣服，仔细一看，旁边还有竹篮，竹篮里有些干粮稀饭。

伍子胥做了一个"耶"的手势，算是给自己打打气。除了自己老婆，这还是他第一次主动跟女子搭讪。伍子胥一边走，一边盘算着第一句话该怎么说。

美女你好？不行不行，这在干什么呢？太直白了。直接走到她身后，朗诵一首诗？唉，太酸了。故意摔倒，假装没看见她，引起她的注意？那她要是不注意自己呢？唉，难呀！封建社会就是不好啊，男女搭讪都这么复杂如此困难。假如世上只有一种性别，也许就不用这么多的顾忌了吧！

想着想着，不觉已到洗衣女身后，伍子胥完全不知道说什么，干脆咳嗽了一声。

那女子听见动静，回头来看，差点没喊救命。原来呀，伍子胥装扮得跟个野人一样，再加上一头白发，跟个白发老妖怪似的。伍子胥见女子有些害怕，就小声说："乞讨至此，请姑娘施舍一些饭食，我已经好几天没吃东西啦！"哦，乞丐啊，那女子才稍稍平静下来，把竹篮给伍子胥，由他吃去。伍子胥谢谢也没来得及说，狼吞虎咽，像狐狸吃鸡一样，瞬间将饭食扫荡一空。那女子光看都看傻了，伍子胥也不管人家一脸惊愕，拱手施礼说声"谢谢"，就要道别。可是刚走出去几步，忽然又回过头来。

他有些不放心，对女子说："姑娘，倘若我走后，有人问起，请对今日之事保密。"

伍子胥不说还好，一说这话，女子有些不高兴了，对伍子胥说："我见你可怜，给你饭食，当时想的只是搭救于你，并没有想太多。本来呢，你我男女有别，我是不该跟你有任何交往的，况且我又是待嫁之身。唉，罢了，你走吧。"伍子胥没明白姑娘什么意思，"哎"了一声，就走了。走出去几步，觉得不对劲，又回过头来，只见女子正抱起一块大石（这女子神力啊，哈哈），往江中跳去，只听"扑通"一声，没影了。

伍子胥大叫不好，恨不得抽自己几个嘴巴子，怎么那么乌鸦嘴呢，人家何曾要揭发，自己偏偏多嘴几句，惹来人家命断今日。伍子胥赶忙跑到江边，只见江水滚滚，早就不见那姑娘的身首，自己又不习水性，只得在岸边跺脚。见岸边有一块竖立的大石，伍子胥便走过去，咬破手指，血书："你浣纱，我行乞。我腹饱，你身溺。十年之后，千金报德。"（好家伙，也不怕失血过多，十年之后，伍子胥伐楚路途中实现了今日写下的誓言。）

唉，从来女子都是脆弱得很呐！别说伤害了，只要言语稍有不慎，就能要了红颜薄命。

吸取伍子胥的教训，诸位，以后和女孩子说话，尤其是贞节烈女型的，千万注意。别一见女的，就跟个话匣子似的，一旦惹出人命官司，可就吃不了兜着走了。

过溧阳后，伍子胥又走了三百里地，到一个地方，叫做吴趋。

所谓吴趋，就是吴国都城城门外，具体哪个地方，恐怕伍子胥自己也说不清楚。

他在大街上乞讨的时候，见一处异常喧闹，人群熙熙攘攘、议论纷纷，就不免心生好奇，凑过去看。有旁边人看见他往人群里挤，就打趣说："这年头，连乞丐也不专心工作了。"还有的说："乞丐往人群里钻，准没好事。"挤进去一看，才知道，原来是两个人打架，其中一人壮如饿虎，声若巨雷，颇有勇士之风。众人谁也劝不开。

只见一个老妇人过来，高声大喊："专诸快点回家。"只见那名勇士，立马起身，不打了，离开人群，跟随老妇人而去。众人于是又议论纷纷起来。

伍子胥觉得非常奇怪，就问旁边的人："为什么那位老妇人一喊他，他就回家了呢？"

旁边那人看伍子胥是个乞丐，就没什么好态度，说："这都不明白，我看你是饿糊涂了吧！那位老妇人是他妈，他妈喊他回家吃饭呢，他能不回去吗？"

伍子胥又问："敢问此人是谁啊？"

旁边这位说："怎么着，你不想要饭，想改行学武啊？他可是我们吴趋的勇士啊，见义勇为，专爱打抱不平，你刚才没听见吗？他叫专诸，是个孝子，哪怕是在发火打人的时候，只要他妈过来喊他，他一准老老实实回家。"

伍子胥心里说，这才是真正的勇士啊，有爱就有力量。

当天，伍子胥在城外避风处露宿一晚。次日，他稍稍整理了一下头发衣服，找个池塘洗洗脸、洗洗手，打听了专诸的住处，就去拜访。要说这伍子胥，真是讲脸面啊，他本质上就是一个江湖中人，喜好结交豪侠勇士，都已经落魄到无衣无食的地步了，还不忘交朋友。

话说伍子胥来到专诸家里，通报真实姓名，说是楚国逃犯伍子胥求见。专诸哪里见过这样的场面，什么楚国，还居然是逃犯，跑到自家门口，要来见自己，这可是从来没有过的事情啊！专诸也是觉得稀奇，就引伍子胥到内室。一经细谈，才知道伍子胥是楚国名门望族之后，只因遭受陷害，故而投奔吴国，想在吴国谋取一番事业。

专诸虽是一介武夫，但是也多少见过世面，知道伍子胥决非平凡之辈，遂与伍子胥结为兄弟。倘若将来伍子胥在朝堂之上谋得职位，也当提拔自己一些。专诸这么做,也算是给自己的未来投上一份保险。当然了，也不见得就能保险,那么就换个词,押宝。就算是赌博吧！又不破费什么，无非是给伍子胥换了一身衣服，再请他吃一顿大餐而已。

伍子胥也很珍惜这个兄弟，毕竟患难见真情啊。人在遭受困难和人生逆境的时候，最容易懂得真情的来之不易。

几日小住之后，伍子胥拜别。

朝吴国都城，款步而来，他似乎已经看见自己在吴国的未来。

33 初仕不利

上接第二十五章。

被离在大街上发现了伍子胥这个人才，喜出望外。当然了，是骡子是马，还得拉出来遛遛。现在我们的被离先生，凭的全是直觉。被离将伍子胥安排到自己家中，潦草住下，迫不及待地去了公子光的府上。一见公子光，被离就说："找到人啦！找到人啦！"大呼小叫的，要是耳背的不留神，还以为他在喊："杀了人啦！杀了人啦！"

公子光就问被离："这次找了一个什么人？不是什么卖狗皮膏药的

吧？”

被离说：“这次来真的了，此人是楚国名门望族啊！”

公子光疑心重，不会是楚国派来的奸细吧，这年头很流行潜伏。

被离说：“这个我不能打保票，但是看起来不像。凭着我的直觉，应该不是，而且据说他的父亲和兄长被楚平王杀死了，所以才逃亡到我们国家，希望借兵报仇呢！还有一头白发呢。”

公子光说，老头啊？他叫什么名字？

被离“哎呀”一声，由于喜出望外，忘了问他姓名。

公子光差点没晕倒在地上，说：“被离呀被离，跟着王僚混得你脑瓜子都生锈了吧？这样吧，你先把这个人推荐给王僚，我也好仔细观察观察他，看看是不是真的货真价实。”

被离说“喏”，就悻悻地走了。

被离一回到家，就去见伍子胥，张口便问：“哥儿们，你是谁？”

伍子胥一听就傻了，心里说，大哥啊，不是你把我领进家门的吗？难不成眼前这位被离先生得了精神病了，翻脸不认人啊？伍子胥说：“我不就是你今天在大街碰上的吹柳笛之人吗？”被离说：“我不是问这个，我是问，你叫什么名字？”伍子胥说：“妈呀，你这人说话可够绕的。我叫伍子胥。”

被离笑了：“什么？胡子须？哈哈哈哈。”

真是沟通无望，伍子胥显然已经无语了。

被离又笑起来，说：“你居然叫这么一个名字，胡子须，哈哈哈哈。”

伍子胥大声高叫：“是伍子胥！不是胡子须。”

唉，被离呀被离，说你脑瓜子不灵活吧，耳朵也不好使了。

当天下午，被离带着伍子胥去朝堂之上，将其引荐给王僚。

王僚还是头一次见到这么伟岸挺拔的男子，史书上说伍子胥身高一丈，那就是两米以上了呀。结果这一次见面，从见面那天开始，一直持续了三天。连续三天的交谈，伍子胥有问必答，而且每句话都不重复，每句话都有新的思想、新的观点。王僚被眼前这位才学之士深深折服，但是心里欢喜，外表不能显露出来，免得伍子胥高傲。王僚私下对被离说："这个人果然是贤能之士啊，还是你被离先生有眼光啊！"被离于是一番窃喜。

后来王僚又问起来伍子胥的家仇，伍子胥恨恨地说："楚平王，昏聩荒淫，我伍子胥今生倘若不能亲手杀了他，那将是非常痛苦的。我伍家世代忠良，何曾有过丝毫忤逆，却遭此大难。"说着，伍子胥咬牙切齿，咯吱咯吱响。

从伍子胥谈及仇恨的面部表情上，王僚知道伍子胥报仇心切，来吴国的目的，也是为了借助吴国伐楚，了却个人私仇而已。

没过几日，伍子胥就等不及了。

只身朝见王僚，说："楚国现在君昏臣淫，整个郢都都是一些奸佞小人，有智有才的都已失势。尤其是楚平王，父娶子妻，失去民心，各方诸侯更是纷纷谴责，这正是吴王讨伐其罪过的大好时机啊！小人恳求吴王出兵伐楚，扫荡奸佞，还楚国天道仁义。"

王僚本来也有心伐楚，经伍子胥这么一煽乎，还真的动心了。

等到把公子光、被离他们叫过来，一起商议的时候，却遭到公子光的极力反对。

公子光心想，我本想试探试探伍子胥的才能，没想到他和王僚走得这么近乎。这样下去，岂不是再次失去一个能人贤士？不行，我得搅和一下，好让他知道，在吴国真正有魄力、有能力伐楚的人，是我公子光，而不是他王僚。

公子光说："大王啊，你可别听他伍子胥瞎说啊！我听说啊，这人来我们吴国，就是一门心思报私仇，他全然没有考虑我们吴国的现在和将来。他会毫无顾忌地打硬仗、打死仗，但是永远打不灵活。你想啊，一个满腔仇恨、心智已经被苦难扭曲的人，如何能打胜仗呢？大王，千万不要采用他的建议啊！"

吴王僚觉得公子光说得有道理，就没有答应伍子胥，这让伍子胥大失所望。

回到被离家中，伍子胥闷闷不乐，离开吴国的心思都有了。

这个时候，被离进来，问起今日朝堂之事，说："先生对吴王拒绝出兵伐楚有何感想啊？"

伍子胥说："我啊，死的心都有了。对于热血男儿来说，最大的罪过，莫过于有仇不报啊！我每活一天，都觉得自己是在亵渎父兄之英灵，无颜享乐，只吃最粗糙的食物，这么做，就是为了勉励心志，不敢一日懈怠。今日遭拒，说实话，我有些丧气。"

被离嘿嘿一笑说："先生啊，你刚来吴国，不知道这边的情形。"

难道有什么内幕？伍子胥心里嘀咕，这我倒很想听听。

被离说，"公子光欲取而代之。"

伍子胥恍然大悟，要想在吴国站稳脚跟，看来必须跳进这个谋权篡位的火坑了。

被离又说："假如先生能帮助公子光得到王位，伐楚之事必成。"

伍子胥当下跪倒在地，对被离说："请求与公子光见上一面。"

被离将其扶起来："稍安毋躁，今天晚上，我会安排你们见一面，到时候，就看先生的了。"伍子胥感激不尽，随即在心中就酝酿起来一个天大的阴谋。

到了半夜，被离引伍子胥去一个陌生而偏僻的地方，在一个看似废弃的院子里，伍子胥见到了传说中的公子光，浓眉大眼一个帅小伙。

彼此寒暄之后，伍子胥开门见山说："我伍子胥千里迢迢来到贵国，最直接的目的就是报仇。攻克郢都，亲手杀了楚平王，这个想法在我心中如此根深蒂固，在实现之前，绝不会有丝毫动摇。但是我并不是在逞匹夫之勇，所谓食君之禄，担君之忧。我既然愿意为公子做事，自然处处替公子考虑，不会将我一己之私心置于国家利益之上，这么做，是为不忠，我伍子胥绝非如此不识大道的小人。"

公子光说："我确实有伐楚之心，只是现在不得王位，每次奔赴战场，都无心恋战，总觉得针芒在背，不痛即痒，惹人难受啊！"

你不就是想先篡位，再攻郢都么？这还不简单！伍子胥说："我在江湖中也认识一些侠义朋友，公子倘若不嫌弃，我引荐一二，可做应急之需。"

公子光多么聪明的人，听伍子胥这么一说，就明白他要干什么了。

只是……伍子胥又犯难起来："公子可有预想好的计策？好依照计策，寻找合适之人。"

公子光示意伍子胥靠近，像电视剧演的那样，用手遮挡着嘴巴，对着伍子胥耳朵一番嘀咕，如此这般，伍子胥边听边点头。公子光说完之后，伍子胥施礼道："在下绝不负使命。"公子光说："善。"然后各自离开。这一幕就这么着算是结束了。

34

专诸烤鱼

伍子胥在公子光面前夸下海口，说什么自己在江湖中认识一些狐朋狗友，其实，他哪里认识什么人啊！即便有认识的人，也是远在楚国啊，离吴国十万八千里远。你以为那时候是现在呀，他伍子胥在中国，狐朋狗友在美国，打一个电话，或者发封电子邮件，那人坐飞机杀过来了。没那么简单。

伍子胥所认识的，只有专诸一人，这可是伍子胥到吴国结交的第一个兄弟啊。

现在到了千钧一发的关键时刻，找人还得找自己人，才比较靠谱。找个生手，一来不安全，二来难保成功。谋权篡位，要是不成功，那就等于是自己找死，又何苦费劲呢?

公子光对伍子胥嘀咕得相当清楚，尽管只有他们二人知道，但是相当明显，公子光想要谋权篡位，只有一条路可走，那就是刺杀王僚。于是，伍子胥立即启程，离开都城，去都城城门外的吴趋找专诸。

专诸正在家里吃饭呢，伍子胥找上门来，专诸显然有些吃惊。就问："大哥，怎么这么快就回来了，是不是遇到了什么麻烦事情？"

伍子胥说："我没事，吴国有事。"这句话说得着实有些分量，他伍子胥明摆着用的是激将法啊！他对专诸说："兄弟啊，现在有个做大事的机会，你干不干？和大哥我一起做一番大事业，将来保你飞黄腾达，吃香的喝辣的。到时候，把你老母亲也接到吴国都城去享清福，你也跟着我，开疆扩土，封侯封爵。"

专诸听着眼睛跟个万花筒似的，仿佛看到自己无限丰富多彩的未来。

伍子胥等着专诸答应。专诸说："大哥，你等我把饭吃完再说吧。"

伍子胥被雷倒，狂汗。说："兄弟啊，这都什么节骨眼了，你还惦记着这碗饭。"

专诸说："大哥，你这么说，我就不能苟同了，俗话说得好，人是铁饭是钢，一顿不吃饿得慌。全天下的人要是都不吃饭，那可怎么好啊？再说了，这是我亲自下厨做的番茄鸡蛋小黄鱼面，大哥，要不，你也来一碗？"

伍子胥说："好吧。"于是，伍子胥也来了一碗面，两兄弟边吃边聊。

专诸对伍子胥说："大哥，我要是跟了你去都城办事，那我老娘谁来照顾啊？"

伍子胥说："我知道兄弟你是个大孝子，这个我早就替你想好了，将老母亲接到都城来，我已经给你们安排了一处院落，你就别操心这个了。"

专诸说："哦。那我答应大哥，跟大哥一起做大事。"

伍子胥拍拍专诸的肩膀，说："真是我的好兄弟！"

要说这专诸，实在具备了三个武侠人物的特点，他有郭靖一般的呆傻，李逵一般的忠诚，鲁智深一般的侠义。而伍子胥呢，就是岳不群、宋江式的人物，算是枭雄了。

伍子胥把专诸引荐给公子光，公子光当然是高兴得不得了，自己多年期盼的谋臣和刺客，就这样轻而易举地得到了。但是他这个人，和伍子胥有点相似，就是疑心重。他想考考专诸，就问专诸："我听伍子胥说，你虽然是个勇士，但是不管在做什么，只要你母亲一喊，你就乖乖回家，可有此事啊？"专诸说："确有此事。"公子光说："这样做岂不是很矛盾吗？"

专诸脸色不变，说："公子啊，这一点也不奇怪，大丈夫能屈能伸，假如全天下他只能屈于一人之下，那表明他就能伸于万人之上。"

公子光哈哈大笑，说："不愧是伍子胥的结义兄弟啊！"伍子胥在一旁也惊了，心里嘀咕，行啊！专诸，我怎么就没看出来呢？你还有这等见识。公子光说："刺杀一事，我就拜托给勇士了。"

专诸施礼道："但凡刺杀某人，必须投其所好，这样才有百分之百的把握。敢问公子，王僚喜爱什么？"

公子光恍然大悟："嗯，对，你倒是提醒我了，让我想想。"公子光在专诸和伍子胥面前走来走去，摇头晃脑，专诸在一边干着急，心想，怎么想个事情跟私塾里的学生背诵课文一样啊！公子光脑瓜里突然"叮"地一声，就像聪明的一休想到了管用的点子，他对专诸说："王僚爱吃太湖烤鱼。"

专诸说："这下我就明白该怎么做了。"他对一旁的伍子胥说："大哥，专诸拜托大哥一件事。替我找到传说中的鱼肠剑，公子之事，就算成功了大半。"

公子光有些好奇，就问专诸："什么鱼肠剑？我怎么没听说过？"

专诸介绍，相传楚国铸剑大师欧冶子为越王打造了五口剑，分别为湛卢、纯钧、胜邪、鱼肠和巨阙。其中的鱼肠剑，剑身有一条鱼那么大小，因为他使用了赤堇山之锡，若耶溪之铜，经雨洒雷击，得天地精华，所以此剑锋利无比，可穿透盔甲，削铁如泥。

伍子胥听专诸这么一说，好像也有些记忆，似乎听老人说起过。据说此剑打造出来后，欧冶子邀请了善于相剑的薛烛给它看相，薛烛相剑能感应到剑的通灵，认为此剑暗藏杀机，不可服也。臣用则杀君，子用则弑父。而王僚素来小心谨慎，身穿三层铠甲，看来行刺于他，也只有这鱼肠剑了。

公子光跟听神话故事似的入了谜，觉得这鱼肠剑简直就是上天赐给他的。

于是命令伍子胥，全力寻找此剑。

随后，专诸去了太湖一家远近闻名的烤鱼馆，混进里面当起了学徒。一学就是大半年啊，专诸的标准是，没有最好，只有更好。因为你想啊，王僚要吃烤鱼，假如这烤鱼做得不到家，那极有可能露馅，如此一来，之前所做的一切，可都前功尽弃了呀！所以，专诸一进来，就比别的学徒学得快，学得精。

伍子胥则四处打探鱼肠剑的下落，但是三个月过去了，不仅一点进展没有，甚至连丝毫消息也没有打听到。他心里直犯嘀咕，会不会这鱼肠剑只是一个传说啊？假如原本就是一个子虚乌有之物，那我伍子胥就是有天大的能耐，也不能凭空找出来啊！

这天被离来伍子胥的住处游耍，说是伍子胥的住处，其实是公子光的府上，和伍子胥一起住在这儿的还有楚国太子建的儿子胜。游耍聊天之间，伍子胥说起鱼肠剑，被离有些好奇，就问："你找鱼肠剑有何用啊？"伍子胥说："好剑自然派到大用场。"被离说："唉，看来是天意啊！天意。"

伍子胥说："被离先生何故如此啊？什么天意啊？"

被离叹气说："实不相瞒，鱼肠剑为我多年收藏。这把剑说来也奇怪，一直沉静无事，可偏偏这几日，不时咕咕作响，而且夜泛红光，真是邪门。看来，它是想要为人使用啊！"

伍子胥喜上眉梢，说："果真有此剑？哎呀！被离先生，快引我去你府上欣赏。"

等来到被离府上，果不其然，鱼肠剑精灵小巧，而且红光乍现，甚是神奇。

伍子胥看了啧啧称叹，世间果然有如此神奇事物，看来真是天意啊天意。然后他又对身旁的被离说：“伍子胥请求借此宝剑一用，也算了却此剑的心事。”

被离心里说，你伍子胥真是编故事诳我，还了却此剑的心事，一把剑能有什么心事啊？我被离虽然是个好收藏之人，但对于神异之物，向来有戒备心理。它们身上仿佛有着千年的仇恨，万年的诅咒，尤其是这鱼肠剑，当年薛烛先生言其暗藏杀机，看来确实不假啊！于是，被离就答应了伍子胥。

如此一来，万事俱备，只欠东风。

公子光跃跃欲试，伍子胥更是急于报仇。

但天有不乖，事有不巧，由一棵桑树引发的血案，又将此二人的视线转向了别处。

35

界上之桑

公元前518年的三月，春天只是刚刚开了个头，冬天的尾巴还依稀可见。

住在吴国边邑卑梁（今安徽天长县西北）这个地方的养蚕女阿媛，一大早就起来，准备去采桑叶。因为这个季节正是蚕宝宝的育种期，所以要采集足够的桑叶，供给它们吃食，就像人一样，婴儿时期绝对不能缺衣少食。

卑梁这个地方，是吴国和楚国的边界，和它挨着的是楚国的边邑钟离（今安徽凤台县东北）。这个交界的地方呢，现今都在安徽凤阳县那边。但在当时，是两个国家分别占有的。安徽凤阳这个地方，既不算非常北方，又不算非常南方，在这里种桑养蚕，不像南方那边，水土优越。桑树都种植在卑梁和钟离两地交界的地方，供两地人民采摘。虽然两个国家经常战乱，但是两地百姓还算和谐，平常并没有什么大的纷争，大家生活各自照顾自己。

因为要走很长一段路，所以阿媛一大早起来，叫上哥哥、老爹、老娘，一家四口带上足够的干粮和茶水，背上箩筐，就去卑梁和钟离交界的地方采桑叶去了。

话分两头，钟离这个地方呢，楚国的养蚕女阿娇，同样一大早起来，来交界这个地方采桑叶，和她一起的还有她的两位哥哥和三位邻居。一行六人，有说有笑，虽然大清早的，还嫌有点凉气，但是走着走着，身体也就热乎了。从家里到种桑树的地方，大概有十里地的样子，六个人边聊天边玩耍，到太阳正热的时候，已经来到了地方。

还好今天人不是很多，阿娇心想，可以采集很多桑叶，够蚕宝宝们吃了。

但是，等他们到了桑树林里，发现桑树都被采摘得差不多了，偌大的桑树，上好的桑叶，只在高高的枝桠上，采摘起来非常困难。没有办法，六人又往里面走，阿娇突然听到前面有人说话，心想不好，被人抢占了先机。凑前一看，正是吴国来的阿媛一家。

所剩不多的几棵可以采摘的桑树，却被这吴国来的给霸占了。阿娇心里极为不服，这个时候阿娇的哥哥说话了，这些吴人真是可笑，整个国家都喜欢偷别人的东西吃，下面的百姓也不例外。这话被阿媛的哥哥听到后，气就不打一处来，心想，总该有个先来后到吧！我先来的，自然我要先采摘，就冲着阿娇的哥哥说："先来后到，甭在那儿乱嚼舌头。"阿娇的哥哥也不是善主，平日在乡里，也是出了名的小霸王，喜欢结交一些来路不明的人。因为年龄尚小，还不到当兵打仗的时候，也就是在家里闲耍，平时帮助家里做做农活而已。

阿娇的哥哥，不由分说，冲上前去，揪住阿媛的哥哥，用脚绊住他的后腿，用力一推，阿媛的哥哥就倒在了地上。这下，阿媛的娘亲和老爹就着急了。尤其是阿媛的娘亲，看见自己儿子受了欺负，哪里肯答应，平日在家里，连自己都舍不得打骂，总不至于让外人占了便宜，想着就抄起来担箩筐的木棒，趁阿娇哥哥不注意，照着头上就是一棍。

阿娇的哥哥当时就不省人事，头破血流。

一看情况不妙，阿媛这家人就胆怯了。而那边阿娇的另一位哥哥和三位邻居，更是恼羞成怒，一哄而上，两家于是厮打起来。所谓仇人相见，分外眼红，国仇家恨，新账旧账，干脆一起算了。三下五除二，阿媛这边全部被打倒在地。毕竟，双拳难敌四手啊。尤其是阿媛的娘亲，早已经瘫痪在地了，而阿媛也是身受重伤，倒在地上只是"哎哟哎哟"地喊叫，她哥哥更是惨不忍睹。唯独她老爹还算聪明，见情况不妙，先跑了。跑哪儿去了呢，一口气跑到卑梁邑衙门里，向卑梁大夫报了案，说："不好了，楚国钟离人杀到我们卑梁来了。"卑梁大夫一听，这还了得，当下发兵，攻打钟离。

钟离那边完全没有防备啊，本来相处得好好的，谁知道会出这样的事情呢。

所以钟离守军不堪一击。卑梁大夫攻打到钟离后，差人拿来闹事的阿娇一家人和三位邻居，问阿媛的老爹是不是这伙人，阿媛的老爹点头说是。于是，二话不说，“咔嚓咔嚓”，全部就地处死。

而钟离令尹此时已经离开钟离，奔逃到郢都，找楚王告状来了。楚平王是什么样的人啊？谁也不能犯我的冲，你勾引诱惑我可以，忤逆我就是不行。小小一个吴国边邑，居然这么嚣张，照这样下来，我楚国的边邑以后还怎么活人啊？楚王怒得拍案而起，发兵攻吴，夺回钟离，又杀进卑梁，将整个卑梁城洗劫一空，更别提阿媛的老爹，早就成了刀下鬼了。而阿媛、阿娇两家的蚕宝宝，估计也已经饿死了。这才叫采桑不成，一丢两命（人命和蚕命）。

消息传到吴国都城，王僚正在寝宫里吃太湖烤鱼，一听说卑梁被楚国灭了，还洗劫一空，火冒三丈。鱼在他手上，都被他的怒火给烤焦了。王僚大骂楚国这群土匪，传令公子光发兵攻楚。

公子光和伍子胥正在商讨刺杀王僚之事，被“界上之桑”这事一闹，也就没了心思。伍子胥听说这个消息，心里倒是挺得意的，终于可以开打了。公子光则是一百个不情愿，他太害怕打仗了，不是说怕打不过，而是怕万一自己命丧战场，那可真成了吴国最大的冤大头了。

但是王命不可违，即便可违，也不是现在这个时候。

于是公子光出兵伐楚，伍子胥随行。这一仗打得倒也顺利，收复了卑梁，又再次灭了钟离。公子光打到这里就想收兵了，但是伍子胥坚决不同意，他对公子光说：“我听说啊，楚国太子建的母亲就住在离钟离不远的居巢，既然我们打都打过来了，何不再把居巢也攻打下来，接太子建之母到我吴国，也好使得她与其孙儿胜团聚。”

公子光心想，这不是典型的囚禁人家楚国王室成员嘛！也罢，反正打也打来了。于是又挥师攻楚，灭了居巢。

伍子胥则顺利找到太子建的母亲,好言劝说,将其带到吴国与胜团聚。

这是伍子胥第一次亲身参与吴楚交战，虽然整个看起来轰轰烈烈，但是每次战争都是小打小闹。吴国兴起这么多年，并没有对楚国的实力造成本质的伤害。每次都是在楚国的一些边邑或者一些小的附庸国，做一些滋扰的小文章，如此一来，伍子胥还怎么指望吴国军队攻入郢都，生擒楚平王呢？想到这里，就不免惆怅。或许眼下之际，也只能帮助公子光杀了王僚，辅佐公子光即位，这样一来，自己肯定拜相封疆，在他吴国说话也就有了分量，然后再策划伐楚大业。总之，在我伍子胥有生之年，不杀进郢都，坏楚王室的宗庙，就誓不为人！

而对于太子建来说，伍子胥也算尽忠尽义。自从逃出郑国，伍子胥一直带着太子建的儿子胜，几乎成了他伍子胥的养子。伍子胥每日教他读书习武,并不时灌输他报仇立国的志愿。因为在伍子胥看来,有仇不报,难为君子，苟活人世，也是耻辱。所以太子建的儿子胜，从小就对楚国充满仇恨，尤其是对楚平王——他爷爷，更是恨到骨子里。虽然吴国待他不薄，吃得香甜，穿得暖和，但是不得报仇，心却越来越冷。不光他这个孩子如此，伍子胥更是如此。每过一天，他伍子胥就多尝一天耻辱。他在自己的住处，悬挂一幅字，上面写：“不忘父兄之耻。”以告诫自己，报仇雪耻，否则此生枉为人。

36

坐泣于室

时光飞逝，转眼到了公元前516年，这天晚上，伍子胥做了一个梦：

他正在睡觉，突然听到卧室门窗有些响动，就醒过来起身去开门。还没来得及打开呢，一阵风过来，吹开门窗，门外赫然站着一只生有翅膀的大鸟，它不叫，浑身的羽毛都是白色的。见伍子胥出来，那只鸟很温顺地伸了脖子示意他骑坐上去。伍子胥也没多想，就很好奇地骑坐在大鸟的身上，双手紧抱大鸟的长颈。大鸟两只翅膀，扑扇着飞了起来。

从地面飞到天空，伍子胥看见白云原来都是棉花做的，被大鸟的翅膀一扇，全都散乱开来，他的周围全是棉花，什么也看不见。又继续往前飞了一会儿，天空一片湛蓝，他于是往下面看，哈！竟然是楚国的郢都，他居然还能看见自己的家，虽然自己的妻子还守在那里，但是家园已经破落不堪了。

大鸟没有停下来，继续往前飞。啊，看见楚平王了，还有秦女以及他们的儿子，他们好不快活啊。还有费无忌，这个卑鄙小人！伍子胥气得脸部肌肉紧绷，用力往下坠，示意大鸟降落，于是大鸟果真降落下来。

楚平王他们吓了一跳，从来没有见过这么大的鸟。费无忌居然还对伍子胥施礼，问仙人从何而来？伍子胥哈哈大笑，说："你个废物，你难道不认识我了吗？"费无忌揉揉眼睛说："在下愚昧无知，不认识仙人，请仙人恕罪。”伍子胥觉得奇怪，正要说话，见楚平王兴高采烈地过来，他似乎也想骑坐大鸟去天空飞几圈。但是大鸟明显不喜欢楚平王，就躲着楚平王，楚平王就很生气。正在这个时候，大鸟“嘎嘎”地鸣叫起来，还用它那尖尖的嘴来啄楚平王，追着他四处跑。伍子胥看了，哈哈大笑，觉得楚平王逃跑的样子太滑稽了。

大家都在笑的时候，大鸟突然变成了一只黑色的恶龙，一口将楚平王吞了下去。

这下吓得所有人都四处逃窜，伍子胥也四处逃窜，但是他跑呀跑呀，怎么也摆不脱那只恶龙。再往前面，竟然是一块沼泽，伍子胥跳进去，越陷越深，最后不能呼吸了，他于是强力挣扎，直到苏醒。

伍子胥睁开眼睛一看，真是所谓如梦方醒，那么惊险的事情，却原来是一场梦，跟真实发生的一样。而太子建的儿子胜，此时正在自己的卧榻旁边，一脸惊诧地看着自己。胜问怎么回事？伍子胥叹了一口气说：“只是一场梦。”胜又说：“我来正要告诉大大（相当于养父，北方方言的称呼）一件事。”伍子胥从卧榻上坐起，用手托住脑袋，说：“什么事啊？”

胜沉沉地说：“楚平王昨天晚上病死了。”

“什么？！”伍子胥像是被这个消息刺激到了最关键的一处神经，他显然不相信这是真的，他也不希望这是真的。“你刚才说什么？”伍子胥眼睛圆睁着，质问胜。

胜又说了一遍：“楚平王昨天晚上死了。”

伍子胥“啊”地一声，居然从卧榻上摔下来，头发也散乱了，看上去像是一个惊魂未定的幽灵。伍子胥呀伍子胥，他自己喊着自己的名字，一边以手捶地，因为用力过猛，手都砸出了瘀青。

胜看在眼里，急在心里，赶忙上前阻拦。

伍子胥看着眼前这个已经长大的孩子，心中无限感慨。

他稍稍坐起来，对胜说："楚平王一死，我们报仇的心愿就不能完全实现了。"

有人可能要问了，伍子胥为什么这么说呢？很显然，伍子胥要的并不是楚平王死，而是要楚平王死在自己手里。所谓亲手血刃仇人，仇人自己死，跟自己让仇人死，是完全不同的。

但为了不丧失斗志，他又对胜说："楚平王虽然不在了，但楚国还在，我们担心什么呢？"

胜沉默不语。

等胜离开之后，伍子胥在房间照镜子，看着自己那张老去的面孔，看着自己满头的白发，心绪难平，心中念叨着父兄的名字，有说不尽的苦楚，道不完的伤痛。眼睁睁地看着楚平王自己病死，自己却未能及时报仇，这对于伍子胥来说，实在比千刀万剐还难受。

越想越委屈，越想越耻辱，越想越难受，伍子胥平生第二次哭了起来。第一次是在逃亡的路上，在旷野之中，得知父兄罹难，伍子胥落泪，但也只是落泪，因为当时想的还是报仇雪恨。而现在呢，楚平王已死，一切都不再那么完美，不论自己怎么报仇，都不能听到楚平王求饶的呼喊，不能看到楚平王死时的表情。他伍子胥头一次感觉如此绝望，坐在房间里哭泣不止，心绪难平。

当晚，伍子胥急匆匆地来见公子光。话说，这一整天，伍子胥水米不进。

公子光一见伍子胥就知道了他要说什么，没等伍子胥开口，公子光就说："我已经知道了，楚平王已死。"

伍子胥说："我来，正是要告诉公子此事。"

公子光说："有什么说法吗？"

"有，当然有！"伍子胥说，"楚平王死，楚国政权现在是新旧交替，国体不稳。此时正是我吴国全力攻楚的大好时机啊！”

公子光明白伍子胥此时急切攻楚的心情，但是公子光想的并不是攻楚之事，他想的是另外一回事。公子光说：“子胥啊，我已经厌倦这样子打仗了，我不再愿意为王僚去打仗，我想打自己的仗，赢自己的天下，得自己的威信。”

伍子胥恍然大悟，哦，原来公子光还在惦记着谋权篡位之事，就像自己随时惦记着攻楚克郢之事一样。而且自己也只能依靠公子光，才能真正实现对楚国奋力一战，攻克郢都。伍子胥眉头一皱，计上心来，对公子光说：“这是吴国伐楚的大好时机，也是公子谋取大事的最好时机。”

公子光说：“怎么说？细细讲来。”

伍子胥“喏”了一声，说：“公子可借楚平王之死，建议王僚伐楚，而且此次出征，公子千万要借故推辞，这样一来，王僚就会选派他的两个亲弟弟，亲自统率出兵伐楚，此为第一计也。第二计，公子请求王僚派出你四叔季札出使晋国，安抚北方各诸侯。至于这第三，我想我不说，公子也应该明白了吧。”

公子光大喜，拍手称快，但仍表示不明白。

伍子胥牙齿都气掉了，问他哪里不明白？

公子光说：“第三计，我已经明白（设计刺杀王僚）。只是第二计，何故让我四叔出使晋国呢？”

伍子胥说：“你四叔季札，乃吴国王位之真正传人，只要他季札还在吴国，不管谁谋权篡位，都是犯了僭主之罪。为了防止这样的麻烦，我们必须得支开季札，支得越远越好。这样一来，等季札回国，生米煮成熟饭，他也不能奈何了。”

公子光这次真的大喜，彻底拍手称快，大叫妙计！

但他又说：“再说我四叔季札，也不是那种好争名夺利的人，即便他在场，顶多也就是骂我几句，也不会怎么着。他可是让位让出名来了，总不会到现在了，还跟我们这些侄儿辈的人争王位吧？那样的话，我四叔可是晚节不保了呀。”

伍子胥点头说是。

这个时候，已经是凌晨了，公子光留伍子胥在餐厅吃夜宵。

伍子胥吵着闹着要喝酒，一来庆贺楚平王之死，二来预祝连环计顺利，三来大丈夫怀抱家仇，今夜只图一醉，所谓何以解忧，唯有喝酒。那就喝吧！今朝有酒今朝醉，不管明日多烦忧。多烦忧、了恩仇，从此天涯四海，任遨游。

37 季札使晋

公子光觐见王僚，王僚还在那里吃烤鱼呢。

公子光过去就笑着说：“大王还在吃鱼呢？”王僚一见公子光过来，就招呼说：“堂兄快来快来，尝尝这鱼怎么样？”

公子光于是过去，尝了一口，说：“恕臣直言，这鱼做得并不地道啊。”王僚惊讶地说：“哦？怎么个不地道法，你说说？”

公子光解释，味道虽然香美，但细细嚼来，略显生涩，这个呀，应该是杀鱼的时候，杀得不干脆利落导致的；肉质呢，倒也不错，只是有些生硬难咽，这个应该是烤鱼的时候，火候过于谨慎所致；其三，地道的太湖烤鱼，鱼皮皴然如衣，这样啊，为了方便那些爱吃鱼皮之人。因为民间常说，烤鱼的味道，尽在皮肤的纹理之中。但是这只烤鱼，鱼皮破坏得太厉害了，这个啊，应该是烤鱼的时候，翻炒用力过猛所致。

王僚称快，妙呀妙呀。没想到堂兄也是品鱼的高手啊！

公子光登时脑瓜子“叮”了一声，所谓时不我待，何不如此如此、这般这般。

于是公子光对王僚说：“大王如不嫌弃，过些天，可到臣家中吃鱼，我那里请了太湖来的师傅，做得一手地道的太湖烤鱼，味道极佳啊！”

王僚连声说好。听说烤鱼师傅越来越难找了，很难找寻到正宗的传人啊，我派人出去找寻大半年了，竟然没有找到一个地道的。堂兄这么说，我真要去府上品尝品尝，看看是不是真的地道。

公子光心中窃喜（公子光窃喜缘由，参看下一章）。

公子光窃喜完了之后，施礼道：“臣昨晚上得到确切消息，楚平王死了。”

王僚哈哈大笑：“这老家伙，活得也够岁数了。”

公子光说：“大王何不趁这个机会，举兵伐楚呢？此时正是楚国政权新旧交替的时候，他们都忙着奔丧，国体不稳，民心不安，当此时机，我吴国如果举兵伐楚，势必事半功倍。”

王僚这回多了个心眼，哦？你公子光又想来请战立功啊，你小子现在在外面的声望，几乎都快盖过我了，我之所以派你征战，就想着好有不测于万一，谁知道你老打不死，真是傻人有傻福啊。这次这么好的机会，我可不能再留给你了。倘若你趁此机会，攻入郢都，那你这小子势必功高盖主啊。不行，这次我得找我的兄弟上前线，功劳不能留给外人啊！

王僚想好之后说：“不错，你说得有道理。这样吧，你让我好好想想，明日朝堂自有分晓。”

公子光说“喏”，施礼告退。

第二天朝堂之上，王僚正襟危坐。

问公子光烤鱼之事，却不提出兵伐楚，公子光只得回答：“大王放心，我已经安排好，三日后，大王可到我家中吃烤鱼。”王僚说：“太好了，知我者，堂兄也。”

公子光憋不住，就问起王僚伐楚之事，王僚说：“哦，我已经安排好了，差点忘记跟你说了，我派了兄弟盖馀、烛庸去，明天就出发。这回堂兄就好好在家休息吧，我还想去堂兄家里吃烤鱼呢！”

公子光连连说是，心里却嘀咕，你这小子，还防备着我，老子压根不想打这场仗。

接着，公子光又说：“大王，为了万全起见，我觉得有必要派我们四叔出使北方诸侯，探探他们的口风，另外也好顺便安抚他们，以免节外生枝。”

王僚说：“堂兄考虑周全，说得太对了。”

于是，下令延陵季子，出使晋国，也好两国协同作战，共同对付楚国。

远在延陵种庄稼的季札，才叫受了牵连呢。

心说，我好好地种庄稼，你们打个仗，关我甚事啊！

但是，话又说回来，你季札不当王也不做官，一介平民，那还不是唯命是从啊，有什么可争辩呢？没得办法，季札奉命出使晋国。还是沿着当年的老路。

到徐国的时候，季札特意去拜祭了徐国老国君徐某人的墓。

这一年，季札也已经过六十岁了，垂垂老矣，已经不是当年的风华岁月了。

所以一路走来，停停歇歇，十分缓慢。

等季札走到齐国的时候，已经是公元前515年的四月了。

啊！又是一个春天。季札感叹道。

当天季札见了齐国国君，见了老友高昭子，晚上回到驿站休息。正要睡的时候，听到了敲门声，差人开门一看，只见一个脸面黑不溜秋、个子矮小、身体微胖的年轻人在自己的门外，引其到内屋。季札问他姓名，来人报说，姓孔名丘，乃鲁国逃亡在外的臣子。

季札就说："我和你素不相识，不知你深夜来访，所为何事啊？"

孔丘说："我乃鲁国逃亡之臣，在齐国待了有半年多了，借住在高昭子家中。今天因为听高昭子说，有吴国大贤之人前来拜访，没有见上一面，甚觉可惜，本来想明日一早再来拜访，但担心来不及而错过，所以晚辈不胜冒昧，特意此时前来拜访，为的是一睹先生之风采，进而求教一二。"

孔丘啊，就是孔子，这一年刚好三十五岁，正当壮年。

这一年呢，鲁国的国君鲁昭公和下面一个有权势的臣子玩斗鸡，结果鸡没斗成，两个斗鸡的人斗起来了。那个臣子一时气不顺，就发动了政变，鲁昭公胆小怕事，就逃亡到齐国来，躲避一时。孔子呢，儒家嘛，历来忠于正统，所以也跟着来了齐国。

孔子一番讲述之后，季札说："哦，你的大名，我在南方偏远之地都已经听说了，年纪轻轻就有这等才学，实属难得啊！我已经是老朽之人了，哪里敢谈什么教诲啊，我没什么可教给你的，你只要做你自己就是了。"老话不是说嘛，叫做"学者为己"，所谓"为己"并不是自私自利，只为自己着想的意思，现在各个诸侯王们，做的就是自私自利的事情。"为己"的真正意思，是要学习的人做自己，按照自己的思想，找到自己的位置。而教育的意义也是一样，每个人有每个人之天赋禀性，其他任何人都不可漠视不可蔑视，每个人都是不可替代的啊。

孔子施礼受教说：“先生不主动教育我，我已经被教育了，更别说先生主动教育我了，那样的话，我孔丘必然有更多的不及啊！”

季札说：“哪里话，我这只是随感而发，想到哪儿说到哪儿而已。”

随后，孔子又向季札请教了音乐。这也难怪，上次出使北方诸侯，季札鉴赏音乐的故事，传播得太广泛了，可谓深入人心。季札呢，也只得对孔子说了实话：“其实啊，我季某人并不懂音乐，只是我懂世故人心罢了。所谓太阳底下，永无新事。只要跟人有关的，推己及人，总是八九不离十。”

孔子听言，牢记在心，感同身受。

两人就这样，彻夜长谈，直到天亮。

季札是困得不行啊！你想啊，鞍马劳顿，能不累嘛。但是碍于青年才俊登门拜访，再累也得死撑着。第二天早上，孔子拜别。季札和随从们，收拾东西，准备驱车前往晋国，季札打算在旅途中好好睡一觉。

就在车子要出发的时候，吴国这边信使来到，交给季札一封书信。

是吴国的一位大臣写来的，季札展开信函，上面写道：

“王僚死，公子光自立，请速回。”

季札痛心疾首，骂道，这群崽子，怎么这么急功近利呢？就不能好好安生过活吗？晋国也不用去了，立即命令随从们，日夜兼程，赶回吴国。

38

专诸刺僚（上）

季札走后，吴国国内到底发生了什么事呢？

让我们从伍子胥开始说起。

伍子胥在王僚发兵的头一天，就来见公子光，和他一起的还有专诸。

三个人再次来到位于公子光会客厅地下的密室之中，伍子胥对公子光说：“现在王僚把他的两个亲兄弟派出去攻打楚国，你四叔季札也出使晋国去了，王僚孤掌难鸣，这正是我们下手的好机会啊！”专诸也附和着说：“是呀，公子，此番谋事，我有百分之百的把握。”

公子光说：“两位不要着急，我还要等楚国那边的情况，以确保万无一失。”

伍子胥急了：“公子到底要等什么？”

公子光不慌不忙地说：“此番伐楚，我已经密报给了楚军统帅，他们会在吴军出发后第三天，截断吴军的后路，来个瓮中捉鳖。到那时，才真正是万无一失，王僚才是真正的孤立无援。而且你们两个还不知道，因为此番出兵，王僚怕我抢了功劳，故意不让我打仗，为了安抚我，他答应后天来这里吃烤鱼，到时候，专诸就看你的了。”

专诸对公子光说：“尽管放心，一切照计划行事。”

伍子胥听了，暗暗称赞，心里说，公子光呀公子光，你可真够毒辣的啊！

而另一边，吴王僚的两个亲弟弟，盖馀和烛庸，率领了大队人马，秘密行军。

到了吴楚边界，发现楚国守军完全是不堪一击。他们兄弟俩顺利地拿下了边邑，并向楚国腹地进发，两兄弟心想，这下可算是立下大功了啊！欢喜雀跃之情，自不必说。

离开吴国，约莫百里，有探子来报说，前方到达楚国重镇，有重兵把守。两兄弟于是下令安营扎寨，准备对战。可刚下了安营扎寨的命令，营帐都还没有支起来呢，就又有探子来报，说吴军中了埋伏。原来啊，兄弟俩每攻打下来一个地方，就派兵士把守，谁料想呢，楚军不是不能打，而是早早就得了消息，沿路干脆来了个空城计，只留下一些老弱残兵。盖馀、烛庸兄弟俩实在是大意，竟然完全没有察觉，结果中了人家的计策，成了瓮中之鳖。

如此一来，是进也不是，退也不是，被夹持在异国他乡，苦不堪言。

而此时的王僚呢？正在赶往公子光家的路上，他迫不及待地想去吃太湖烤鱼，还以为这次他算计了公子光一把，而绝然没有料到公子光已经布下天罗地网，正准备拿他。

在出发之前，王僚的母亲把他叫到面前，问他怎么回事？

王僚说，去公子光家里吃鱼，说是太湖地道的烤鱼师傅。

王僚的母亲就有些不放心，说："儿啊，你对公子光到底了解多少呢？"

"了解多少，我也不知道，"王僚说，"只是觉得，他虽然对我有些硌应，但是还算忠诚吧。"

"哼，知人知面不知心啊！"王僚的母亲说，"按照周王室礼制，本来他应该继承王位，现在你做了吴王，难保他有些不快活。但是为娘见他这么多年，南征北战，也并未有些许怨言，如此一来，我就更加担心。"

王僚说："为什么？"

"你想啊，"王僚的母亲说，"一个本该有所反应的人，却一直没有反应，这也就算了。反而一反常态，对你十分忠诚，将近十年，讨伐楚国，九死一生，都是他领兵打头阵，竟然毫无怨言，这样的人，难道不值得提防吗？"

"小心驶得万年船，这个道理孩儿是懂得的，母亲尽管放心吧。"王僚有些不耐烦。

见儿子有些不悦，做母亲的也没再多说什么。本来嘛，儿子已经长大了，而且又是一国之君，他自然有他的主意和打算。当母亲的，多说无益，也无非是叫他多多提防而已。至于事情本身，还得靠他自己去解决。

从母亲房中出来，王僚仔细想想母亲说的话，虽然不免有些杞人忧天，但绝非毫无道理。况且现在自己是一国之君，凡事小心谨慎，就不至于出错。于是，王僚又回到自己的房中，脱下简单的便装，换上了匠人用棠溪之铁打造的三重铠甲。

什么叫棠溪之铁啊？有本书叫做《战国策》，里面提到，春秋时候的兵器都出自棠溪这个地方。可见棠溪这个地方不仅是出产好铁的地方，还是打造兵器的地方。棠溪，在现今河南西平县。司马迁老先生在《史记》里更是吹得神乎其神，说棠溪之剑，"陆断牛马，水截鹄雁，当敌则斩坚甲铁幕"，这几句说得如此流畅，我想不用翻译成白话文了吧。再说了，我也翻译不好，哪里有人家老前辈写得有气势啊。可见棠溪铁质的优越，也可见王僚的小心谨慎。

穿戴整齐之后，王僚选了二十名精锐勇士，贴身护卫，然后才算放心。

来的路上，王僚想的不是公子光，而是两位兄弟，他们虽然不是第一次出征了，但是很明显，这两位都没有他公子光狡猾奸诈。公子光征战数十年，性命无忧，但是并不见得盖馀和烛庸他们两个也安然无事啊。

王僚越想越担心，就自言自语地祈祷起来。

从王宫到公子光的府上，并不算远。况且王僚一直在想事情，所以很快就到了。

大老远就能看到，公子光府上张灯结彩，装扮得像过节一样，王僚心里说，有这个必要吗？他公子光有点小题大做了吧？不就是吃一次鱼嘛，这样弄，以后我可不敢来他家了。整个一结婚拜天地的场面，就差敲锣打鼓了。

他哪里知道，在这个热闹异常的大院里，有一个惊天的大阴谋，正在紧锣密鼓地进行着。他们配合得严丝合缝，外人毫无察觉。每双眼睛，都在盯着王僚的一举一动，空气中都充满了仇恨的味道，就像火药的味道一样，只是火药的味道，只能在战场上才能嗅觉到。但是王僚就是王僚，现在的他，仅仅是一个太湖烤鱼爱好者，这么单纯、这么孤单，他甚至想不到，就是这鱼，他最终也没有吃到，真是太伤自尊了。

39

专诸刺僚（下）

公元前515年，四月。

整个吴国沉浸在春天的气息之中。

此时，对于那些平民百姓来说，正是一年之中最好的出门游玩的时间。

所谓春风和暖，万物更新，人间胜景，唯有吴越。哪怕是一天之中的晚上，也透着难得的凉快，亲朋好友一起去酒馆喝酒谈天，或者去河边与爱人幽会，都是那么惬意和美好。让人觉得，在这样的时候，这样的季节，犯下什么样的罪过，都不为罪过，毕竟这就是人间啊！

公子光这一天的状态，用“心事重重”显然不够恰当，用“成竹在胸”又显得他太过于自信了，那么“忐忑不安”呢？也不确切，他比任何人都明白自己要做什么，以及自己这么做会有什么样的后果。有句成语叫做，箭在弦上，不得不发。我觉得比较适合公子光这一整天的状态。现在的他，已经被自己的计谋推上了不归路，要么不做要么做绝，迟疑犹豫就是自杀。再说了，他公子光会迟疑犹豫吗，绝对不会的。公子光的嫉恨就像伍子胥的仇恨一样，只能随着时日越来越深、越来越重，而不是减少减弱。

差不多十年了。

他做梦都在等着这样的一天。曾经多少个露宿沙场的夜晚，公子光觉得自己的性命悬于一线，随时都有可能掉脑袋，但是只要他一息尚存，就绝对不忘杀僚即位，自立为王，这仿佛成了他活着的唯一目的。起码在没有得到王位之前，这就是他活着的唯一目的。就像伍子胥没有报仇之前，报仇，亲手血刃楚平王，就是他唯一的目的一样。而现在楚平王死了，灭掉楚国，就是他伍子胥的又一目的。总之，对于这般心怀恨意的人，每个阶段都有一个终极目的，不达目的誓不罢休，不达目的耻于为人。

公子光的心一直紧绷着，直到见到王僚，和他一起走到会客厅，公子光的心反而轻松下来，仿佛接下来即将发生的一切都会顺理成章。要说他没有丝毫的畏惧，那肯定是在吹牛、在说瞎话、在夸张，实际情形是，公子光就像守株待兔之人一样，现在看见兔子了，总比只有一个死木桩要好得多。所以，单单是从脸面上，你是看不出任何的破绽的。

一番聊天过后，王僚急不可耐地要吃烤鱼。公子光传令下去，厨房那边，专诸一身厨艺，手段娴熟。他莫名其妙地有一种快意之感，他预感到这将是他平生做的最好的一味佳肴，可惜被派上了这样的场合，不能好好品尝了。一边做鱼，专诸还想到自己的老娘，之前伍子胥答应，假如稍有不测，伍子胥将视其为亲生父母一般看待。专诸相信伍子胥绝对能办到，他非常放心。他想过要跟随大哥驰骋沙场，但是没想到会这么快这么直接，就要去拼命了。但是罢了，大丈夫生此一世，倘若不是快意恩仇，那也应该是勇敢侠义，自己这两个都占了，也知足了。

而此时此刻，伍子胥正在公子光的府邸周围，带领百名锐士，将府邸团团围住。

他不能出现在王僚面前，所以只有在暗处，等待着公子光与专诸的好消息。

烤鱼终于做好了，专诸总算松了一口气。

他端着烤鱼，来到会客厅，用余光打量着整个会客厅的人物布局。

在他正前方，是公子光，左边是王僚，身后还有两名手拿长剑的锐士。

而在会客厅两旁，则站立着公子光府上的十名兵勇，两排各站五名。

专诸慢步上前，将烤鱼先摆在王僚和公子光的面前，放置好以后，再叩头。

王僚喊他起来，问他哪里人，叫什么名字。专诸答道，是太湖人，名为专诸。

王僚笑起来，说："专诸，好名字啊，专注烤鱼！哈哈，难怪我堂兄称赞你好手艺呢。"

正在说话的时候，王僚突然拿鼻子嗅了起来。专诸吃了一惊，不至于吧，我要杀你，你都能闻得到，还是嗅到了鱼腹中鱼肠剑的味道，一种呼唤着血腥的铁器的味道？

没有，不可能！怎么会呢？他王僚是品鱼的高手，他哪里嗅觉得到剑的味道呢，专诸在心里对自己说。

王僚说："好味道！我已经迫不及待地要尝尝这烤鱼了。"

公子光立即命令专诸为王僚擘鱼。

其实呢，太湖烤鱼，要自己动手擘开才有意思，但是贵族人家，觉得这样吃鱼，有失斯文，一般都是让烤鱼师傅擘开。

王僚都要流口水了。

专诸不慌不忙，慢慢地将一些多余的鱼刺挑出来，然后又慢慢地将鱼擘开。这整个过程都那么有节奏，仿佛时间的脉搏一时跳动得慢了，仿佛所有人的脉搏，在这一刻，都变成了专诸脉搏跳动的节奏，咚、咚、咚……

要一举成功，绝对不可失手。要用上全身之力气，给其致命的一击。要刺穿那棠溪之铁打造的三重铠甲，要让这鱼肠剑，直插王僚的心脏，饮到王僚的鲜血。

是时候了。

专诸擘鱼的手，触摸到鱼肠剑，摸索到剑柄的位置，紧紧握住。

此时，时间像被开了闸的洪水，从刚才的缓慢，一变而为斗急。专诸手持鱼肠剑，一个箭步直冲而上，在一阵细碎的鱼肠剑刺透棠溪之铁的悦耳"叮当"声响中，专诸将剑插进王僚的心脏，"噗"地一声。

直到此时，王僚急于吃鱼的心情还在，他一脸期待地看着专诸，看着专诸的剑刺进自己的胸膛，看着眼前这个所谓的地地道道的太湖烤鱼师傅。他甚至都没有丝毫的疼痛之感，因为专诸刺杀得太突然、太快速了。仿佛雷电一般，一切戛然而止。

时间停止了约莫两秒钟。

王僚"啊呀"一声大叫，王僚后面的两位贴身侍卫，挥舞长剑，砍杀专诸，专诸当场毙命。

会客厅两旁公子光的侍卫，蜂拥而上，将王僚的两位侍卫击杀。

而伍子胥听到动静，带领一队勇士，将其余王僚侍卫，全部斩杀。

一场刺杀风波，就这样如一阵夜间春风，拂面而过，仿佛什么都不曾发生一般。

40

阖闾即位

上接第三十七章。

季札一行风尘仆仆赶回吴国。

公子光早已经自立为王，史称阖闾，也就是夫差他爹。

为了表示对四叔季札的尊重，公子光对季札说："四叔，我这个王位让给你吧。"

季札一阵苦笑，说："你得到这个王位这么不容易，现在我顺手牵羊拿过来，我哪里坐得安稳啊！我季札对王权富贵，视若漫天浮云。我不稀罕这个王位。"

令季札感到尴尬的是，当初派自己出使北方的人，现在已经不在了，自己好不容易跑回来，居然无法复命，这是他这一生做得最窝囊的一件事，不经意就成了权力争夺的砝码，被人利用，实在是最痛苦的事。

季札越想越不是滋味，就去王僚的墓前哭泣，说："你四叔我虽然没能去成晋国，但总算不辱君命。”好个君子啊，人家都死了，你却还在为自己的声名计较呢，试问，躺在地下的王僚，哪里会在乎你季札是否完成君命呢？他即便地下有知，也是一个冤魂恨鬼，怨恨他堂兄公子光，根本顾不上你季札啊！

回过头来再说王僚的两个弟弟，盖馀和烛庸，听说了国内公子光乱政，杀死了哥哥王僚，本来就已经是瓮中之鳖的两个人，再也无心恋战，大难临头一般，纷纷弃军而逃。为了保全家族血脉，两个人分别逃往不同的方向，盖馀去了徐国，烛庸去了钟吾。一直到公元前512年，吴王阖闾借故讨伐徐国和钟吾，两个国家不敢收留他们二人，被逼无奈，二公子逃往楚国。楚国以隆重的礼节接待了二人，又赐给了他们封地。嘿嘿，这敌国之间就是好玩啊，你有仇的我就收留，你待见的我就讨伐，真是水火不容。传说这两支后裔后来改姓为盖馀氏和烛庸氏，同为吴姓的分支。

虽然说阖闾即位手段并不光彩，但他却是一个有着雄才大略之人。

一上台就打算推行仁政，哪怕只是名义上的仁政，起码让本国人民知道，我阖闾是个大大的好人啊。这似乎是历来政治的惯例，正儿八经上台的，都成了暴君；反而是阴谋篡位的，成了仁君。老话不是说么，人言可畏，不得不畏。既然你得到现在这个王位，所用手段是这么的凶残，对待自家兄弟尚且如此，谁还能指望你给平头百姓们谋福利呢？不光底下的老百姓这么想，伍子胥也是这么想。所谓害人之心不可有，防人之心不可无啊。伍子胥是谁啊？满腹的冤仇血恨、麻木不仁。但是看见阖闾比自己还有手段，不免有些担心起来。

这一天，阖闾叫伍子胥过来，商量国家大事。阖闾说：“老伍啊，你看现在我们该做的也都做了，国家还是要发展啊！前面我们做了一些见不得人的事情，现在得平衡一下，要底下的人对我们有个好的口碑。你看看该怎么办？”

伍子胥心里直犯嘀咕，想历来的大王，都不愿意臣子知道他做的坏事，因为他害怕大臣掌握他的把柄，图谋不轨。既然阖闾连自己的亲兄弟都敢杀，何况我一个从楚国逃亡过来的不靠谱的愤青呢！想到这儿，伍子胥居然抽泣起来，当场给阖闾跪下，声泪俱下地说：“我啊，不过就是一个楚国的逃犯。父亲和哥哥都被杀死了，还得不到亲人的埋葬，灵魂也得不到亲人的祭祀，无法安息。我背负着这么多的罪责，投奔大王你，只希望你不要杀我就心满意足了，哪里还敢议论国家大事啊。”诸位看官，你看这伍子胥楚楚可怜的样子，难道他真的不想参与国家大事吗？鬼才相信呢。他呀，这是表演给阖闾看。意思是说，你既然连你的亲兄弟都敢杀，我在你眼里，又算得了什么呢？你不会什么时候，也把我杀了吧？阖闾多聪明啊，一眼就看穿了伍子胥的把戏。好家伙，你对我有戒心啊！

阖闾把伍子胥搀扶起来，说：“如果没有你啊，说不定我现在还在楚国的战场上厮杀呢，或许死了都没人知道。如果没有你啊，我不可能得到王位，更不可能这么顺利地坐稳这个位置。我现在正是需要你的时候，你怎么说出这样的话呢？”

伍子胥单刀直入，说：“我听说啊，凡是给主子出谋划策的大臣，当他的主子危难的时候，他就是安全的。可当他的主子安全了，他就显得多余了，他的处境也就变得危险了。”

阖闾哈哈大笑说：“原来你是担心这个啊。先生放心，我即日提拔你为外交大臣，代表我吴国去北方各诸侯国巡走一遍。我要让全中国的国君都知道，你伍子胥是我阖闾尊贵的大臣，我阖闾绝不会做对不起先生的事。”

伍子胥总算吃了一颗定心丸，长出一口气，叩谢了阖闾。

阖闾对伍子胥语重心长地说：“我如果没有先生，哪里还有人与我畅所欲言呢。况且我吴国，地处偏远，尤其是东南地区，地势艰难，空气潮湿，还有长江水患，好多田地无法垦种，我是真不知道该如何是好啊！”

伍子胥想了半晌说：“我听说治国的要义在于安民，民安天下大治，无往而不胜啊！”阖闾的小心脏进行了一次蹦极，心里说，你扯这些课本上的话有啥用啊！我现在需要的是实际的手段，没有实际的手段，什么话都是白搭。

阖闾不耐烦，说：“可有什么具体的办法？”

伍子胥继续沉思了半晌，说：“从现在这个局面来看，吴国刚刚经历一次内患，目前最要紧的是调息，以恢复精气。我觉得，当下之急，在于筑城。”阖闾一听，点点头，总算说到正题上来了。伍子胥接着说：“筑城有三大作用：第一、安全防备，军事堡垒；第二、囤积粮草，丰富实力；第三、保卫人命，让人民安心生活。”

阖闾拍手称快，说：“果然好手段，就这么定了。”

有人可能想不明白了，阖闾给伍子胥一个外交大臣，这不是一个闲职么，这不等于是把伍子胥给外放了呀？这一点必须澄清，外交大臣对于吴国而言，可不是闲职啊。那是露头露脸的职位，想当初申巫臣的儿子狐庸一开始也是做外交大臣，但是没过多久，就当上了吴国的宰相。阖闾让伍子胥去当这个外交大臣，也是这么个意思。让伍子胥去北方各国露露脸，结交点国际关系，然后回来当吴国的宰相。所以阖闾对于伍子胥那还是诚心诚意的。

41

子胥造城

话说阖闾把吴国都城的城市设计全权交给了伍子胥，他嘱咐伍子胥，一定要在吴国都城的城市设计理念里，体现出上天的旨意和吴国的未来。

伍子胥领命，然后派人观察土地，探测水文，参考上天，效法大地。这吴国的都城啊，就是现在的苏州。据说伍子胥建造的吴国都城，城墙周长达四十七里，光是陆路城门就有八个之多。所谓四面八方，无所不备，用来象征天空中八个方向过来的风；水路城门又有八个，用来摹仿大地边缘的八个方向。所以整个吴国都城，一共十六个城门，可谓水陆齐备。这还不算，伍子胥又建造了小城，也就是内城，周长十里。陆路城门有三个。为什么只有三个呢？又是哪三个呢？西，南，北。唯独东门，常年封堵，不予开启。要知道吴国的东面，就是越国。吴国把东面的城门封堵了，意思是堵塞越国的明智。你说这是迷信也好，讨吉利也罢，反正吴国人民相信风水，觉得只要把吴国都城的东门封堵了，越国的气息就不会顺畅。

在城门上的讲究，远不止此。

伍子胥吩咐工匠设置了两个完全是象征意义的城门，分别是阊门和蛇门。阊门位于西北，蛇门位于东南。很显然，这是一个政治的象征。因为在吴国的西北方，是死对头楚国。而在东南方，是刚刚兴起的越国。阊门连通上天之气象，蛇门接壤大地之神韵。阖闾想向西攻破楚国，所以又把阊门叫做“破楚门”，你瞧瞧，目的多单纯啊！他还想向东吞并越国，所以在蛇门上雕刻木蛇，蛇身方向朝北，蛇头向着城内，表示越国归附于吴国。

我们说，这吴国人简直个个是风水先生啊。不过在古代，人们看重的就是这些虚头八脑的东西，心诚则灵嘛，就算只是个安慰，也能顶个快乐的作用。再说了，人家阖闾有的是钱，你伍子胥没必要担心花销。我们这个时代，都知道“要想富，先修路”的道理，更何况聪明的伍子胥呢？督造整个都城的城市设计，这该是多么了不得的肥差事啊！伍子胥由此身价非常，这自然不用多说了。惹得全朝文武，不住流口水羡慕啊。每个人都想象着他伍子胥晚上回到家，睡不着觉就数钱玩。阖闾呢？对伍子胥百分之百的信任，所以但凡建造开支，一律批准，有时候看都不看。

而且呢，我们的阖闾也没心思过问这个事情。他忙什么呢？忙着担心呢。不是王位已经坐上了吗？王僚也被设计陷害了，还有啥可担心的啊？原来啊，阖闾自从坐上了王位，频繁发噩梦，有时半夜惊醒，几乎魂飞魄散。他梦到谁了呢？王僚？不是。死都死了，还有什么好怕的。阖闾还没有胆小到那个地步。他担心的是王僚的两个弟弟：盖馀和烛庸。

斩草要除根的道理，阖闾现在是完全体会到了。

盖馀和烛庸不除，他阖闾坐卧不安，整日失眠。

这不，伍子胥都城建设刚有个收尾，就又被阖闾急忙喊去商量对付盖馀和烛庸的事。

伍子胥也实在没办法，拿人家的钱财，替人家消灾，没什么好推辞的。况且盖馀和烛庸现在是楚国的附属，除掉他们，也就等于是打击楚国，也算是敲山震虎，给楚王提个醒。那意思是，嗨，我伍子胥还活着，你楚王就别想太安稳了。

为此伍子胥二话不说，在阖闾面前请命，誓愿消除盖馀和烛庸余孽，保证大王的王权稳固。阖闾听到此话，当时就哭了，抱着伍子胥一通抽泣，说，知我者，伍员也。临走的时候，阖闾给伍子胥送行，拍拍伍子胥的肩膀，说："你办事，我放心！"

要说伍子胥，的的确确是个有手段的人。

出兵之前，他先派出熟悉楚国地形的人员，买通一些楚国的士兵，让他们给盖馀和烛庸传信，就说阖闾已经买下百名刺客，要暗中刺杀盖馀和烛庸。这个消息，很快就传开了。盖馀和烛庸部落的所有人知道后，都提心吊胆，人心惶惶。许多人为此更名改姓，远走他乡。没过多久，盖馀和烛庸部落已经所剩无几了。此时，伍子胥才派出刺客，与买通的楚国线人一起，刺杀了盖馀和烛庸，并割下二人的头颅，带到吴国的都城姑苏。阖闾看到二人头颅，这才了却心头担忧，从此再无失眠。

没过多久，越国派使者向阖闾进献宝剑，一共三把。

阖闾看了宝剑之后，甚为喜爱，但是唯一的缺憾就是，三把太少。他把伍子胥叫过来，问去哪里再弄两把宝剑呢？伍子胥说："大王已得三把宝剑，为什么还要两把呢？"阖闾说："寡人以为，天地之间，有五个大神，分别镇守五座大山。得此五座大山，则无异于得天下啊！"伍子胥一听明白了，这跟造城时候是一个心理，就是取个吉利数字，有个象征意义。

伍子胥说："那好办啊，大王，不是只有它越国才有宝剑，我吴国也有啊。"

阖闾惊喜，说："真的吗？"伍子胥说："吴国有铸剑师，名叫干将，与铸鱼肠剑的欧冶子齐名啊。"

这鱼肠剑，阖闾可是亲眼见识了的。一听伍子胥说，吴国也有铸剑师，跟欧冶子齐名，就欢喜异常。命令伍子胥赶快让干将打造两把上等好剑，从器物上，助我吴国气势啊！伍子胥点头称"喏"。

从王宫里出来，伍子胥一通感慨，所谓能者多劳啊！自从阖闾这小子当上了大王，自己白天也操劳，晚上也费心，没有一天清闲过啊！大到造城，小到造剑，事无巨细，阖闾都是必须与他伍子胥商量后才有决议，这是何等的待遇啊！但是伍子胥并不快乐。为什么呢？因为伍子胥从来只有报仇之心，丝毫没有享福之意。你吴国就是对他再好，给他钱再多，不让他攻打楚国，那等于是给他伍子胥弄了一座露天的监牢。他无论如何不会畅快的。每天晚上，伍子胥回到房中，都必问自己三句："伍子胥，你忘记了父兄之仇了吗？"然后啜泣自责。想想，这么多年，人一天一天地衰老下去，而父兄之仇还是无法得报，他伍子胥能开心才怪呢。

42

干将莫邪

阖闾非常重视新式武器的研发，因为吴国地处水网交错、丛林遍野的水乡，难于车战，步兵和水军遂成为吴军的主要兵种，而宝剑则成了这支军队最有效的杀伤性武器。所以他专门在位于今南京城南中华门外十公里处的牛首山下建了一座兵工厂，铸剑数千，号曰"扁诸"，并高薪聘请来武器专家干将、莫邪夫妇，为他铸造神兵利器。

干将、莫邪想必大家都不陌生吧？简单地介绍一下二位，用一句话说，干将、莫邪夫妇是一对快乐的青年。说来也挺奇怪的，干将、莫邪那浪漫的爱情故事，发生在一个不可思议的地方：打铁铺。这实在令琼瑶阿姨大跌眼镜，因为打铁铺，实在没有什么情趣，如何也浪漫不起来。但是古代人就是古代人，总能在朴素的、甚至艰苦的条件下，创造出令现代人难以置信的浪漫的感情故事。

干将、莫邪这对伉俪可是被奉为春秋第一铸剑大师欧冶子的同门，那可是相当厉害的。他们决定借助吴王给他们的大批科研经费搞一个惊天地泣鬼神的创举，铸造两把超越时代的新式武器——铁剑。

大家都知道，在春秋时代军队使用的大多是青铜武器，钢铁兵器完全取代青铜兵器，还是西汉末年的事情。在春秋早中期，人们的冶铁技术十分落后，只能冶炼一种我们现在叫做“快炼铁”的东西。这种快炼铁因为它不是在高温下冶炼的，所以它里面还有很多的杂质，不是很纯，这种杂质铁是不能够用来制作兵器的。所以近代考古发现，当时的铁剑，只是运用天下掉下来的陨铁。而冶铁制剑，在阖闾之前，那可是闻所未闻的事情。

干将、莫邪夫妇为什么想要研发铁剑呢，因为铁剑比之铜剑，那优点是显而易见的：学过点化学的都知道，铜的硬度比较低，所以铸成的剑，其锋利程度比铁剑那是差了一大截。为了改善铜的性质，古人学会了在冶炼的时候掺入一些锡，这就是青铜。青铜的硬度虽然提高了，但它的脆性却也会随之增大，所以青铜剑如果太长，它在劈砍的时候就会容易折断。相比之下铁就不一样了，使它增加硬度的方法是提高它的含碳量，虽然它的脆性也会有所改变，可它却不像青铜那样明显，所以铁剑既能造得比青铜剑长，又能比它更锋利，两军对阵，铁剑武士肯定要更占优势一些。

于是，干将和莫邪开始了他们艰辛的铸剑之旅。据说干将四处考察，走遍五岳三山，采来各地的优质精铜精铁，然后开始做实验：先选三百个童男童女，日夜为铸剑的火炉装炭鼓风，不眠不休，就等着宝剑出炉、光芒照耀十九州的那个光辉时刻。

然而这一次，金属无论如何熔化不成液体。而且这种情况持续了三个月那么久。莫邪看着着急，就跑过来说：“大王命你造剑，你却迟迟熔化不了金属，是怎么回事啊？”干将一脸委屈地说：“我也不知道是什么缘故啊，这铁物就是烧不化。”莫邪想了想说：“我听说，但凡神奇的事物，一定要有人的加入才行啊，尤其是宝剑，最好的剑一定是有人的灵魂在其中的。”

莫邪这番话提醒了干将，他说：“是啊，我师父以前冶炼金属的时候，也遇到这样的情况，然后他和他妻子就一起跳进熔炉里，才最终炼成宝物。”

难不成，我们也要学习师父他们吗？莫邪咬咬牙说：“死就死，我是不害怕的。”干将吃了一惊，关键时刻却退缩了，他说：“不用那么极端吧，人的头发、指甲乃父精母血，或许也可以熔化神物，何必非要以死殉剑呢？”

莫邪看了看心爱的丈夫，笑着说：“我说说罢了，放心，我不会为了一把剑丢掉性命的！咱们明天就剪点头发和指甲丢进去试试吧。”

其实，莫邪嘴巴上这么说，心里已经暗自下了决心，她要瞒住丈夫，跳进那个神圣的熔炉中去，用自己的身躯和灵魂铸出天下第一的神兵来。因为铸剑，才是她生命中最重要的东西，为了这个伟大的事业，她什么都可以不要。

夜阑如水，莫邪悄悄地爬了起来，最后看了一眼还在熟睡的丈夫，独自一人来到熔炉之旁，让三百童男童女一起鼓风，然后纵身跃入那熊熊的大火之中。蓦地，异光闪耀，照得整个天空亮如白昼，大地仿佛都在动摇。须臾，炉中腾起一道白气，直冲斗牛，到天半又变成白云，罩住了这处所，渐渐现出绯红颜色，映得一切都如桃花。

等到童男童女们一起来喊：“师父，师母已经跳到炉子里去啦！”这个时候，干将愣了半晌，才明白怎么回事儿，刷地跪倒在地，悲从心来，满脸鼻涕满脸泪：“老婆……”

又有人叫：“师父，你快看！”

干将抬起头来，泪眼模糊，只见炉中光芒散尽，铜铁已化，里面竟然躺着通红的两把剑。

为什么莫邪跳进炉里，铁矿就熔化了呢？学过点化学的都知道，铁的熔点是1500℃，而古代的冶炼技术相对落后，熔炉内的温度总会与这个熔点有一定的差距，这也就是古代炼铁总是难于成功的一个原因。但是如果真有人跳进熔炉的话，那么人体内像磷之类的物质，就可能会迅速燃烧，产生高温，并将炉内铁矿熔化。

看到炉子里的剑，干将再也顾不上哭了，他大叫一声，冲上前去，泪水慢慢地滴下去，那剑嘶嘶地吼着，慢慢转成青色了。如是七日七夜，干将不眠不休，日夜守护着熔炉，一刻也不敢离开。

终于有一天，炉中似乎看不见剑了，仔细看时，却还在炉底里，纯青的、透明的，正像两条冰。

神兵已成！

狂喜的神情涌上干将疲惫的脸庞，他小心翼翼地取出这两把用妻子生命换来的神物，拂拭着……宝剑一阴一阳，阳剑上铸有如龟背般的花纹，阴剑上铸有如水漫溢的纹理。他将阳者取名为干将，阴者取名为莫邪。雌雄合璧，一如亲密爱人。

阖闾听说了宝剑已成的好消息，命人叫干将交剑。

干将深情地抚摸着莫邪，喃喃地说道："莫邪，我不能把你交出去，不能！哪怕我去死！"

他将莫邪剑深藏起来，只将干将剑献给了吴王。

阖闾接过宝剑，随手一挥，寒光闪过，旁边一块大石应声两半。今天咱们在姑苏城外的虎丘旅游景点还能看到这块石头，名字就叫做"试剑石"。

吴王大喜，当即赐给干将一百两黄金。

然而纸是包不住火的，没多久吴王就知道了干将私藏莫邪剑的事情，大怒，命干将交出宝剑，不然的话，那结果是可想而知的，拖出去杀了。

干将无奈，只好取来剑匣，交给吴王。吴王大喜，忙打开剑匣。

这时，奇迹突然发生了，莫邪剑“锵唧”一声从匣中跃出，化为一条青龙。干将趁势抓住龙须一跃而上，眨眼间，升天而去，不见踪影。

阖闾傻傻地抱着剑匣，脑袋一片空白：“幻觉，一定是幻觉……”

从此，吴王更加珍视这把遗留下来的干将剑，直到有一天，鲁国的执政大臣季孙子来吴国进行国事访问，看到了吴王的佩剑，眼馋得不行。阖闾想起从前叔叔季札“心许”徐君的旧事，觉得自己有必要学习一下前辈的高风亮节，于是大方地解下佩剑，交给季孙观赏。

季孙流着口水看了半天，突然神情黯然，叹道：“这把剑真好啊！即使中原所有的铸剑大师加起来，也铸不出如此神剑来。这说明吴国一定能成就霸王之业。可惜美中不足，此剑的花纹中有个米粒般大小的缺口，这可是亡国的征兆啊！我虽然很喜欢这把剑，但绝对不敢带此不祥之物回鲁国，君王的厚意，我心领了。”

阖闾听了这番话后感到很不高兴，从此将此剑深藏宫中，不再使用，吴国亡后，便在世间失去了下落。

时光飞逝，岁月如梭，转眼到了六百年后的晋朝，一个偶然的机会，西晋丞相张华发现在西北方向常有紫气冲天而起，直射斗牛之星。一位善于望气的奇人雷焕告诉他：“这是剑气。在豫章（今江西南昌）丰城方向一定藏有宝剑。”张华就笑着说：“那好，那就给你个肥差，去那里做县令吧。”于是雷焕就做了丰城县令，四处寻找那光射斗牛之墟的宝剑。

经过精密的演算，雷焕发现剑气源于县衙的监狱之中，于是他掘开地基，挖出一个青石制成的匣子，长约六尺，宽约三尺。他打开匣子一看，只见里面赫然是一把宝剑，光芒溢发，不可直视。雷焕详观剑文，发现这正是失传已久的干将宝剑，不由大喜，连忙带去给张华看。

张华沉思道：“如果这就是干将剑，那么莫邪剑肯定也很快就会现世人间了，它们本是一对。”两人于是携剑出游，四处寻找莫邪剑的下落。一天，他们路经黄河平津渡口，干将剑突然从鞘中跳出跃入水中，两人慌忙派人下水去捞。正在这时，水面突然波浪翻涌，跃出两条巨龙来，张牙舞爪，五色炳耀，吓得众人连连后退。、

双龙向雷焕点了点头，好像在表示感谢，然后脖颈亲热地纠缠厮磨着，双双潜入水底不见了。从此以后，这对雌雄宝剑再也没有在世间出现过，想来神物终究是要回到天上去的。今天江西丰城县有一座剑池，池前有石门，据说就是雷焕挖出神剑的地方。

在现如今的苏州古城区的中央，曾建有纪念干将的石牌坊，这段路因称干将坊，现在牌坊已毁，路也拓宽，并改名为干将路。此路东向可达相门，亦称匠门，相传就是干将铸剑处。相门外还有个干将墩，传说系干将的墓葬。南宋文学家范成大所著《吴郡志》记载：“郡中铁工多取墓旁土以冶刀斧。”又说有人曾在此挖到过半截宝剑。现在这些历史遗迹已经渐渐被当地人遗忘了，但是干将莫邪的传说却一直流传在民间。

43

新式武器

阖闾是个敢于颠覆传统、挑战权威的人，这一点淋漓尽致地表现在他的政治生涯中。现在政权大体稳定，他也没有忘记自己这个人性中的优点，他把这优点继续发挥，并且表现在了兵器上。

“这剑在我们吴国是占据主流的，是有统治地位的，我要让另外一种兵器超越它、取代它，就像我一样。”这一天，阖闾一个人在深宫中经过了一番深思熟虑，终于在心里下定一个决心。

于是第二天，阖闾就颁发诏书，说，寡人啊，深刻地明白了科学技术就是第一生产力，所以现在，决定大力发展科技。国内能打铁炼器的都给我听好了，从今日起，大家全力以赴造金钩，能够造出好金钩来的，寡人就赏赐他百金。另外，为了不至于让国人抓瞎，随便把破铜烂铁也拿来参加比赛，寡人还给出了金钩的大概样子，大家都去研究。

这里说的金钩，就是阖闾的新式武器了。为了让它更加具有内涵和意义，通常后人让这金钩也姓吴，是为“吴钩”。说到这里，我们对这神秘武器熟悉了，“男儿何不带吴钩，收取关山五十州”、“赵客漫胡缨，吴钩霜雪名”，说的就是它。一把吴钩往往能寄托着沉甸甸的感情。

“吴钩”，或称为弯刀，其实并非是刀，而是两面有刃，属于剑的一个变种。以刀论因为单侧有刃，而吴钩钩身齐头，截面作枣核形，对开两刃，实与剑相同。好家伙，形似刀，神却是剑，形散神不散啊。

一股制造吴钩的风气，很快就在拜金主义的推动之下，弥漫了整个吴国。至于这样的一种风潮具体疯狂到了怎样的地步，史书上没有给出确切的统计数据，比如，一天能造多少把的吴钩，都有哪些人在造（当时也没有类似于现在的国家统计部门）。但是，史书上和此事件相关的记载却可以让我们对当时吴国人的狂热拜金主义有个大概了解。

《吴越春秋》记载，当时有个生卒年不详的人带着两把浸满了鲜血的吴钩献给了阖闾，这人献完吴钩之后，就一直在宫门外等候奖赏。守宫门的小兵见他已经不吃不喝好几天守在宫门前，心里为他着实捏了把汗，就劝他说：“大爷啊，这次比赛的名次还没有排出来，您老啊，就先回去等消息吧，有消息了。我们会有专门人员在第一时间通知您的。”

“不必了，谢谢你们的好心，军爷，我就在这里等着就行了，我没有家了，我现在只是忍不住想看那结果，我一定要马上知道。”这人怀着相当强烈的希望，也难怪，他把自己所有的家底都用在了响应国家的号召上了，他能不着急吗？

他们谈论得非常高兴，恰巧吴王阖闾这时候正在散心，也注意到这边的情况，他也跟着跑过来凑热闹了。从头到尾地把事情了解了个大概，他不高兴了，这大赛还在紧张地进行中，你个拜金主义者就这么着急地想要知道结果，还这么自信自己一定能拿奖。看看，这人要不是有病，那简直就是在破坏比赛规则。

于是，阖闾板起面孔说：“造钩的人有成千上万，成千上万把钩我都看过，都没有什么特色，而你这么自信能拿奖，你造的钩有什么特别之处呢？说说，我怎么没有发现？”

这造钩的人说：“大王，您知道吗？为了造这钩，我可是散尽家财，家破人亡啊。”

阖闾想，我又不是什么救世主，你这事情关我什么事。正要驱散，却又听得这人悲伤地说道：“我造钩的时候，贪图大王的奖赏而杀掉了我的两个儿子，我把他们的血放干，倒在盘子里，然后涂到了金属上面，才造成了这两支钩，我多么不容易啊！我这支钩多么有特点啊，投入了我的心血还有我那两个苦命儿子的鲜血。如果，这都不能拿奖，那我那两个儿子岂不是白白牺牲了吗？”

“狠啊！真狠得我阖闾都无地自容了，我不过是把自己的兄弟给消灭了，可是他为了金钱，能把自己的两个亲生儿子给屠杀了，我……”阖闾心里想着，却已经暗暗佩服起来。自己这段时间谋权篡位的，好不开心，总问自己是不是做得太绝，是不是造下太多孽，想来想去总是想不通。现在，面前的这个人可以做自己的参照物，把自己的那点事和他一比较，自己晚上回去就可以安心地睡个好觉了。

当下，阖闾心花怒放，已经决定了把这次制造吴钩比赛的一等奖给这人，就叫人把所有的吴钩都拿出来让这人辨认。好家伙，这一搬，竟然有好几万支，而且都差不多，吴王准备给他点时间，叫这人认出来他的两支吴钩。

“这钩上面都没有写谁家的名字，我给你两个月的时间，能把它们认出来，我就给你第一名的赏钱，你看怎么样。”吴王道。

“呵呵，不用等到两个月了，再过去两个月，我估计得饿死。”只见这人接着喊：“吴鸿、扈稽，你们的父亲在这里，大王不知道你们俩的精灵啊，为了我的前途，你们快快现身吧！”

这人口中话音刚落，只见两支钩便从面前的一堆金属中飞将出来，即便被他们父亲非常无情地给杀死了，可他们还真的不是一般的孝顺。作为儿子，还听他们父亲的话，他们就像两只在大海中受伤的小鸟，一出来就找到了港湾，附着在父亲的胸膛之上了。

吴王于是欣喜非常，马上就奖赏了他百金，然后拿起这两支钩，好一阵子欣赏，便永久地佩带在自己身上了。

这故事，你们看看，多血腥，说明了当时的吴国，拜金主义者是多么的猖狂以及当时的人是多么孝顺。别以为你死了，就能逃脱礼教，你的魂儿也还是我的。通过这一个故事，我们可以从侧面觉察到，这制造吴钩在当时又是怎样的狂热。也因此，从这个时候开始，吴钩正式走上中国的历史舞台。

44

同病相怜

城也造了，武器也更加完善了，这两项工程的花销，放在今天都是属于军费支出，用美国的话来说就是：某某对世界又有威胁了，应该打压一下。可是当时消息不灵通，这一切保密措施也做得很好，吴国干完这一切了，别国都还蒙在鼓里。

军费花出去了，就要有所回报，而在当时，搞军事工程不是现在的面子工程，用来威胁弱小国家，提高国际地位的，而是要老老实实地打一仗。通过前面的介绍，我们也知道，春秋时期，名声是靠打出来的。

这一年的六月，阖闾终于要行动了，他决定对楚国发动战争。

同属于南方的诸侯国，吴国这几年发展得十分迅猛，楚国的存在已经影响到吴国的发展速度了。

话说楚国当年被吴国用游击战打垮了之后，从此一蹶不振，直到伍奢的出现，楚国才又重新找回了称霸的感觉。自从伍奢十分冤枉地挂掉之后，楚国基本上又开始在走下坡路了。而伍子胥，楚国人才，本来比他老子还能干，可是他老子是用来建设楚国的，他却要反过来对付楚国。也怪楚平王和费无忌，让伍子胥步了申巫臣的后尘，并且还狠狠地超越了申公，他发誓一定要让楚国富不过三代。

战争就要打响了，楚国还没有意识到，这个时候一个奸臣，一个昏君，继续残害楚国的忠臣能将，配合得非常默契。这不，楚国的伯嚭也被炸到了，索性逃得及时逃得干净，一下子逃到了吴国，前来投奔阖闾了。

阖闾一见这人，就想着把他收在自己麾下了，他心里嘀咕着："这从楚国来的都是厉害的角色，如果不能为我所用，跑到别地去，就像伍子胥一般，再帮忙整出个阖闾来，我也算活到头了。"再者，阖闾作为一个优秀的政治家和军事家，深知现在要和楚国打仗了，这间谍是十分重要的。伯嚭刚刚从楚国逃过来，对于楚国的一些内幕应该是知道一些的。总之，他身上一定有油水榨的。我们21世纪，打仗打的是信息，春秋时候信息也很重要，比如那个年代流行暗杀，再比如人家要你去暗杀楚平王，你连他长个高矮胖瘦都不知道，估计你可以随便杀个人带回去忽悠就行。

阖闾是属于比较有心计的人，但是为了防止这伯嚭是人家的间谍，阖闾找到了伍子胥，问道："这楚国的伯嚭是个什么样的人啊？我看他挺可怜的，从楚国只身一人大老远地跑过来，我准备收留他。"

伍子胥实话实说："伯嚭是楚国白州犁的孙子，白州犁被昏庸无道的楚王惨无人道地杀害了。伯嚭因而离开了楚国，流亡在外，跟我当年差不多，所幸他还有一些流亡的本领，才不至于被抓回去，也难得他看得起我们吴国啊！"

阖闾说道："这伯嚭倒是个识时务的人。"伍子胥心想，有我前面的教训在，恐怕我的经历早就已经印成书当做教材给各个诸侯的人做学习的榜样了。楚平王斩尽杀绝的个性已经不再是个秘密，你阖闾专门收留亡命之徒的美名也已经遍布天下了，他伯嚭就算是个傻瓜，也知道逃到吴国来啊！

这一番问话的主要目的是查清楚这伯嚭是不是间谍，他继续问："白州犁犯了什么罪？”他心里已经准备用这个伯嚭了。能从楚国逃出来，证明他也是个人才，能逃到吴国来，证明人家很给我们面子。想来啊，我吴国在国际上也有那么点地位，阖闾现在就是想查清楚这个伯嚭是否祖上有污点，他要求这人根正苗红啊！

伍子胥义愤填膺地向阖闾讲了伯嚭的故事。

王僚死了以后，孤立无援的盖馀、烛庸弃军逃跑，楚国大将左尹郤宛捡了个大便宜，不损一兵一卒搞定了吴军，还得到了一大批的武器装备。郤宛大胜回国，得到了百姓的爱戴和楚昭王的信任。楚昭王经常和他彻夜长谈，甚至谈到次日早晨才吃饭，这时那个天生卑鄙的小人费无忌眼红了，我才是大王的师父，你居然敢跟我争宠，不想混了！

他越想越气，决定重施故伎，陷害郤宛。当时楚国的高层领导，在楚昭王之下，有这么几号人物：一把手是令尹囊瓦，相当于现在的总理；二把手是司马沈尹戌，相当于现在的国防部长；三把手是左尹郤宛，相当于现在的副总理；四把手是右尹鄢将师，相当于现在的第二副总理；而五把手就是太师费无忌了，太师其实是个虚职，相当于现在的政协主席，没啥实际权力。

这权力就是一棵树，要想往上爬就得干掉自己上面的那一位。费无忌是正宗的小人，生平最大的爱好就是陷害人，他想干掉上面的郤宛，好让自己能上一个台阶。人家说宁愿得罪一个君子，也千万不要得罪一个小人，可是有时候你不得罪他们，也没好日子过。因为你挡着他们的路了。唉，小人真是这世界最难防的一群人，越是君子越容易着他们的道。

郤宛就是这么一个倒了八辈子霉的君子，他浑然不知，费无忌和鄢将师已经挖好了一个大坑，想让他跳下去。这一天，费无忌找到一把手令尹囊瓦，说：“郤宛想请你喝酒，又怕你不肯屈尊，所以托我来探探老大你的口风！”囊瓦笑着说：“同僚之间联络感情，这是好事啊！你跟郤宛说，我一定去！”

费无忌跑到郤宛那边，问：“令尹说要来你家喝酒，你是答应呢还是不答应呢？”郤宛浑然不知前面有个大坑在等着他，受宠若惊，说：“令尹大人这么给我面子，我有啥不答应的。只是我这个人不懂得拍马屁，不知咋招待这个贵宾，你对这个比较熟，教教我？”

费无忌装得热情无比，告诉郤宛，其实令尹这个人是个兵器爱好者，他听说你先前抢了一批吴国的武器装备，心里偷偷羡慕得很呢！到时你就把这些兵器藏在院子里，等他来了就送给他，给他一个惊喜！

可爱的郤宛竟然信以为真，傻傻地把一大堆兵器藏在了门边的帐幔里，还对费无忌又是握手又是感谢，连讲对方够义气。

第二天，费无忌带着囊瓦前来赴宴，走到一半，费无忌突然一拍脑袋，说：“我有一个不好的预感，郤宛突然请你吃饭，不会是有什么诡计吧？这年头，都流行暗杀解决问题。”囊瓦听了吓了一跳：“不会吧，我和郤宛远日无冤近日无仇的，他干嘛要害我？”

费无忌巧舌如簧，继续哄骗囊瓦，说：“话不能这么说，所谓害人之心不可有，防人之心不可无，人心难测啊！我听说吴王僚就是在吃饭的时候被人干掉的。”囊瓦一听也慌了，说：“那你赶快帮我去郤宛家打探一下，没事儿最好。”

费无忌装模作样地去看了看，马上就惊慌失措地跑了回来，吓唬囊瓦说：“郤宛这个王八蛋，在门边的帐幔里藏了一大堆的武器铠甲，想对你不利呢！”看到囊瓦有点不大相信的眼神，费无忌进一步挑拨说：“其实郤宛早就与吴人勾结在一起了。上次和吴国打仗，我们已经取得了胜利，本可以乘胜追击，扩大战果，可郤宛受了吴人的贿赂而退兵，又以‘吴国内乱，伐之不祥’为借口劝其他将领退了兵。吴国曾趁我国有丧事进攻我们，我们为什么不能趁他们内乱而进攻他们呢？”囊瓦简直不敢相信自己的耳朵，连忙派人再去一趟，查探清楚。

没多久，探子回报，果然在郤宛家发现了一大堆武器铠甲。囊瓦大怒，派人找右尹鄢将师来，要他派人去把郤宛抓来严加审问，追查同党。鄢将师可是费无忌一伙的，他怎么可能让郤宛活着再生变数，这样他们的阴谋不就落空了吗？所以他转身出去，就命令军队攻打郤家，一个活口也不准留。郤宛这时才知道上了费无忌的当，有口难辩，后悔莫及，绝望地叹了一口气，伏剑自杀。鄢将师当然不肯罢休，斩草就要除根，不仅郤家全都要死，连郤宛的亲朋好友、关系不错的统统都得杀掉！他传令下去，放火焚屋，把里面的人全部烧死，一个活人也不准从里面出来。

可怜的郤氏一族老小全部葬身在火海，郤府也化为了一片灰烬。鄢将师马不停蹄，派人四处捕杀与郤宛交好的无辜楚臣，整个郢都陷入了一片白色恐怖。忠臣阳令终、晋陈都死于此次冤案。晋陈临死前大喊："费无忌为祸楚国，欺骗君王，令尹如此信任他，这样下去楚国还有前途吗？"

郤宛事件是楚国历史上的一个转折点，在这次大清洗中，楚国很多优秀的人才都被牵连了进去，冤杀的冤杀，流放的流放。从此，楚国人才凋零，直到很多年后才逐渐恢复元气。据说日后大放光芒的文种、范蠡两个牛人也是在这次事件中怕被牵连而逃到越国去的。

费无忌这个借刀杀人、驱虎斗狼之计用得真是炉火纯青，让人防不胜防。他的这段伟大事迹在《吕氏春秋》、《韩非子》等诸子文献中均有记载，他不愧为小人之中的极品，我国小人界的一代开山怪。

费无忌的计谋是对郤宛和囊瓦两人的同时欺骗，他对两人采取了不同的欺骗方式。他撮合商定了宴请活动，先以赠送铠甲的名义欺骗郤宛置利器于幕后，然后又以此欺骗囊瓦。由于赠送铠甲和谋刺动武的场面相似，他的诬陷之辞遂使郤宛无法自解，又使囊瓦不得不信。费无忌以不同方式把两人诱入陷阱，使他们在陷阱中相仇杀，实则两人中没有真正的胜利者。

然而，公理自在人心，郤宛忠肝义胆，甚得民心，全楚国的老百姓都为他喊冤叫屈，说："鄢将师和费无忌以楚王自居，杀害忠臣，专权而祸乱楚国，削弱而孤立王室，蒙蔽君王和令尹而为自己谋利。令尹全都相信他们了，国家将会怎么样呢？"

囊瓦每日被人在后面戳着脊梁骨骂，心里恨得牙痒痒的：费无忌这个小人，都是你害得我被人误会的，我饶不了你！于是二把手沈尹戌适时找到囊瓦说："人民的呼声您应该有所耳闻了吧！费无忌此人，是个专以陷害他人为乐的坏蛋，从前太子建和伍奢一家的冤屈就是他干的好事。如今令尹大人您又一次轻信了他的谗言，杀死了那么多无辜的人，搞得天怒人怨，再这样下去，会出大事的！除了费无忌这个小人，鄢将师也不是什么好东西，他假传您的命令，捕杀了郤家等好几个大家族。这些人中，不乏楚国的贤臣良将。现如今吴国对我们虎视眈眈，边境一天天紧张，这时候万一他们趁我国政局不稳打过来，大人您恐怕就危险了！"

囊瓦就等着沈尹戌这句话呢，于是他赶忙道："是啊，都是我的错，这全都是费无忌和鄢将师两个人惹的祸！希望司马您助我一臂之力，干掉这两个混蛋！"沈尹戌大喜，这是国家之福啊！我当然干，说完跑到大街上，振臂一呼："费无忌和鄢将师两个小人害死了郤左尹，令尹命令我去讨伐他们，愿意去的一起来！"话音未落，百姓们都争先恐后地拿起锄头，跟在沈尹戌后面去抓人。

费无忌和鄢将师陷害别人挺厉害，一动真格的了却没半点本事，垂头丧气地束手就擒。囊瓦历数其罪，枭之于市。百姓们群情汹涌，兀自不肯罢休，又冲到二人府第放了一把大火，灭了他们全家。

害人终害己，这句话说的就是费无忌这种小人了。余秋雨先生曾说过，小人嘛，精明是够精明，却没有大将风度，更没有什么远见，因此他们在制造一个个具体的恶果时，并没有想到这些恶果组接起来最终将会酿发出一个巨大的苦果。当他们不断挑唆权势和舆情的初期似乎一切顺着他们的意志在发展，而当权势和舆情终于勃然而起挥洒暴力的时候，连他们也不得不瞠目结舌、骑虎难下了。

伍子胥把伯嚭一家的故事说得绘声绘色，非常动人，但是吴王感觉到一点不对，这小子怎么就说得好像自己就是那个白州犁。哦，这小子原来是在提醒我啊，他是白州犁，那我不就是那楚平王？他害怕咱哪一天像楚平王一样把他稀里糊涂地给消灭了。

“子胥啊，不用怕，如果真有那么一天，我会按照司法程序走的。”吴王拍拍他的肩膀，示意道。

同时，我们也能深深感受到伍子胥的机敏。

现在，我们的伍老先生作为阖闾身边最信得过的人，那不知道要招惹多少仇视。可是，伍子胥是谁啊！他从来就不是坐以待毙的人，至少在他报仇之前，他不能让自己倒下去，不能让潜在的危险威胁到自己。

所以，他害怕别人向阖闾说他的坏话，更加害怕阖闾听信了这一些人的恶意中伤。所以，他要找个机会向阖闾诉说自己心中的这一个情况。但是，他总不能傻愣愣地跑过去和吴王直接说：“老阖啊，如果有人向您老说起我的坏话，那这人啊，他就一定不是个好东西，一定是个奸臣啊！一定要把眼睛睁大、擦亮了，不要向那个楚平王学习啊。”于是通过叙述白州犁这样的一个故事，伍子胥就很巧妙地说出了心中的担忧。吴王阖闾在春秋史上也算得上是一等一的君王，自然明白，同时也欣然接受了。

随后，吴王视才若渴地接见了伯嚭，他很客气地问道：“我们吴国啊，很偏僻，之前还很蛮荒哩！听说你的先祖是在楚平王和费无忌的联手之下被杀害的，我能体谅你此时此刻的心情，也将接纳你。现在请问，你将拿什么来教导我呢？”

阖闾先勾起人家的伤心事，然后又考起了这伯嚭。

伯嚭琢磨着，自己刚刚来到这里，哪里能知道你这边的国情，只能含糊回答道："我是楚国的逃犯，先人没有罪，但是被奸臣费无忌给陷害死了。我听说大王您在伍子胥最危难的时刻拯救了他，大王招贤纳士的美名天下广为流传。所以，我从楚国一路没命地跑，差点把魂儿给丢了，总算来到了吴国，我是前来归顺的。"伯嚭说着，突然扑通一声跪倒在地，思维跳动非常大地说："请大王赐我一死。"

阖闾一脸的莫名其妙，这太突然了，自己头脑跟不上啊！但是，也不能让他看出我吴王听不懂他的话，只好装出怜悯的样子，让他快快请起。有了伍子胥的前车之鉴，再加上伍子胥的大力推荐，阖闾明白，这从楚国逃亡来的都是人才，人品也有保障。于是，一下子就让他当了大夫，和自己一起谋划国家大事。

这事之后，被离开始哀叹了，成天吃不下饭，整日睡不好觉。他经常一个人躺在床上想啊，发牢骚啊，自己这官当得是越来越大了，可是，却越来越得不到阖闾的重视了。想想啊，自己作为一个大夫，那是经历了多少风风雨雨、电闪雷鸣的磨练，曾经有那么一段岁月，自己夹在阖闾和王僚之间来回地没命奔波，既打仗又找人的，侥幸没有提前挂掉，还差点给自己整出个精神病来。你说你一个楚国的逃犯伯嚭，一个外来工，一来怎么也是个大夫？这年头，大夫还真是随便一个人就能当的了，大家说说，我这大夫当得一点都没有成就感啊！

一个人愁苦了很久，有一次闲暇的时候，被离对伍子胥说："为什么你一见面就信任伯嚭啊？"

伍子胥郑重其事地说："因为我的怨恨和伯嚭相同，我们都是被欺凌与侮辱的人，我们有着共同的奋斗目标，听说过那首很流行的《河上歌》没有？'患了同样的疾病啊互相怜悯，有了同样的忧愁互相搭救。受惊而飞翔的鸟啊互相追随而会聚，石下那湍急的水啊旋转往复而同流。'产于北胡的马远望北方而站立，越国的燕子向着太阳而玩乐。谁不疼爱自己的亲人啊，谁不思念自己的亲人啊！”

伍子胥唱得凄厉，说得凄惨，被离没想到这勾起了人家的伤心事，感觉怪不好意思的，赶忙转移话题：“我仔细研究了下伯嚭大夫的面相，他看人啊就像老鹰，走路啊就像老虎，完全是一副一心追求功利而任凭自己意愿杀人的本性。这样的人，我个人给你的建议是，你不可以和他亲近啊！”唱完这首歌的伍子胥，还给中国的成语增添了个词，叫“同病相怜”，使用率非常高的一个词，大家一定要明白它是被伍子胥给唱出来的。

伍子胥现在正和人家伯嚭同病相怜着，哪里能相信被离的话，听完之后，只当是笑话，一笔带过，依旧和伯嚭一起侍奉吴王。他们都是楚国来的，两个人一起，也好有个照应。

或许，被离看人的眼光真的是太准了，比伍子胥还在行。

45 要离传说

阖闾心里也想要攻打楚国，他要帮伍子胥、伯嚭报仇，更是为了吴国能更好地发展起来，阖闾现在正在准备。前边对伯嚭的收留，我们可以理解为他这是在招募贤才。但是，光是招募贤才肯定是不够的，因为国内的事情，他似乎还没有搞定。他的位子还有人通过远在天边的目光在盯着，这双眼远在吴国之外。

阖闾谋权篡位后的第二年，即是公元前513年，一个夜深人静的晚上，吴王阖闾躺在床上翻来覆去就是睡不着，神情十分担忧。

他究竟在担忧着什么？我们免不得要问，是已经过了气的王僚？还是王僚的两个兄弟？或者是一触即发的战争？

都不是，对于一个靠非法手段上台的君王，他时时刻刻都在提防着野火烧不尽春风吹又生。这也许正是历代谋权篡位者的通病吧，像唐朝的李世民、宋朝的赵匡胤、明朝的朱棣、清朝的雍正，无不如此。

连续好几天都是这样失眠，都梦见了那一双远在天边的目光回来了，回到吴国，然后夺走他现在好不容易拥有的一切。

于是第二日，阖闾疲惫地找来伍子胥，说："从前专诸的事情，您老对我的情谊真的是没的说，咱们一起，即使王僚现在再活过来，也是没有问题的。现在，举国上下也都认同了我，这也是多亏了您老人家。可是，这逃到国外的庆忌，却一直想要通过国外势力颠覆我。子胥啊，您说，我好歹也是他大伯，他怎么就能这么无情？我现在吃不下、睡不着，一个偌大的国家还等着我去打理，我现在这个样子，吴国怎么能治理好，吴国治理不好，我怎么帮您老人家攻打楚国？"

阖闾说得越来越激动，以至于声音都开始颤抖起来。

一提到报仇，一提到楚国，伍子胥胸中的一股子热血也沸腾了，他的心里在说着："还大伯呢，你杀了人家的父亲，夺了人家父亲的王位，估计你现在再要把王位还给人家，人家也未必领你的情。"嘴上却谦虚道："和大王您在私下里图谋王僚，这事，是我不忠于君，相当的没有道德，现在又想要派人去把他的儿子庆忌给暗杀了，这……这恐怕不是老天爷的意思吧？"其实他还想说的是："这种遭天谴的事情，以后少来拉我。"可是，这话哪里能讲。

阖闾倒是有应对，这一两年来，他一直在找理由安慰自己。谋权篡位是有违礼制，他的良心一定免不得或多或少地受到了谴责。想当年，老祖宗泰伯为了让王位差一点就裸奔，而自己却杀了自家兄弟，汗颜啊！但是他随口就拈来了个典故，说道：“从前有个叫周武王的，说来还和我有点血缘关系，他讨伐了商纣王以后，又杀了商纣王的那个聪明好学的儿子武庚，周朝的人却没有怨恨他。现在，我们这样的计议，有点替天行道的意思，怎么会违背上天呢？你想啊，我杀了庆忌，就能安心地工作，为吴国人民谋福利，为吴国求发展，还能把你的仇给报了，这多好啊，皆大欢喜。”

阖闾说得倒是轻巧，伍子胥却显得相当无奈。其实，他哪里有那个好心去劝阖闾不要杀吴王僚的儿子庆忌啊，他主要是想推脱掉这个任务，这去外国杀人，被逮到了，可不是单纯地遣送回国啊。可终究没有办法推脱掉，伍子胥想，帮人帮到底，谁叫当时自己上了这贼船，有道是一日为贼，终身为贼，那就顺着他的意思吧！

“大王啊，您说哪里的话，我侍奉大王您，为了保全吴国的国统，我连死都不怕，还会害怕什么呢？只是，我所看重的那个人身材比较矮小，希望您能跟他谋划谋划。”庆忌在遥远的国外，总不能带着大军去消灭人家整个国家，然后再把庆忌揪出来吧！即使你真的去别国打，等你打赢了，人家庆忌也早就消失了，所以派人去暗杀是最恰当的了。伍子胥倒是想让自己抽身出来，他清楚地明白，如果再过多地卷入君王的家务事，迟早有一天，自己的小命会不保。

吴王一听是个矮子，就蔫了大半，苦笑着说：“我那堂弟的儿子庆忌，从小我是看着他长大的，长得虎背熊腰，有着上万人的力量。身材矮小的人估计在他面前就是个小孩，几百个一起上，估计也只能算一群三年级的小学生，被他一个个地抓着摔。”

伍子胥一听，知道阖闾又用世俗的观点来看问题了，赶紧补充说：“那身材小的却不是一般身材小的，我推荐的这身材小的倒有上万人的力气。”

吴王一听，好奇顿起：“那这个矮子是谁呢？是不是长得很胖？您倒是说说看。”

伍子胥说：“这个矮子姓要名离。从前，我曾经看到过他侮辱壮士椒丘䜣，很精彩的，您知道他是怎么侮辱的吗？”

“不知道，怎么侮辱的？”

“首先，我们先来讲这个要离的配角（配角的实力衬托出主角的能耐啊）——椒丘䜣，他是东海边上的人。有一年啊，齐王派他出使吴国，行走到淮河渡口的时候，他口不渴，但是他的马渴了，一直狂叫。他就让马停下来喝水，自己则坐在河边的石头上。

管理渡口的老头一瞧，就走过来劝他：‘您不能让马在这里喝水，河中有神，看到马就会出来杀害那马。’椒丘䜣丝毫不畏惧：‘我的马，那是壮士的马，什么神敢冒犯？如果神敢碰我的马一根汗毛，那就是在冒犯壮士。即使他是个神，我也要让他付出血的代价。’

谁想，椒丘䜣这话刚一说完，顿时水面上一阵金光闪耀，好端端的河流上倏忽地出现了一个水神，水神眨眼间便把他的马给带到了水里。椒丘䜣刚刚还在炫耀自己呢，这当儿，简直就是当着那管理渡口的老头的面扇了自己一耳光。

于是，椒丘䜣十分愤怒，便手持宝剑，脱掉上衣，跳入水中，光着膀子去找水神算账了。接连过去了好些天，这管渡口的老头愣是把吃饭的家伙也搬过来，露宿风餐地每隔没多久就看水面一次。可是，这渡口还是渡口，丝毫没有变，老头还以为椒丘䜣从此出不来了哩。

直到第七天，这椒丘䜣才出来，好家伙，只见好端端的一个人下去，出来的时候瞎了一只眼睛，却不知道有没有把水神给解决了，但是也没有看到他的马。”说到这儿，伍子胥顿了顿，没有再讲下去的意思。

“子胥，请坐。继续，那匹马有没有找到？”阖闾听得入迷。

"大王，这问题不重要，那儿能值得了几个钱？人能保住性命就不错了，重要的是……"伍子胥呷了一口茶，才又继续道："重要的是，椒丘䜣来到了咱们吴国（这年头，壮士都是往咱们吴国窜啊，为什么呀，因为我们吴国经济发达啊，有识之士都来咱们吴国找工作啊），刚好又碰到朋友的丧事，他就去参加了。

在朋友的丧事上，这椒丘䜣也没有多少悲伤，总是在讲自己的过去，自吹自擂，并且很不懂礼貌，尤其是对象征着我们吴国的尊严的士大夫更是如此。

针对这椒丘䜣说话一点也不谦虚，做人一点都不讲礼貌，更有那趾高气扬的神色满堂地飞，在场的虽然都很不满，想说他一点什么，可是都忍了回去。人家可是跟水神干了一仗，跟我们这一些凡人打起来，估计连动手都不用，光声势就可以杀死一拨人。

偏偏这个时候，我们的主人公要离伴随着葬礼上一声凄厉的哭喊声闪亮登场了，他自始至终都坐在椒丘䜣的对面。要离虽然矮，可是目光尖着呢，把这椒丘䜣的所作所为都看在眼里，恨在心里，他实在不能容忍别人在他的面前胡乱地吹嘘自己的实力。

当着人家的丧礼，要离就说了：'我听说，真正的勇士决斗，和时间竞争时不去移动标杆做手脚，和神鬼决斗时不转过脚跟往后退，和人作战时不发出声音嗷嗷叫，宁可一去死掉了，也不肯受着凌辱苟活着回来（都是正人君子的比赛，非常公正，要是勾践听到了，估计得吐血而死）。现如今啊，你去水中和神作战，没几天的时间，你就把自己整成了独眼龙，你形体残废而名声勇敢，放在当下，这是勇士所应该感到耻辱的。要是我，我早就找个地方自尽了。你还到处拿出来炫耀，还对我们大家露出骄傲的神色，真是，哎呀！现在的人啊，越来越不行喽。'"

讲到这里，伍子胥又停住了。

"子胥啊，快点讲，我都等不及了。"阖闾兴致勃然。

“在朋友的葬礼上受到了这等冷嘲热讽，椒丘䜣憎恨和愤怒同时发作，决定天黑的时候就去找要离讨个说法。

要离呢，也是个有头有脑的人物，哪里能看不出这椒丘䜣的心思，他料定了这家伙事后一定会来找麻烦的。于是，要离回到家中，把他的妻子拉出来，做了顿好饭请妻子（在外面惹祸了，人家找上门来，妻子哪里能不骂啊），边吃边说：‘老婆啊，我交代，今天早上我在豪富之家的丧礼中侮辱了勇士椒丘䜣。气虽然出了，可是，留下了那椒丘䜣满腔的报复，我不用想都知道这小子天黑一定会来找我算账的。到时，你千万不要关上门呀，我们这会儿了，可不能让他小瞧了我们，我们就开着门好好地等他。’

时值夜晚，椒丘䜣果然来了，他看见要离的家门没有关上，也不多想，只是以为，要离这小子是怕了自己而离家出走了。椒丘䜣于是大摇大摆地径自登上了人家的厅堂，他没想到要离家的这门闩也没有闩上，一阵窃喜。于是，感觉一切都太顺利了的椒丘䜣就急匆匆地闯进了要离的卧室（他果真以为要离怕了他而离家出走了），没想到，在室内看到的场景让他快崩溃了。

只见，矮小的要离未加防护，优哉优哉地散开了头发，闭着眼睛，毫无畏惧地打着鼾声，正睡得香甜呢。这让我们的椒丘䜣气得无地自容啊，自己七尺男儿，这矮子要离简直不把他当人看啊，而是当作了空气一般。

好、好，杀人犯是逼出来的。椒丘䜣一下子一手拿起利剑，一手猛地揪住要离，瞪着血红的眼睛，上气不接下气地说：‘你、你，你犯了三个不可原谅的该死的错误，你可知道吗？我、我……’

要离一脸无可奈何地双手一摊，说：‘你来了，怎么都不早点，我等你都等得睡着了。大哥，你来点痛快的，我不知道自己犯了什么错误，你再这样说，我可以告你的。’

听了这句话，椒丘䜣好像抓到了要离的话柄，紧接着炮语连珠似的说：

‘你在豪富之家的大庭广众之下侮辱了我的人格，这是你第一个不可原谅的该死的过错；干完了这些，你本来应该逃亡的，可你回到家里竟然不关门,这是你第二条该死的不可原谅的过错;你的第三个不可原谅的过错，就是你居然连睡觉也不加防备，你还敢打鼾。你的这三个不可原谅的过错把我从人格到智商都侮辱了个遍，我要是杀了你，你这不知好歹的小子也应该觉得自己死得并不冤枉了。’

椒丘䜣本以为这样就可以把要离唬住，然后要离就会心服口服地让自己结束他的生命。不料，要离听完，立马拍案而起，变得像雷公一样凶恶，道：‘污蔑！这简直是污蔑啊！我并没有三个该死的不可原谅的错误，你怎么就能擅自地给我捏造出来呢？我没有过错，而你却有三种没有道德的无能，你要忏悔，知道不？’

椒丘䜣没想到要离这个时候竟然还能凶起来，心想这回可真的算是碰到对手了，于是尊重地说：‘不知道。’

要离总算开始反客为主了，缓缓说：‘今天，我在上千人的大庭广众之下侮辱你，你不敢当场报复，你这样的表现很无能，也很令我失望，我本来以为找到了对手；你的第二种无能，在于你进我家大门时，竟然像我们家的老鼠一样，登堂悄无声息，都是企图下黑手；你的第三种无能就是现在，你说你好歹也是个壮士，好歹跟神仙干过一架，可是你却要等到拔出了剑，扭歪了我的头，才敢对我大声说话，你摸摸自己的良心，你这样做是不是非常没有能耐？你具备了这三种无能的行为，却还要在我的面前逞威风，你说你是不是人品有问题啊？’

两人经过一番唇枪舌战，都是一阵大汗淋漓。于是，椒丘䜣手中也没有多少力气了，又见得这要离如此凶悍，把他吓出一阵冷汗来。手一得瑟，刚刚还紧紧握着的剑顿时掉到了地上，他神情呆滞地（比打了一场大仗还用力）说道：‘我小椒啊，这辈子非常勇敢，就连我刚出生那会儿，也没有人敢小瞧我。可是，通过今天晚上和您的辩论赛，我啊，对人生也看开了。我发现，人外有人天外有天，你要离这一米六不到的身躯竟然能在我之上，你、你真是罕见的壮士啊。我、我……'"

"我怎么样了……要离最后有没有死啊。"吴王阖闾对什么都充满兴趣，那就是一个精力无穷啊！

"'我、我椒丘䜣交定你这个朋友了。'椒丘䜣如是说。大王，要是这要离死了，我还能推荐给您啊？我们还等着看他和庆忌的好戏呢。"伍子胥说道，同时，对着目瞪口呆的阖闾道："故事到此结束。大王，配角的强悍衬托出主角的强大，如果说这椒丘䜣很男人，那么，我们的要离就是男人中的非常男人。我现在真诚地把他的情况都报告给大王您，希望大王能重视这个人。"

吴王阖闾猛地从这个带有一定神话色彩的故事中惊醒，他只留下来一句话说："愿承宴而待焉。"然后就走了，对于被离是否和伯嚭一样是根正苗红，他一点都不关心。因为这当刺客的，无论成功与否，都是要成仁的，这人身上有多少污点都不值得去在乎。

46

粉墨登场

我们的伍子胥于是带着满头白发出发了，在某个偏远的地方，他见到了矮小的要离。两个身体都有点小小缺陷的人一相遇，心里都感觉暖洋洋的。

伍子胥开门见山道："吴王听说您行为高尚，是个天不怕地不怕的人才，并且还很有正义感，而且还很有自我牺牲的精神，希望能亲自和您谈谈。"

要离也没过多言语，就答应跟伍子胥去走一趟。一些史料真实地反映了要离是个沉默寡言的人。通过一些港台剧，我们能发现，杀手一般都是沉默寡言的，这一点，在要离的身上也表现得很突出。要离是一个天生的杀手，冷酷得不择手段。

要离知道自己一介匹夫，何德何能值得吴王的召见，心里已经想明白自己这一趟去见吴王，肯定是凶多吉少了。如果是要打仗，他明白，那不需要吴王亲自出马，国家可以直接把他这个壮士当做壮丁抓走就是了。所以，一路舟车劳顿，他一言未发，知道伍子胥说的是要杀庆忌，便已经在心里把整个杀人的计划盘算了一遍。

这一天，要离来到了吴王的私人办公室。阖闾老早已经把要离的资料查得差不多了，但是，为了读者着想，他还是问："你是干什么的？"

要离不卑不亢道："我是国都东面千里以外的人，算不上一个人物，我很瘦，也很小，面对风就会向后倒，背着风就会向前倒（简直就是一个迎风飘扬啊），但是，大王如果有命令，我敢不竭尽心力吗？"

"哎啊，"吴王在心里好一阵哀叹，这伍子胥办的都是什么事，怎么找了这么个矮子，说话还这么没礼貌，这么狂妄。阖闾听了要离这一番自我介绍的话，沉默了良久，背对着要离。他不愿意相信，抱着这么大的希望，却盼来了这么一个矮子，好久都不想说话的阖闾，现在心里是有千言万语准备对伍子胥说啊。

阖闾之所以沉默，为的是等下做彻底的爆发，把伍子胥好好教训一顿。

吴王不理要离，要离倒是自己凑上前去了，他毅然决然地对着阖闾的后背说道："大王担心庆忌吗？我能杀掉他。"

吴王回过身来，搓着手来回走，忧心忡忡地说："庆忌这孩子，我从小看着他长大的，你不知道啊，他的神勇整个社会上都是知道的啊！以前他曾经参加过运动会，获得过五项全能冠军呀！他筋骨上的刚劲，就是有上万个人也抵挡不住哦。

他跑起来能追上飞奔的野兽，手能抓住飞翔的鸟，身体能跳跃腾飞，一拍腿就能跑上好几百里。我天天坚持跑步，自问脚力也还行，然而我曾经追他追到了江边，我还耍了点小手段，用四匹马拉了车载着我飞快地奔驰，可是也没能追上他呀。

我猜，你长得实在没有庆忌有特点（怕打击人家自信心），如果刺杀他，我给你想来想去，你应该会选择用弓箭射杀他，但是，你有没有想过，有人曾经在暗中用箭射他，他手一摆一抓，就把箭接住了，箭根本射不死他。现在你的力量远远不及他啊！"

要离仔细地听他说了一通，脸上却显出不耐烦的神色，他仿佛嫌阖闾的话多余了，斩钉截铁道："大王如果能用我，我就能杀他。"

阖闾似乎还不开窍，还在担心着什么，继续说庆忌这孩子的好话（真个恨不得庆忌这孩子就是他生的）："庆忌啊，他还是个十分明智的孩子呢，他不是那种有勇无谋的莽夫啊。虽然现在这孩子死了父亲，无依无靠的，因为穷困窘迫而投奔了诸侯，但是他很有骨气的，并不谦卑地去奉承诸侯各国的贤士，而是非常有骨气地代表了我们吴国，联络各诸侯国，准备哪天攻打进咱们吴国……"

要离也不听这阖闾啰唆了，他是个沉默得近乎冷漠的角色，即使在君王的面前也不改变自己的个性，直接地、相当干脆地说起了他要怎么对付庆忌："我听说'沉溺于和自己妻子儿女的欢乐，而不能尽到侍奉君主的道义，是不忠；怀念妻室的爱恋而不去除掉君主的祸患，是不义。'这样吧，我假装负罪出国逃亡，请大王杀掉我的妻子、儿女，在吴国的街市上把他们烧掉，再把他们的骨灰拿出来播撒，然后，大王就拿出千金和方圆百里的城邑作为赏金来搜捕我，敌人的敌人就是朋友，如此这般，庆忌一定会相信我了。”

吴王听得震惊了，末了，他才说了一个字："行。"他重新审视了面前这个其貌不扬的人了。这样的计策，阖闾觉得自己是想不出来的。因为他还没有那么绝，他不像要离，天生就是个干杀手的料子，但是他是个说干就干的人。

这番谈话之后不久，要离便假装获罪出逃了，吴王阖闾很配合，马上就抓来了要离的妻子、儿女，并且按照商量好的，吴王表现出了他人性中的阴暗面——残忍。他在闹市轰轰烈烈地把他们——要离的老婆、孩子活活地都烧死，并且为了造成更大的声势，阖闾将他们的尸骨暴露在街头示众。

这是何等的计策，我们现在已经没有办法想象出来，要离毅然决然地就把自己妻子和儿女的生命牺牲了出去。我们说前边的专诸已经是个十分铁石心肠的杀手了，可是和这要离相比起来，他还是比不过，毕竟，专诸在刺杀王僚之前，那是十分挂念自己家人的，他要伍子胥好好地照顾他的老母亲。而要离呢？非但不关心，还拿自己在这世上的亲人来作为刺杀的工具。

中国春秋史上的很多人性方面的问题，也许，只有当我们真正地处在那一个时代，才能真正了解吧。

47

要离之死

要离从吴国逃亡出来，流浪在诸侯各国，他到了哪里遇见谁就直喊冤枉，就一直说阖闾的坏话，他到处散布着怨言，见过他的人都会对这个世界的和谐建设抱有彻底的绝望。

这样没多久，要离就以无罪被陷害而传遍了整个神州大地，他的怨气简直可以冲天了。但是，只要足够细心的人就能发现，他一路流亡，看起来是满世界胡乱地跑，实则心中却只有一个目的地——卫国。

这一年，庆忌正好在卫国。

这一年，一路颠簸、哭坏了嗓子的要离终于找到了庆忌。

一见面，要离就把心底无穷的怨恨爆发出来：“阖闾，他不是人啊，他残忍地杀了我的妻子和儿女，并且更加残忍地在街市上焚烧了他们。他们一直都是良民，都是无辜的。如此草菅人命的君王，我看他的气数也快尽了。要是您父亲在的话，他阖闾敢这么做吗？本来啊，我们吴国的大王应该是您父亲的，可是，您父亲也被这阖闾给算计了，阖闾他就是一个小偷。哎！您可得给我做主啊。”

“嗯，国仇家恨，我是一定要找他阖闾算账的。”庆忌咬牙切齿道，紧接着又说出了他的困惑：“可惜，我现在光有满腔报仇雪恨的热情，却苦于没有办法呀，要是老天爷再赐给我几百几千个庆忌，估计是没有问题的。不过，我也不着急，君子报仇，十年不晚，我等等再说。”

“不能等了，再等下去，阖闾他就自然死亡了。这样，您能高兴起来吗？像那个伍子胥，您不知道，楚平王挂掉之后，他都后悔死了，他后悔自己不能亲自手刃仇人，您也知道，一个人要是后悔起来，那是生不如死的。

王子啊，您知道我为什么会被阖闾逼到这个地步吗？因为我掌握了吴国的一些重要的机密，我知道的不少。我想把它们都告诉王子您，我相信，王子的英明神武加上我掌握的机密消息，阖闾就算是上天入地，我们也能把他揪出来的。”说着，要离又凑到庆忌的耳朵旁，如此这般，这般如此地说了一通。末了，才道出了此次谈话的重点：“我们两个人，有手有脚的，就一起到吴国生擒了这阖闾吧。”

不知道要离的口才究竟到达了一个怎样的高度，总之，这番话之后，庆忌完完全全地被洗脑了。他仿佛热锅上的蚂蚁，恨不能马上就回到自己祖国母亲的怀抱，他迫不及待地要夺回本来就属于他、属于他父亲的一切。

别说十年，就是一年，庆忌恐怕也等不及了。三个月之后，庆忌临时挑选了一些训练有素的士兵，然后火急火燎地向着自小到大那一片给他带来了无限梦想的吴国去了。

这一路上，要离一直在找机会解决庆忌，可是却迟迟不得机会。这一天，在长江上，老天爷给了他要离一次机会，一次名传千古的机会。他们一行急忙赶到长江，又像赶着要去投胎似的就要渡过长江。在长江江上，机会来了。

要离因为力气小，便坐在了庆忌的上风，这样矮小的要离便和庆忌差不多高了。恰巧这时，江面上又吹来了阵阵凉爽的风，在前面的介绍中，我们知道，要离是个迎风飘扬的人，风简直就可以成为他的动力。

这一刻的要离占尽了天时地利，他心中隐藏的想法开始沸腾起来，他的妻子和儿女开始要死得重于泰山了。于是，借着风力，要离猛地挥舞起手中的长矛，只一下便勾掉了庆忌的帽子，同时，那根长矛又顺着呼呼响的风，直直地刺进了庆忌的头颅。

这一招来得太快了，也太利索了，庆忌根本就没有闪躲的余地，也没有足够的时间反应。要离的这一下，要是一般人，非得马上就当场毙命不可，可是庆忌的勇猛，实在不仅仅是个传说。

庆忌回过头来，好家伙，样子十分独特，只见那一支长矛还插在他的脑袋上。他整个人已经愤怒到了顶点，怒目圆睁，整个儿看过去活脱脱地就是一只独角兽。

庆忌回头猛地一甩，只见那长矛愣是被他给狠狠地甩掉，他又一个转身，面对着要离，同时，急速地一个跨步，抬起双手快速地揪住了要离的脑袋。这一连串的动作完成得相当的漂亮，一气呵成。

庆忌把要离多次摁进水中，一下紧接着一下，直直地把要离整个人搞得晕头转向，折磨个半死。然后，才将要离提了起来，放到了膝盖上。啊，这家伙可能是回光返照，被刺中了要害，还这么有力量。

庆忌虽然受了重伤，可还不忘表扬一下要离，这是他最后的绝唱了："唉呀呀！你小子啊，真是天下的勇士啊，竟然敢把兵器的锋刃加到我的头上！难得啊难得。"

都什么时候了，庆忌佩服起要离来还简直是不顾自己的生死，他旁边的侍从哪里有这等闲情雅致，拿着武器，二话不说地就要来杀死要离。这时候，庆忌做出了一个让后世不得不佩服的举动。

他手一摆，喝退部下，虽然失血过多，却还像个没事的人儿一般，只是说话已经有些气喘："今天我真的是长了见识了，这要离真的是天下的勇士啊！怎么能在一天之内杀掉两个天下的勇士呢？我们的吴国出个勇士不容易啊！"

这里，可能有的读者要被这道数学题难住了，他要离不是一个人吗？

怎么跑出来了两个勇士？我们需要说明一下，在这，我们的庆忌也把自己给算进勇士的行列了。

这一趟来，要离本来就没有打算要活着回去，可是现在，庆忌的话让他看到了希望的曙光。庆忌，这一个王僚的儿子，这一辈子最后的话就是："你们大家给我仔细听好了呀，你们一定要让要离返回吴国啊！这样，好以此来表彰他的忠诚，多年以后，我们吴国也多了个出现在史书上的人物。"说完这话，他就永远地离开了人世。

这里庆忌说的忠诚当然是要离对吴王阖闾的忠诚，他是要让要离回到吴国去领赏呢。

要离侥幸不死，他和随从一起渡过了长江而到了江陵，一路往回奔波。他想了很多，脑子很乱，对于一个准备赴死的人，活着是多么痛苦的事，终于在河边闷闷不乐地不走了。还在窃喜的随从一见，大惑不解道："您为什么不走？"

要离形容疲惫地说道："我杀了我的妻子儿女来做我职业前进道路上的工具，我这是不仁；我为了新的君主而杀害了原来君主的儿子，我这是不义；人们看中的是舍生就死，但一点都不尊崇不合乎仁义的行为。我现在贪生怕死、抛弃了德行，我竟然还想着回去领奖，我这也就不符合仁义了。人有了这三种丑恶的行为还活在世上，那就是苟活，我还有什么脸面去见天下的贤士呢？"

"可是……"随从也发话了，他想着安慰要离点什么，可是突然，这要离完全不给随从反驳的机会，双脚一蹬，纵身一跃，跳入了江中。

随从一见，傻眼了，同情了，也愤怒了，更加不干了。大家给说说，作为一个随从，还是大王派来的。你现在把自己的亲人都解决了，可是，我家里还有八十岁的老母，一两岁的小孩，你死了，赤脚的不怕穿鞋的，倒是好了，可是我家里一大家子人，总得有钞票来养活不是？现在，好不容易跟你九死一生活着回来，正高兴得半死地要沾沾你的光，跟你回去享受荣华富贵，你现在却想自己一个人去死了，你这要是死了，我一个人可该怎么办？你要离枉为勇士，只能同患难，不能共富贵，你说你有意思吗？

于是，随从带着满心的不甘，急忙跟着要离跳入水中，一番努力，终于把轻生的要离给救了出来，所幸要离还有气儿。

随从又是人工呼吸，又是按住要离的人中，然后一压要离的肚子，总算把要离从鬼门关口给拉回来了。他的脑袋经过河水的洗涮，有点清醒了，道："我难道能不死吗？告诉我，我现在需要一个活下去的理由。"

"您暂且还不要死，"随从其实还想说的是："您等我跟着您拿到了吴王的赏钱，得到了吴王的官爵奖赏之后再去死，那个时候，没有个几百块钱，你再跳河，我相信没有谁会拦你的。"可是，这哪里能说，他转而道："以便等候吴王赏给您爵位俸禄。"

如果他实话实说，估计要离还会考虑考虑，因为从前面要离的事迹中，我们可以发现，他是一个能替他人着想的人，他最见不得自己的好。

可是，随从这样的话，要离听了，一下子感觉这样为了他好的话，暖流还没上来，一下子心又降到了冰点。要离想啊，现在全天下的人一定以为他要离是为了万恶的金钱，为了恃强凌弱的权力才杀掉了妻子和儿女，也才不惜一切去杀掉庆忌的。这种人啊，哎，怎么说呢？为了荣华富贵，太不择手段了。

于是，我们的要离又想了很多，但是，没有发散出去想，都在自己为了名利而杀人这件事上斟酌，一时间，竟然崩溃了，他的心理防线被自己彻彻底底地攻破了。于是，要离选择了自杀，他自杀的方法，在我们现在人看来，简直就是触目惊心。

要离首先用剑，一下紧接着一下非常认真敬业地斩断了自己的手和脚（由于他的力气小，不可能一剑下去就砍断自己的手或脚，所以，他得一下一下的。而且，据史书记载，要离是砍断了自己所有的手和脚。按照科学的分析方法，我们还真不知道他自己一个人是怎么办到的，估摸着，要借助嘴巴的力量。况且，他旁边还有一个一直不愿意看他死掉的随从，看来，他要完成对自己百分之一百的摧残，没有解决掉随从是不行的），再把剑向自己的要害部位刺进去（这一项工作，难度更高，我给琢磨了下，这个时候，要离只有嘴巴还能杀人，他应该是这样的，用口把剑叼住，然后整个人向地面上倒下去，剑柄正好对准了坚硬的地板，剑的锋刃则是和喉咙亲密接触。想想，实在够可怕的）。紧接着，要离才死掉的。

要离死了，之所以我们还能知道这一些，是因为他的死对后世影响深远。他的死，直接为后来的四大刺客的榜单的创立立下了四分之一的功劳。春秋战国的也是整个历史长河的唯一的中国四大刺客：专诸、要离、聂政、荆柯（提醒：不是按笔画或者首字母排序的，而是按照时间先后。其中，专诸和要离是自幼出生在吴国长在吴国的，刺杀起来也都非常成功。由此可见，吴国对于剑啊钩子什么的比较有研究，直接带动了和这一些兵器有关的一些产业的发展，比如刺客这一行）。

我们可以想象得出，两千多年前的要离，他那个时候的心真的是疼痛绝望到了顶点。他在一剑剑砍自己的时候，他的目光是那样的无助，又是那样的凄惨，他本来准备一死的。可是，庆忌却放过了他。他从来就没有想过，要是侥幸不死，应该怎样去生活，他似乎已经一次次地看到自己的妻子和儿女悲惨地死在自己手里的场景。对于他，这简直就是非人的折磨。而且，在当时，他所做的又不能得到大家的理解，他也是被封建礼教给整成这样的（为了所谓的忠义），很多人却以为他是为了荣华富贵。于是，他选择自杀。

我后来给分析了下，庆忌为什么要让他要离活，想来想去，隐隐约约竟然觉得这是庆忌的一个阴谋。在他要死的时候，他心中那无穷的怨恨与不甘，已经不是单单地通过杀死要离所能抚平的了，他要要离生不如死。于是，他选择了放过要离，叫手下放过他。

但这仅仅是猜测而已，即便是叫我们当场面对庆忌，也没办法知道，毕竟这是属于人家的隐私。何况，已经过去了这么多年，所以，庆忌的宽容依然值得我们敬佩。

48

火眼金睛

庆忌死了，阖闾心上的一块石头也落地了，这里面，又有伍子胥的功劳，虽然他没有直接参与进去。但是没有他，这事根本就不能成，他是属于在幕后操控一切的人物。

我们再来说说伍子胥，到现在，国家大事，事无巨细，他都掺和了进去，这是为什么呢？爱国？他原来的国家是楚国；爱权？他一人之下万人之上，没有必要这么累。

自始至终，伍子胥都惦记的是他满腔的报仇雪恨，都在表现的是他对楚国的仇恨。

看着吴国的 GDP 稳步增长，看着吴国的军事实力已经不落后楚国，伍子胥的心里那个着急啊，自己的身体能等，可是自己的头发不能等啊，都白成那样了。

这一天，伍子胥和伯嚭互相商量道："老弟啊，我们给头儿介绍了这么多的贤能之士，我们为吴王谋划了这么多的计策，我们在一起做了对吴国这么多有利的事情，我们为吴国做的太多了，实在是太多了。我们头儿老早就已经叨念着要攻打楚国了，也老早就已经颁布了命令，可是丫却又一次次找理由，压根儿就没有起兵的意思，你说我们该怎么办呢？还跟不跟头儿混呢？"

伐楚——对于伍子胥来说，实在是最重要的了，它已经成了伍子胥的人生目标，成了他成长的人生哲学，他已经把楚平王给等走了，他不能再把自己也给等走。如果这样，他就算对得起自己的良心，也对不起自己的头发。

过了不久，吴王把伍子胥和伯嚭这一对同病相怜的左臂右膀都一起叫来商量："我想出兵，你们两位看怎么样？"阖闾这话问得是相当有水平，不问别人，就问你们两个最为怨恨楚国的，他倒想看看他们两个是不是把他的江山当做自己失去了理智的赌博的筹码。

伍子胥和伯嚭都很聪明，一听，这回有戏了，心想啊，以前都是伍子胥在唠叨，现在大王自己提出来，他们的心里真是那个喜啊。我们也希望伯嚭这回不是白白欢喜一场，他们没有得意忘形，而是非常谦虚地说："我们愿意服从您老的命令。"

伍子胥和伯嚭都是文人，太极打得可厉害了，这话隐含的意思是，打楚国，是您自己的意思，我们没有意见；如果不打，我们也不勉强，我们不敢要求大王给我们俩报仇。听他们这么说，吴王内心里叹了口气，没再多言语，他的心里有苦衷啊。

他这样问，还有更深沉的意味在。

当年，吴王还不是吴王的时候，伍子胥还能和他谈条件——要给我报仇，我才陪着你一起干谋权篡位的勾当。现在，倘若伍子胥一个人跑去对阖闾说："哥们，你的事情现在了结了，我的呢？你可不能忘了啊，看到楚国吃香的喝辣的，我实在是吃不下啊！"这样说，估计伍子胥得先把自己的命给结果了。自有史书以来，不管是明君、昏君、暴君、荒唐君，最恨的可能就是受自己手下的威胁，被不是君王身份的人谈条件，伍子胥顶多也就在阖闾面前无关痛痒地唠叨一番罢了，哪里敢去威胁。

阖闾这会儿真的想要打楚国了，兵器也造了（甚至还整出了个新式武器吴钩），城墙也建了，人才也找了，甚至连庆忌那孩子都和他永别了，军费投入了这么多，为的就是打仗啊，这会儿，已经没有回头路了。可是，阖闾也有他的难处啊，他心中打着算盘：这两个人（伯嚭和伍子胥）都把楚国恨到骨子里了，尤其是最看重的伍子胥，这要是让他们带兵去和楚国交战，估计是要把楚国消灭干净了才能罢休。能解决干净了还好，可是尽管他们很有能力，但吴国目前却还没有这个能力啊。楚国是什么？在春秋五霸中是排在前面的，很早之前就是了，虽然没落了，可是那是很早之前的事，如今它已经复兴了。而自己的吴国，一直以来都是榜上无名啊，虽然走得一帆风顺。这一次，和楚国开战，即便是能侥幸打赢，到时候，最好的结果也一定是两败俱伤。

阖闾明白：战争是要有所付出的，而不单单是为了你们两个出口气，我自己也很想打。

阖闾老想打楚国，兄弟的仇就是他的仇，可是他是有难处。当时也没人知道他的心思，孤家寡人，怪可怜的，他又不能直接地说出心中的顾虑（这简直是在泄露国家机密，搞不好，楚国先攻上门来了）。可是，天天看着伍子胥越来越白的头发，天天面对着伯嚭那张哭丧的脸，自己再不解决，君臣之间就要出现隔阂了。他们可是朝廷的栋梁啊，他们要是倒下去了，吴国要想有大的发展——难。

还有当年的申巫臣，从晋国跑到了吴国，不就是因为晋国不能帮助他报仇吗？现在，表面上和伍子胥他们有说有笑的，看起来还好，可是，万一人家哪天等不及了，辞职了，自己上哪去找人？

思来想去，为了让人明白他的心思：我不是不想攻打楚国，而是现在还打不过楚国啊。阖闾终于想出了一个办法，这一天，他穿好衣服，对着镜子好好地把自己给打扮一番，也不多说什么，把群臣们召到了一起，然后在群臣无比冷静的目光中，缓缓地登上了高台。

阖闾站定，然后一言不发，满脸的愁苦，趁着人群都安静下来，猛然对着南边吹来的风一阵长啸。过了一会儿了，大家以为他要宣布什么重要的事情，却见他们的老大长长地叹息了口气。然后继续保持沉默，直到大家都傻眼了，阖闾才又重新走回来，自始至终，未发一言。

这大王究竟是搞什么鬼啊，群臣之中，大家都在琢磨老大今天抽什么风发什么春，没有谁能知道阖闾真正的心意，都是一脸的莫名其妙，更多的人甚至担忧起来了，准备去叫太子过来。

台下，只有伍子胥一个人一脸的凝重。刚开始他和大家一样，都以为阖闾是有病了，可是又用了几秒钟仔细一想，他就深切地明白了这其中隐藏着的意思了，阖闾没病啊。

阖闾如此这般的动作，放到现在，叫做哑语，只不过，现在的哑语一般都只是用手比划，而他的更加高级，他充分地调动了全身力量。他这是在向吴国群臣表明：他对于强大的楚国，那是充满思念的心思啊。他现在已经走出了当年谋权篡位带来的心理阴影，也就剩下讨伐楚国的事情最让他揪心了，所以才又是登高望远，深情地看着楚国的方向，又是满脸的愁容，又是哀叹啊。

今天发生的这一切，大家都还蒙在鼓里，伍子胥却透过现象看到本质了，一路退朝回到家，他也是边走边想。终于，在要进入家门的时候，他好歹是在心里想清楚了该怎么为吴王排忧解难了（他一直不明白老大为什么会迟迟不进攻楚国，现在有了答案，他也高兴啊）。

第二天，伍子胥就跑过去找阖闾了，一见面，他就等不及地向阖闾推荐了一个人。这个人，在中华民族灿烂而丰富的历史上，有着属于他自己光辉而不朽的一页。这个人，他被后世尊称为兵圣、百世兵家之师、东方兵学的鼻祖，这个人，他的代表作是《孙子兵法》。

没错，伍子胥要推荐的正是孙武，在他看来，吴国如果真的比不过楚国，有了孙武的加入，吴国就一定可以战胜楚国，他一个人胜过百万雄师呐。

回过头来，我们再来分析伍子胥这个人，他的计谋，他的学识，他的军事头脑，他的政治手腕，都是妇孺皆知，都是为后来人津津乐道的。可是，我们似乎忽略了一个很重要的东西，那就是他看人的眼光，通过他的表现，我们能发现，他是一个伯乐，绝对的伯乐。

什么是伯乐呀？有的人能看是驴子是马，就叫相马，有的人则能看是人才还是废柴，就叫伯乐。

是驴子是马，伍子胥基本上不用把它们拉出就可以看得出来了。他的目光不能说不毒辣，不能说不准确，从专诸到要离，从伯嚭到孙子，只要是个人才，基本上没能逃出他的法眼。

这绝对是一双令人畏惧的火眼金睛。

49

锋芒微露

孙子，名武，齐国人氏（怎么说呢？吴国是个非常不生产人才的地方，能人都是外援啊），善于策划用兵的方法（即是善于兵法）。但是，通过我们对中华历史上的名人的研究，我们发现，比较有能耐的名人都比较喜欢隐居，孙武也不例外。他隐居的地方是哪里，史料没有记载，所以对于他出生地点的考究就成了一个至今令无数史学家头痛不已、争执不休的谜题了。

有趣的是，孙武出山之前是隐居的，功成名就之后，也是隐居的。

我们要说的是：由于他的隐居，所以当时吴国的社会上，竟然没有谁知道他的才能。直到我们的伍子胥，经常在人群中寻找能够骑的马，才去把他挖掘出来。

这一天，伍子胥向吴王阖闾推荐，阖闾并没有放在心上，不是因为他嫌弃孙武是个山野村夫（阖闾基本上是那种只要你是个人才，不管你是亡命之徒，还是社会渣子，他都敢于使用你的一个君王，他从来不在乎这一些东西的），而是因为，面对着那么热情的伍子胥，他的心底猛地闪出了一个念头："怎么我身边比较聪明能干的都是从你伍子胥口中出来的，再这样下去，我的老大位置可能有危险啊！再说了，单单多了一个孙武，能对整个战争产生根本的影响？孙武、孙武，人如其名，也就是一个崇尚武力、崇尚单挑的主儿。老兄，这一次可不是暗杀啊！"

这一次的推荐，由于阖闾多疑的心理在作怪，所以伍子胥碰了一鼻子的烟灰。

伍子胥倒是一点都不着急，他性格里的优点非常多，有救人的，也有杀人的，有劝人家不要跳楼的，也有逼人家跳海的。但是，他最主要的优点，我想还是具有耐心这一点。你想啊，一个人要是没有耐心，就算他再厉害、再聪明、再有手段，也只能早早地夭折而已。

伍子胥的耐心，我们可以从他一路血雨腥风的报仇历程中窥见一二，比如他的逃亡过程；比如他协助阖闾的谋权篡位；又比如为了报仇，帮助吴国做了那么多。于是，天生的耐性使得他在这一件事上一逮到机会就向阖闾推荐孙子，推荐孙子和他一起去楚国打仗。阖闾最终也不耐烦了，于是，就召见了孙子。

咱接着来说说这伍子胥的耐心，后来，在打不打越国这件事情上，他也很有耐性。可是，这耐性最终惹恼了一个庞大的利益集团，于是他死了。由此我们可以发现，耐性这东西有时候也不是什么好东西。

闲话休提，这一天，天蒙蒙亮，吴王就接见了孙子。

一番短暂的礼仪之后，阖闾开门见山道："我听人说啊，你在山里没事干的时候，就经常研究兵法，并且也自力更生地用兵法逮捕了一些小动物，不知道有没有这等事呀？"

孙子也不跟他谦虚，娓娓地就说起来，他将自己这么多年来的心得——那一篇篇的兵法有条有理地陈述起来（这里省去几千字，有兴趣的朋友可以去研究《孙子兵法》）。

孙子厚积而薄发，吴王听得入迷了，竟然不知不觉地连连叫好，心中的高兴滋味更是没人能体会，他仿佛看到了楚国的大好江山被自己蹂躏得不成样的美好场景。

孙子说起来头头是道，合情合理，以至于我们的阖闾忍不住想马上就要用孙子的兵法试一试，于是道："孙子啊，你讲了那么多，别整出张空头发票啊（本来想说纸上谈兵的，但是现在还没到战国，不能让这句话穿越了），这用兵的方法是否可以稍微试验一下？我很想看看啊。"

孙子一拍胸脯，自信满满地说道："没问题，我可以在后宫的宫女中稍微试验一下。"

吴王当即答应了，孙子进而提出条件说："请大王给我您最宠爱的两个妃子，让她们担当军队的队长，各自带领一队，互相打架。"

吴王这辈子还没有看到过女人打架，一听，兴致更浓了，当即答应下来。这次的演练不就是试一试吗，又不是真打。随即，宫女和王妃都被叫出来了。

面对着这一些平时养尊处优得细皮嫩肉的宫女和妃子，吴王几乎不相信孙子有能耐把她们调教成像战场上的士兵将军那般凶悍，只要不至于到时候打起架来还专门用指甲抓人就行了。所以，他给了孙子一个星期的时间，自己则是先候着，决定等一个星期再来看宫女们是怎么打架的。

孙子是个很懂得珍惜时间的人，趁着愁惨的月光，他当天晚上就让好几百个宫女都披上了铠甲、戴上了头盔。他本人则是拿着剑和盾立正稍息地站着。

孙子义正词严地把军队的法规告诉这一群女孩子，叫她们随着鼓声或前进或后退、或向左或向右、或者旋转打圈（这应该是我们现代军事上的向后转）。当把这一些操练时候的条例都一一向她们讲明白之后，孙子自己也终于明白，为什么女人是不适合上战场的，排除拿刀砍人、拿剑捅人的因素，光是训话，她们就不时地发着嘻嘻哈哈的笑声。

孙子擦了把汗，接着又严肃地命令道："第一次敲鼓的时候，大家都振作起来；第二次敲鼓的时候，大家都要呼喊着前进；第三次敲鼓的时候，大家都要排成作战的阵势。"

孙子的声音响彻全场，可是，宫女们却都捂着嘴揶揄地笑了，她们简直是把我们中华民族伟大的孙子当做自己家里的妈妈的那个孙子了，不就是小孩子吗？姐就是欺负定你了。所幸这个时候，孙子还很冷静，他干脆跑到大鼓旁，亲自拿着鼓槌敲起鼓来了（孙先生还以为这一群女孩子听不懂鼓声，或者是敲鼓的人敲错了，自己亲自上阵，可见孙先生心底恨铁不成钢的心理有多么的强烈）。

孙子在台上边敲着鼓，边反复再三地命令、告诫，可是宫女们的笑声却没有减少，反而盖过了他的鼓声。"呵呵，瞧这书呆子，拿着个鼓干吗啊，他是在跳大神吗？还是，他家里有什么喜事？"人群中又传来了一阵稀里哗啦的欢声笑语。

我们老实本分的孙子愤怒了，他瞪着血红的眼睛，转头环视了一周，可是，宫女们非但没有害怕，竟然还是接连笑个不停啊。

孙子愤怒得更加彻底了，这一群天真的女孩子的表现，可让他怎么活啊！史书记载，这时他双眼忽然瞪大，声音像受惊的老虎，头发像被电触着了一根根坚挺起来，竟然顶起了帽子，脖子旁边的帽带都被他的青筋绷断了。

即使这个时候，宫女们还是没有停下来依旧拿孙子说笑，也许是他这个人长得比较讨女孩子欢心，“哎哦，孙子先生，您是不是有病啊？”

孙子想说，再这样下去，我真的会生病的，而且，我一生起病来，别人这辈子一定会没有机会再生病的。但是他没有说，他回头对执法官说：“拿斧头和铁砧板来。”

执法官照办，不一会儿，孙子又继续说：“禁约不明确，命令不守信用，是军官的罪过。军官已经下了禁令，而且三令五申，士兵仍不能按照命令前进后退，便是队长的罪过了。按照军法该怎么办？”

执法官以为孙子在考她律法呢，便非常得意地说：“斩首。”

孙子很冷静，近乎于冷酷道：“斩首，好。那就把那两个队长都斩首了。”他严格地遵行着军法无情。

这一次，他要杀掉的两个队长是吴王所宠爱的妃子。这个时候，吴王登上阅兵台观看，正好看到这边孙子演练着演练着，竟然就要将自己的两个爱妃都杀掉。他登时目瞪口呆了，马上又反应过来，就让使者前去阻止，使者带去了吴王的命令道：“吴王已经知道将军很能用兵了，吴王说啊，他如果没有这两个妃子，会吃不下饭。您不能杀了她们，她们现在不正是在演练，也就是闹着玩的吗？”

孙子这个时候，也不知道有没有失去理智，恶狠狠地说道：“我孙子，既然已经被他阖闾任命为将军，将军在军队中执法，君王即使有命令，我也不会去接受它的（防止有人假传圣旨啊）。”

这一句话，后来几经辗转又被无数战死沙场的将官引用过，叫做：“将在外，君命有所不受。”

相信很多读者想要知道，这孙子有没有把这两个妃子杀掉，这个史书上没有记载，估计是少儿不宜，太血腥了。但是，我们可以从接下来阖闾的反应探知这两个妃子到底被斩首了没有。

这一个夜晚，孙子又重新开始指挥了，他敲起战鼓，宫女们跟着鼓声整齐有序地行走起来，她们就是连多眨一下眼睛也不敢。

没多久，孙子就很满意地又找到吴王，自信满满地说：“现在，请大王去检阅她们，只管按大王的想法去使用她们就好了。现在，大王就是叫她们上刀山下火海，她们也不会有退缩的意思。大王现在简直就可以用她们去征战天下了，别看她们还是弱女子，其实，老虎见到她们都得让路。”

吴王却一点都高兴不起来，他这个时候的心情可以用垂头丧气来形容，说道：“我知道您善于用兵了，虽然可以靠它来称霸天下，但是我们吴国现在没有战事。将军解散队伍回自己家里去吧，我吴国，地方太小，太偏僻，用不起将军这样的人才啊！我也不想再检阅她们了，女孩子嘛，我更喜欢她们弱女子的样子。”

吴王一副爱搭不理的样子真让孙子大惑不解，难道是自己的练兵方法有误？可是，前前后后仔细一想，不对啊，训练士兵不就是要把他们训练得像钢铁一样吗？而我，现在不是办到了吗？我不是非常成功地让一潭水做的女人变成钢铁了吗？左思右想不得其果，最后，孙子只好找了个理由安慰自己：“吴王只是喜欢我的理论而已，根本就不能让我的兵法付诸实施。我是个理论结合实际的人，而吴王却不喜欢，真郁闷啊，我还是准备回家吧。”

回到我们的问题上，孙武到底有没有杀了那两个妃子，从吴王和孙子的对话以及后来那一些柔情似水的女子被训练成钢铁般的情形来看，我们可以发现，吴王对孙子胸中是很有一些怨气的。这怨气来自哪里呢？想来他们之前也无冤无仇的，那就只能是那两个妃子被杀的事了。

在我们现代人看来，这孙子实在是太一根筋了，这不是说好了是一般的训练吗？怎么就动起了真格呢？但是，从另外一方面来说，在战场中，免不了有那一些个王公贵族子弟不服从命令，这个时候，如果顾忌这顾忌那，免不得会影响整个战争的局面。虽然孙子确实做得有点过了，但是，光是凭着他的那一股子真诚——训练起士兵来严格执行军法，而不在乎一些权贵，哪怕有君王的左右。撇开其他的不说，我们就可以断定，这是一个值得尊敬的军事家。

在中国的历史舞台上，孙子是一个很称职、很出色的军事家，但是，他并不擅长政治，从这一点来说，我们似乎可以理解他为什么会有这样的做法了。

50

无忌挂了

吴王阖闾不打算用孙子了，他那个伤心啊！可是，伍子胥却更加坐不住了。不用孙子，就不能攻打楚国，不能攻打楚国，自己人生也就失去了意义，于是，他又不厌其烦地出来唠叨了。

伍子胥对阖闾说："我听人讲，'用兵打仗，是不吉祥的事，不可以随便试验它的。'所以，用兵打仗的人，如果声讨攻打的事情不准备付诸实施，那么用兵之道就不应该暴露出来。"他这句话的意思是，现在孙子的用兵之道已经暴露了出来，您老再不去打仗，就是违背了天理，就算楚国不打过来，老天也要派天兵来消灭你的。而且，这不是您个人的事，老天报应君王最终的结果都是要报应在国家的身上，国家必将遭受巨大的损失。

现在，老大您想发动战争去教训一下暴虐的楚国，从而达到称霸天下而威服诸侯的目的。如果您没有选用孙武当将军，那普天之下就没有谁能跨过淮河、渡过泗水、驰骋千里去作战了。

这一些话，吴王听得耳朵都快生出茧子来了，他再怎么铁石心肠，也该被说动了。自己和那孙子虽然有冤仇，可是他也是一时气不过，孙子确实是个人才啊！一想到楚国的大好河山马上就要被自己给踩在脚下，他什么恩怨都见鬼去了。阖闾想，当年那吴王僚不就是通过把他派去作战，想让残酷的战争来消灭他的吗？既然对孙子有怨气，倒不如把他送进战场让他自生自灭。

阖闾于是答应了下来，他命令敲响战鼓聚合军队，准备开始攻打楚国了。这一次，他真的是箭在弦上不得不发了，都准备了多久了你说是不是？

没多久，孙子就被重用了，他和伍子胥还有伯嚭率领着大军浩浩荡荡往楚国去了。

这三个统帅，伍子胥、孙武、伯嚭在历史的长河上都是有些分量的，尤其是孙子，专业就是打仗，只有在战场上他才能找到活的感觉。于是，在这一次和楚国的战争中，他果然没有辜负伍子胥的苦口婆心，也没有让阖闾失望。在吴楚战争中，他将理论知识很好地学以致用，没过多久，便攻克了吴国的舒城池舒，并且将两个吴国叛逃出去的人才，亦即两个叛逃出去的公子——盖馀和烛庸给活捉了回来。

吴国这一个无论是人口还是领土，或者是银子都没有楚国一半的国家，在战争开始，却对楚国呈现出一面倒的局面，阖闾每天都能听到胜利的捷报传来，他高兴地大吃大喝。这一天，他又和大臣们谋划，有点让胜利冲昏了脑袋的他，说现在就想要打进郢都。

郢都，不说大家可能还不知道，就是春秋五霸之一的南方霸主楚国的都城了。一旦攻破了郢都，整个楚国的灭亡也就指日可待了。由此我们可以知道，这郢都该有多重要，又应该有着怎样的重兵把守。而现在，屡战屡胜的阖闾，居然想要一鼓作气，或者更确切地说是想一口吃成胖子地拿下郢都，可见吴国军队在战场上的成就了。

“楚国的郢都，指日可待，这一次我们要势如破竹，直接攻破楚国。”

“嗯，大王英明啊，我们就是要把楚国彻底地灭亡了，楚国也没有传说中的那么厉害。”

“这样，我吴国接下来还会吞并晋国、郑国、秦国……”大臣们都对前景展开了美好的联想。可是，没有实力做后盾的联想，想得再好，那也只能算是想入非非。阖闾一个人想入非非不要紧，但大臣们也跟着如此这般就很可怕了（想想后来，好些个国家之所以灭亡了，很大一个原因就是君王和群臣们一起沸腾了，然后才发现，整个朝堂都坐在火炉上）。

“不行，”有个洪亮的声音在大厅里响起，“经过这一场战争，民众已经劳苦非常，心中必定有怨言。现在，我们再去攻打郢都，即使我们用兵十分厉害，毕竟是在人家楚国的地盘上，这仗打得也是敌死一千，我伤八百的事儿。况且我们吴国的综合国力是不及楚国的，就算我们超常发挥，一个士兵可以换楚国五个士兵的命，我们也是耗不起，实在是不可取呀！”孙子发言了，由于这位仁兄天生就能吼叫，这一句话竟然把连同伍子胥在内的群臣都给震住了。伍子胥虽然也明白这个道理，可是别人是让胜利冲昏了头脑，他现在则是被报仇丧失了心智，哪里能提出来。

孙武又说了一些，史书记载那是说得头头是道，以至于连伍子胥都不得不清醒，吴王都不得不从勇大于智的基因里逃出来。阖闾虽然心里很不爽，可是人家有理啊，人家一针见血，自己再疼，但好歹醒过来了，他总还算是讲理的，说道："既然这样，这件事就日后再议吧。"

吴国这边的事情，我们姑且不提，且说交战方楚国的纠结。

眼睁睁地看着吴军一路势如破竹，整个楚国上下开始坐立不安了。孙子、伍子胥、伯嚭，这三个将军，如下山的猛虎一般，楚国的大臣们都苦不堪言。

"为什么，这是为什么？楚国堂堂五霸了两次的国家，这么出人才的地方，怎么可能被吴国打得如此凄惨？"在楚国还十分强盛地对伍子胥、伯嚭追杀不停的时候，没有人思考过这个问题，现在朝野上下都开始反思了。

他们几乎没有一个人能找出存在于自己身上的原因，而是把反思的目光都放到了一个人身上。这个人，在他得势的时候，在楚平王在位的时候，大家都恨不得去巴结他，恨不得能和他走近点。可是现在，随着楚平王的去世，随着楚国的屡战屡败，大家开始都痛恨起他来，众怒难犯，他就是费无忌。

现在，楚国上下也不用私下里议论了，"是他！费无忌，他是个奸臣，说了坏话并杀害忠良，他不是人啊！就因为这样的事情，吴国才侵犯了楚国的边境，不断来骚扰。现在更是因为他，吴国俨然要把我们楚国给消灭了。大家用脑子好好想想，要是没有他，吴国能这样吗？楚国又怎能如此狼狈？"

费无忌作为一个相当称职的小人，他相当的识时务，这时他想到了逃跑。可是，他也只是个相当出色的政治家，却算不得一个军事家，更不擅长长跑。这时他更是全国人民的公敌，他能往哪里跑？现在，他真是个上天无路入地无门。

没多久，费无忌就被抓起来了，楚国对他还召开了个会（楚昭王没有参加，这一次是民间组织的公判大会），当场讨论该不该杀。

会议上，群臣个个慷慨激昂、满腔热血，恨不得扒了他费无忌的皮，喝了他费无忌的血。司马沈尹戌（司马，当时相当于全军司令）对令尹囊瓦（令尹，战国时楚国执掌军政大权的长官，相当于丞相）说："太傅伍奢，左尹白州犁，这两人都是百年难得一见的人才，全国人民都不知道他们有什么罪，您和国君谋划而杀害了他们，最终使得全国上下舆论纷纷。到了今天，人们的气愤更加不平了，而我们的大王，到现在还不知该做点什么以平民愤，我对此实在是感到困惑不解（看不下去了）。"

他继续道："那费无忌，整个就是楚国的谗佞，天生就是能败国的才，民众们无不知道他的罪过。坏人您不铲除，却杀了三个贤德之士，以至于和吴国结下了冤仇。在国内，您也把我们在座各位忠臣的心都伤透了；在国外，你这样做，也会被邻国耻笑，您干的事情真是亲者痛仇者快。现在，白州犁和伍奢的家族，都出境逃到了境外。吴国新添了伍子胥、伯嚭，听说还来了个孙子，愣是要把我们变成孙子。他们现在是士气大增，国力大涨，而且他们相当一心一意、团结一致，他们一直找我们楚国的麻烦。所以啊，吴国这个弹丸小国，已经够资格是属于楚国强大的敌人了。这强大的敌人所发动的战争一天比一天可怕，我们楚国也一天比一天危急了。楚国如果再出现什么意外，我们大家就危险了。"

司马戌这一番话说得痛心疾首，发自肺腑啊，这一阵子以来，跟吴军的交手，他真的是丢尽了颜面，正愁没处发火，只好发泄在这公判大会之上："聪明的人除掉中伤忠臣者来使自己安全无恙，愚蠢的人收留巧言谄媚者，从而导致自己的灭亡。现在，您收揽了中伤贤良的人，国家因此而危险了。"

司马戌在战场上打了败仗，自己的过错肯定也是有的，可是，他现在在公判大会上，却通过说是朝廷内部的政治问题，从而来掩盖自己的过错，也算是一种巧妙的说辞了。令尹囊瓦被他说得也是一脸的忏悔，没有争辩，好一会儿，忏悔完了，方才认错说："这是我囊瓦的罪过啊！当时，费无忌这厮和咱们楚平王的关系实在是太好了，好得连太子建都被杀了。我虽然在王族中还有点地位，可是，也害怕费无忌说我的坏话啊！你们也知道，楚平王昏庸起来，听信奸臣的话，连他自己都会把自己给杀掉的。我有错啊，我更不该听信了费无忌给我的一些建议，我真的有错啊！"

九月份的时候，司马戌和令尹囊瓦强强联袂，一起杀掉了费无忌，诛灭了他的全部家族。这一件事，他们并没有通过楚昭王，而直接选择了先斩后奏。这样一来，虽然有违法律，却总算堵住了全国人民的嘴。

楚国对费无忌实施了死刑，除了泄愤，除了掩盖一部分人在战场上的失责（费无忌这个时候更像是司马戌的替罪羊），还有一个次要目的，那就是让伍子胥和伯嚭他们消消气。因为这人一旦生起气来，那打起仗来是相当不要命的。历史证明，连自己的命都不要了，跟别人干起架来，别人的命一般都要不了了。

尽管这样，杀费无忌，最主要的原因是可以通过泄愤的方式来达到掩饰上到楚平王下到普通贪官污吏的过错，但若是想着要左右伍子胥和伯嚭这等心智坚定的人，那可就不大现实了。大家可以想想，这国与国之间的打仗，岂能像两个小孩子之间的打架，教训一下自己家的孩子，当着别人的面把自己的孩子整哭就能化解恩怨呢？

51

一件小事

说到家里面的小孩，我们就顺便提一下吴楚之战中发生在阖闾家中的一段关于一个女孩子的故事。

阖闾也是人呐，家里也有老婆孩子，由于近期都在忙着和楚国拼命，屡屡出差，很少有时间陪陪他们。再加上，阖闾老早就已经深深地体会到家庭和事业这两者都是很重要的，于是不免觉得自己这段时间对他们太疏忽，有愧疚啊！

于是，趁着现在和楚国的战争告一个小段落，他就决定好好陪陪他们。阖闾有个女儿，他非常喜爱。他常和他们拉家常，说说这一段时间以来，自己是如何的有能耐，在楚国又是制造了多少起的家破人亡的案件。

在一个饭席上，又是在自己家里和最亲近的人吃饭，吴王高兴的程度简直是无法用言语形容（等一下，乐极生悲这一个成语将会在他的身上应验，我们姑且拭目以待）。一不留神，他就把一道刚刚摆上来的蒸鱼径自吃掉了一半（这要是放到现在，也就是个饭桌上的不礼貌问题，可话又说回来，在自己家里人面前，相信现在，如果不是为了教育小孩子，也没有谁会去在乎这一些小小的礼貌性细节问题。由此可见，阖闾还是有一定的现代人意识的，这在那个时代，相当不容易），冷不丁，阖闾又看到自己十分喜爱的女儿都还没有吃，自己这阵子也只顾着打仗，没有尽到一个做父亲的责任，于是，就关心地把剩下的鱼拿给女儿吃。

这放在我们现代，是多么温馨的一幕啊！可是，放在古代，却是能出人命的事儿。吴王的女儿一见鱼，脸立马就拉下来，带着怨恨含着泪道："爸爸，您给我吃剩下的鱼来侮辱我，我不能再忍气吞声地活下去了。"

说完这句话，这个女孩就自杀了。由此可见，超前的思想放在古代是可以出人命的。至今，我们都不知道她是怎么自杀的，是怎么在那么多人的眼皮底下结束自己生命的。但是，我们更加不理解的是，当时的人居然可以为了一条鱼而自杀。古代的女子，真的就那么不懂得珍惜自己的生命吗？

前面，我们知道伍子胥在逃亡的路上，稀里糊涂地也把个年轻的女子给说死了。由此可见，古代的某一些针对于女子的礼节，要是放到今天，估计男女比例将会进一步严重失调，想想都可怕，难怪鲁迅先生会说"礼教是吃人的合法工具"。

闲话休提，心爱的女儿就这么糊里糊涂地挂了，阖闾为此悲痛不已。他还不敢公然和礼制叫板，只是想着这事都是自己这做父亲的错，不能怨天尤人，更加不能怪罪当年到鲁国取经的寿梦了。他擦干眼泪之后，就将女儿葬在了国都西面阊门之外。

吴王决心给女儿风光大葬，于是就命人挖掘土地做成池塘，堆积泥土垒成山冈，用有纹理的石头（应该不会是大理石，是更加贵重的一种矿物质石头）做成外椁，在墓室中用大木头铺垫成心形，黄金做成的鼎、宝玉做成的杯子、白银制成的酒器、珍珠镶饰的短袄等等，这一类的宝物，都作为陪葬送给了女儿。

这样已经很风光了，可是阖闾觉得不够，远远地不够。因为，这一些东西再怎么珍贵，也是死的，冷冰冰的，他要活的东西也和女儿一同前去。

于是，阖闾当下命令在吴国国都的街道上免费为广大人民群众舞弄白鹤。这白鹤一舞，就吸引了成千上万的男女老少前来观看，民众还以为是办什么喜事呢，热热闹闹地就跟着白鹤的脚步行走而去。

地球人都知道中国人爱凑热闹，阖闾不费时、不费力地掌握了这一点，于是一场惨剧即将上演。

白鹤飞舞着到达的地方正是那吴王女儿的墓门，到这会儿，男女老少都还在看热闹，完全没有意识到一场灾难即将降临在他们头上。

只见那一些来凑热闹的，还天真地以为吴国正因为什么喜事而庆贺，却不料，四周墙壁突然射出了数不尽的箭矢，一根根刺穿了人们的心脏。来时的路也被封住了，所有的人都陷入了绝望的境地。

一时之间，哀嚎震天。

所有前去看热闹的男女老少都被吴王早就准备好的机关给算计了，阖闾杀了那些人来给他的女儿殉葬。阖闾再一次用实际行动让我们看到了他性格中自私而残忍的一面。

后来，国内的民众都知道了这件事，都和阖闾那个急，整天吃饱了不管撑着没，就一直骂阖闾，从早到晚只管骂。但是，也只能骂骂，而且还是私下里在心里骂骂而已。

这是一件小事，是中华民族历史的长河中微不足道的一件小事，可是它却和许多历史大事件一样流传了下来。这里面，是有原因的。史书没有抛弃这一段小事的原因就是，通过这一件小事，历史要告诉我们：阖闾在吴国的领导地位，且是绝对的领导地位已经确定下来，在吴国他已然是个说一不二的人了，吴国的命运也被牢牢地拽在了他的手中。

至于活人陪葬，有人说，这能有什么？古代不都是流行这样直到明朝英宗的时候才废除的吗？其实，这也没有错。但是，请大家一定要认识到：在春秋战国，一般的惯例是，“天子杀殉，多者数百，寡者数十；将军大夫杀殉，多者数十，寡者数人”，而且一般用的都是俘虏。而阖闾一下子吸引了成千上万的男女老少去给他女儿陪葬，足见血腥。

52

名剑出逃

故事讲到这里，请教大家一个问题，什么剑能漂浮在水中？提示，这个不是脑筋急转弯。

“木剑。”

“空心剑。”

……

“恭喜你们，都回答错误了，真正的答案是湛卢宝剑，吴国的湛卢宝剑。”下面要讲一个梦幻故事，虽然史书上对这个故事记载得十分详细，可是，我们还是要说它是梦幻的东西。所以，严谨对待历史的同学要做好心理准备啦！

湛卢宝剑，相传为铸剑鼻祖欧冶子所造，本来这剑是在吴国阖闾的手上，但是因为它憎恶阖闾的残暴无道，趁着一个夜深人静的夜晚——阖闾睡觉的时候，就自己一把剑私自逃出了吴国（这剑不仅有感情，还有手有脚，能跑能停，这真的是一把成了精的剑）。

阖闾一觉醒来，整理床铺的时候，发现剑不在了。他是个比较相信科学的君王，哪里相信这剑自己能跑，当下以为是有人把它偷走了，就派出贴身侍卫万里追踪去了。

却说那剑，还真能跑，一口气跑出了吴国王宫，跑出了吴国的边境，来到了楚国国都郢都。

这一天，楚昭王睡眼惺忪竟然看到了床头活脱脱地多了一把剑，好一阵惊吓，马上就从床上一跃而起，一下子睡意全无（本来今天还想旷了早朝课的，现在，看来没有必要了）。以为有刺客，刚想要大喊大叫，可是猛然间觉得不对头，又仔细看了看，觉得这剑很温柔，不像会杀人的样子。楚昭王就有点天降祥瑞的感觉，于是，就赶紧令人去把善于辨认宝剑的风湖子请来认剑了。

风湖子，也作风胡子，春秋时期的相剑家，空闲的时候，也经常给人做一些兼职，做一些铸剑的活儿。

“我刚刚在睡觉，一醒来，就有把宝剑出现在床头，我根本就不知道这把剑的名称和来历，这是什么剑？它今年几岁？它是哪个厂子生产的？”

风湖子把剑拿起来，从头看到尾，从尾又摸到头，惊叹道：“这、这就是传说中的湛卢宝剑啊！”

“怎么说？”

风湖子回答道：“我听说吴王得到了越国所献的宝剑有三把，第一把叫鱼肠;第二把叫磐郢;第三把叫湛卢。这三把剑，命运都是各有千秋啊！

鱼肠那一把已经和王僚的那件防弹衣同归于尽了；磐郢已经被阖闾拿来和他的那宝贝女儿一起下葬去见阎王了（估计被盗墓高手盗出来的可能性不大）；最后只剩下这一把湛卢，它现在竟然自己跑到了楚国。呵呵，这一把剑跑到了楚国，它真的跑到了楚国！如果这样的话，那真的是天大的幸事啊！”

想来这风湖子作为一个相剑家，这辈子，什么剑没有见过？可是，在面对着这一把湛卢宝剑时，竟然会如此激动。可见，这剑分量真的不轻。

“哦？”

“我听人说，越王元常让欧冶子造了五把剑（头号叫湛卢，二号叫纯钧，三号叫胜邪，四号叫鱼肠，五号叫巨阙），将它们拿给薛烛（薛烛，和风湖子干的都是替人分辨好剑与坏剑的职业）。薛烛掂量了好久，就非常专业地谈开了，薛烛对前面四把剑分别进行了详尽的解说。其中，鱼肠剑个性非常叛逆，谁拿到它就会弑君杀父；磐郢剑则是长得非常不符合规矩（用现在的话来讲就是，长得太有个性了，鱼肠是内心太具个性，磐郢则是外表，都不吉利啊），它对人也没有什么好处！所以，阖闾也就把它用来送葬；另外两把比较没有个性。这薛烛一句话就带过，剩下的一把，也就是现在的这一把湛卢宝剑，他可是给了它高度的评价。

薛烛说：‘湛卢剑含有各种金属精华，蕴蓄了旺盛阳气的结晶，寄寓着各种灵异的精气。如果你能把它拔出来，它便会闪闪发光；如果能将它佩带在身上，那整个人就能虎虎生威；打仗的时候，只要你往那前方一站，就可以击退敌军、抵抗敌人（这一招没有人试过，不过，后来《三国演义》里的张飞单凭一声吼就吓退百万大军，如果是真事的话，倒是第一人了）。’

这剑总之是好得没得说了，薛烛又说了，湛卢剑带在君王身上，如果有一些伤天害理的阴谋，宝剑就会自行外出，逃亡而去。如果顺利的话，它会来到道德优良、顺应天命的君王身旁。按照薛烛的说法，这湛卢剑现在跑到了大王您身边来，应该不会是跑累了停下来休息的，而是大王顺应天道，有道德有仁义啊……”

估计在当时相剑也不是什么好职业，风湖子正在考虑换个职业试一试，趁着这个机会大拍领导的马屁。楚昭王心里也是喜滋滋的，现在，自已真的是名利双收啊！但是，他更加关注实际点的东西，道德这东西不可靠，楚王问：“湛卢剑怎么个价钱？”

风湖子说得很自豪：“具体值多少钱，现在没有人估得出来，应该是无价。我听说这把剑在越国的时候，外商有人想买走它，想用含有市镇的三十个乡里、一千匹骏马、拥有上万户人家的两个大城市来买它，可是，人家不卖，您知道人家怎么说的吗？”

“不知。”

“当时，越人就马上拒绝了：‘我们越国的赤堇山已经合拢，云气都透不进来，若耶溪也已经深得不能测量，那里的群神都已经上了天。再说这个时候，欧冶子也已经死了（中国的惯例是死人的东西都比较值钱，现在造剑的死了，这湛卢剑也就更加值钱了）。即使你是用整个城池才能度量的黄金，多得塞满了河道的珍珠宝玉，也不能买到这样的宝剑，更何况是骏马千匹、市镇林立的拥有着上万户人家的大城市，你还是从哪来回哪里去吧，我们越国不缺那几个钱！’”

楚昭王听了风湖子的话，真是高兴异常。这年头，得了这东西，即使国家灭亡了，到哪里都是个有钱的主儿啊！

我们前面知道，在孙子的大力劝说下，吴国没有打到楚国的国都，那一次，阖闾是憋着一股气，也没有什么理由可以去打楚国，可是，这一次，自己的东西从自己的床上跑到了楚王的床上，他能再坐得住吗？

53

波澜又起

楚王高兴了，阖闾震怒了。

本来，在孙子的劝说下，好不容易吴国才偃旗息鼓，阖闾正愁着找个什么理由再去讨伐楚国。现在，这湛卢剑自己跑到了楚王的身边，他可算是找到理由了。他把伍子胥、伯嚭、孙子都找来一合计，决定这一次要狠狠地对楚国痛击一番。

纵观以上阖闾、伍子胥、孙子、伯嚭四人，伍子胥和伯嚭基本上可以划入为了感情作战的一类；阖闾则是为了利益作战；孙子呢？目标比较高雅，应该就是为了践行他的兵法而奔波，于是，倒也很合得来。

这一次，孙子没有阻拦阖闾，尽管他知道目前吴国的综合国力还不及楚国，但是上一次是刚经过了几场大战，军队已经十分疲惫。那种长期的连续作战，如何能打败那一些保卫郢都的生力军？现在，如果再去攻打，有了充分的准备，去郢都作战，胜算相对来说提高了很多。

还在吴国谋划的时候，伍子胥便再一次发挥了他极为厉害的政治手段。

以前，伍子胥顶多也就是在吴国内部搞搞政治斗争，而这一次，在开战之初，伍子胥便把政治斗争直接搞到了人家楚国去。他在暗中派人到楚国去散布谣言："楚国如果任用子期这个脓包当将军，伍子胥他们就能轻而易举地将其擒获，然后毫不留情地把他杀了；如果楚国任用的是司马戌这位厉害将军来指挥军队作战，那么，伍子胥他们就不敢来侵犯楚国，倘若他们不识趣，一定会付出惨痛的代价。"

这消息在楚国跟长了翅膀一样，没有几天就传遍了楚国的大街小巷，王公大臣们也是议论纷纷，尤其是司马戌，乐呵呵的。想想啊，自己这辈子都没有这么风光过。最后，在全国人民的拥护之下，司马戌就成了对吴国作战的总司令，子期则不知躲到哪里去了，真是没脸见人啊！

此子期容易让我们联想到历史上俞伯牙的知音钟子期，他们都是出生于春秋时候的楚国，但是，一个是楚国的王公贵族，一个则是山上戴斗笠、披蓑衣、背冲担、拿板斧的樵夫。他们唯一的相似点就是名字相同，国籍相同，性别相同，两人扯不上关系。

说起钟子期，我们不妨说说他和俞伯牙的故事。

俞伯牙，这个春秋时期数一数二的大音乐家，一天因为风浪过大的缘故，就在楚国的一座小山下停泊。夜晚，风浪都消停了，天空中露出了明媚的月光，俞伯牙一个人面对此情此景，琴兴大起，于是就拿了随身携带的古琴弹奏起来。

他弹了一曲又一曲，自己弹得入迷，听的人也入迷了。猛不丁，发现有个人正站在面前，一紧张，就把一根琴弦弄断了。这人知道是自己吓着人家了，赶紧道歉："先生，您不要担心，我是个打柴的，回家晚了，走到这里听到您在弹琴，觉得琴声非常美妙，不由得站在这里听了起来。"

俞伯牙借着月光一瞧，果然是个打柴的，胆子便也壮了起来，道："你一个打柴的，怎么能听懂我的琴声？你能说出我弹的是什么吗？"

于是，钟子期放下柴担，一一回答起来，竟然没有丝毫错误，俞伯牙又考了他一些音乐方面的专业知识，他都对答如流。而且只要俞伯牙一弹琴，钟子期就能知道他内心里的真实感受。

以前俞伯牙一直苦于弹琴的时候没有人能知道他的内心感受，现在终于遇到了，于是他便和钟子期结为好友。从此，两人经常在一起，一个愿弹，一个愿听，两人的友谊发展得很好。

可是，天下没有不散的宴席，终于有一天，钟子期去世了，俞伯牙则做出了更加令我们感到友情可贵的决定，他自此再也没有弹琴。由此，他们的友谊至今被我们津津乐道。如果我们中华民族今天也来评友圣的话，那么，他们两个一定是。

话说回来，用司马戌而不用子期的谣言，只是伍子胥耍的一个计谋，而楚国上下都很自觉地中计了。于是，在不久的将来，我们几乎可以预见楚军在战场上节节败退、尸横遍野的场景。但是，楚国这次出动的是二十万大军，而吴国这边只有三万，楚国真的如此不济吗？

54

吴越决裂

没有对手是寂寞的，这一句话，用在阖闾的身上，那是再恰当不过了。

公元前510年，也就是阖闾发动政变上台之后的第五年，在准备攻打楚国的事情上，他害怕力量不足，就想拉着越国一起干。可是，越国却婉拒了。

既然不能成为朋友，那么就是敌人了——这就是阖闾的处事原则。在这件事情上他愤愤不平，于是，本来都已经要对楚国开战，箭在弦上不得不发，阖闾却把箭的锋芒一转，对准了越国。从此，吴越这两个相好的国家正式走上了反目成仇的道路。

越王非常愤怒（你想啊，就因为不帮忙打架而不跟人家好，这也就算了，可是，竟然还要打人家，这人家该要受多大的委屈啊），道："他吴国非但不信守从前的盟约，而且还肆意抛弃进献地方物产的臣服之国（吴国本来实力就不差，这些年来发展迅猛，周边的一些小国没有办法，害怕哪一天被吴国吞并了，就主动地臣服，逢年过节的，都要给吴国送一些礼物。这个有点像后来，我泱泱大国不怒自威，海外万邦纷纷来朝进贡。越国当时就是吴国的臣服国之一），他阖闾这样做，终究会使得我们之间的亲密关系毁于一旦。"

越王的这话是在劝诫阖闾不要做得太过分了，可阖闾听得进去吗？

这话很快就传到了阖闾的耳朵，可是，他根本就不把这话当做一回事。

有人说："现在的阖闾简直是无敌了，人无敌了就会寂寞，寂寞了就想找对手，我们就只当这越王无常好好地陪他玩玩、排遣一下内心的寂寞吧。阖闾也就是个二流政治家、军事家的角色而已，并不算什么。"

可是，相信对吴越春秋有稍许了解的人，仔细地想一想后来发生在夫差身上的悲惨故事，就能理解阖闾这样做的原因了。在这里，我们大概叙述一下夫差的悲惨结局：公元前 482 年在黄池（今河南封丘西南）夫差会盟诸侯，与晋争霸获胜，但不听伍子胥之言，被越乘虚攻入都城。经笠泽之战(水名，在今苏州南，自太湖东至海，南与吴淞江平行)，及对姑苏的长期围困，于公元前 473 年，吴为越所灭，夫差向勾践求和未成，自杀。自杀前，以袂掩面，说："吾无面目以见子胥也！"(《史记·卷六十六》)

看了后来吴国是怎么灭亡的，我们就知道，后来夫差根本就没有考虑到争霸的过程中，会有螳螂捕蝉黄雀在后的情形出现。

话说回来，阖闾一直都在提防着越国，他以长远的目光一直在审视着越国这个隐藏的威胁最大的对手（即便是在他生命行将终结的时候，他也没有忘记越国，这一点，我们会在接下来介绍)。这一次，阖闾去和楚国争霸，他并没有忽视这个虽然现在臣服于自己的越国。

于是，阖闾想出了一个办法，他想着拉上越国一起到楚国作战。这样，就不怕你在后边使坏，越国的拒绝似乎又早在他的意料之中。于是，阖闾就毫不犹疑地向越国宣战，他要消除隐患了。

从后来越国的种种表现，我们可以发现，阖闾的想法是对的。可惜，很少有人能理解，怎么就要和楚国这超级大国开战了，还去找越国的麻烦，不是为自己树立敌人吗？天才都是孤独的，因为，他们很少被人理解。

阖闾把那封从越国来的书信轻轻地放下了，然后继续攻城。吴国现在的实力胜于越国，于是，在面对面的战场上，越国的城池槜李旋即就被攻破了，吴越的积怨更深了。

55

楚国主动

第二年，楚昭王还没有意识到司马戌作为统帅是一个错误（如果意识到了，这会儿，估计也只能将错就错了，因为临阵易主帅，也是兵家大忌），于是，在全国人民（很多人其实根本就不懂军事，甚至对司马戌这人，很多人可以说都是第一次听说）的一致拥护之下，司马戌上任了，任作战总司令。

司马戌接任了，他真以为别人说他厉害自己就很厉害了，于是，他做出了一个更大胆的设想。他决定直接攻击吴国，他完全没有忘记之前是怎样被吴国打得很惨。吴国之前是通过游击战术，一直对楚国进行骚扰，后来，在孙武他们对阵司马戌的正面战场中，吴国又狠狠地出了把气。这一次，司马戌决心连本带利地把之前的冤枉气都吐出来让对方吃回去。

促使司马戌做出如此大胆的举动，还有一个重要原因，那就是，楚国这个时候还是春秋五霸中比较厉害的，而吴国依旧没有排上榜单。优越感导致了包括司马戌在内的楚国君臣上下对形势做出了错误的判断。其实吴国这个时候，已经不再是那个专门打打游击的诸侯国了，它和楚国也许还有差距，但是，经过几代人的奋斗，到阖闾这一代，和楚国的差距已经不大了。

可是，和之前的那几场战争一样，我们似乎也已经看到了楚国军队的结局。

一场战争，能不能胜利和一个统帅往往有着最为直接的关系。历史上那些以少胜多的战例比比皆是，而对其分析我们发现，这样的战争，统帅的作用更是明显。

我们接下来可以分析一下，楚国和吴国双方各自的统帅。

这楚国的司马戌，之所以能做上楚军的统帅，可以说是离不开吴国这边伍子胥的大力帮助的（散布谣言嘛）。而吴国这边，伍子胥、伯嚭还有孙子，随便抓出来一个都是那个时代的顶尖人物，像伍子胥和伯嚭都是政治和军事方面的全才，孙子虽然政治方面差了点，但是战争是他的专业，这方面，没几个可以比得上他。

这样一比较，吴楚双方的统帅，真的是一方在天上、一方在地下。

楚国这一次居然主动出手，而且还是司马戌亲自来，阖闾偷偷地笑了，做梦都在笑。

吴国积极应战，马上就派伍子胥、孙武还击楚国去了，至于伯嚭，处理起政务来相当不错，就留了下来。

行家一出手就知有没有，很快司马戌就高兴不起来了。他以为真的就像人们说的，伍子胥知道他带领楚军，真会吓得连打都不敢打，所以，他带着兵长驱直入了。

在豰章这个地方，吴国军队把楚军包围起来了，并且以非常小的代价重创了楚国军队。阖闾知道之后，高兴得半死，决定再接再厉，他沉稳了自己的心绪道："我想趁着楚国军队被我们包围的当儿，进攻楚国国都，进而摧毁他们的郢都。如果不能打进郢都，我想你们两位又有什么功劳呢？”

伍子胥坚决响应吴王的号召，毕竟，当年亲人被杀害的时候，伍子胥就在心里立下誓言，一定要让楚国付出惨重的代价。孙子作为一个军事家，懂得君王的命令意味着什么，同时经过了一段时间的沉寂，他现在也看清了吴国是可以和楚国来一场大决战的。

吴军把楚国军队困住之后，就大规模地歼灭了他们。接着，他们兵贵神速地长驱直入，直接地包围了巢（楚国城），并且在第一时间攻下了这座城池。

当时，楚国的两位公子正在巢城内享受大好青春，哪里想到吴国的军队犹如天兵来得这般神速，连躲都没有办法躲，吴军随即就把他们兄弟俩带回吴国当人质。但是，依照史书的记载，所起的作用不大。

当人质，证明了吴国现在是什么手段都用上了，可以说是倾全国之力和楚国去一比高下了。之前，吴国对楚国又是骚扰又是正面对打，可楚国虽然苦恼不已，却没有伤了根基，以至于还能主动出击。

56

蓄势待发

公元前 506 年，算起来，阖闾当上大王也快十年了，按常理，似乎要准备个国庆什么的。可是，正值吴楚争霸的年头，阖闾只能惦记着打仗的事情，吴楚本来就有差距，虽然差距不大，但毕竟是差距。而且，开初是费无忌自己找上门来的，还比较轻松，现在要到别人的地盘去攻打，难度提高了不小。

不过，阖闾是打过仗吃过苦的，他当年被王僚派出去打仗都打出习惯来了，停不下来，相比于国庆放放假，他还是更喜欢这一种刀尖上的日子。

现在他自豪地对着群臣说："当初你们说攻郢，尤其是孙先生，极力陈词说不可能攻进去，可是看现在，我们这边局势一片大好，能不能攻破楚国的国都，我看是没有多大问题的，各位觉得怎么样？能打进去不？"

孙武的理论知识非常扎实和丰富，便又拿出来教育大家了："打仗这活儿，凭借着胜利来成就自己的威势，并不是永远能取胜的方法，单靠胜利成就声威，那迟早会让胜利冲昏了头脑。"

孙子好歹也是自己的门生，伍子胥就在一边帮忙着凑合几句，鼎力拥护孙子的理论。

阖闾可没有空听他孙子言语，他现在整个一头栽进对楚国的战争中，最怕在这当口又听到孙武的什么言论，因为这家伙向来喜欢和他唱反调，而且又非常有道理。这会儿，阖闾也怕，只好装作完全听不懂他的话道："你们的话是什么意思？"

听了这么干脆的一句话，伍子胥和孙子先是一阵面面相觑，而后伸手到额头上擦了把冷汗。

看把这两位将军吓的，赶紧不再多行言语，回到正题来，孙子道："当年，楚国在伍子胥他老爹的帮忙下，获得了迅猛的发展，即便是这几年来有没落的迹象，但如果等着它自生自灭，估计我们都等不到那一天了。就目前来看，从军事力量上来说，楚国是一个强大的敌人。现在，我们去和他们决一胜负，九成会灭亡而只有一成存活的希望。因而，从这一点来看，大王要攻入郢都就得靠老天了，我们不敢保证能胜利啊！”

伍子胥虽然心有不甘，可是，这个时候也得忍了，他赞成了孙子的分析。

吴王也不跟这两位拖拖拉拉了，直奔主题道：“虽然这样，我还是想再去攻打楚国，以少胜多，并不是不可能。想当初，咱们吴国的实力没有现在强盛，就和楚国打赢了大大小小几十场胜仗（游击战也算在其中了）。现在，此消彼长，虽然楚国国力还是胜于我们，但是，我觉得可以发动决战了，关键是怎样打才能有效果？”

阖闾的内心是那样的坚定，用多少头牛都拉不回来了，伍子胥、孙武也认了，好吧，既然拉不住您老，那么，我们就和您老一起往前冲吧！于是，伍子胥和孙子便说：“研究表明，司马戌这个人，人品有点问题，贪婪且多次得罪了诸侯，因而唐、蔡两国都怨恨他。大王如果一定要去攻打楚国，就应该争取得到唐、蔡两国的援助（司马戌在楚国是很有一些地位的，是能代表楚国的，和他是敌人的，一般也就是楚国的敌人，一般都能争取为朋友）。”

从前面的介绍中，我们可以发现，吴王是个好奇心重、喜欢听花边新闻的君王，这会儿，谈到司马戌和蔡唐两国的怨恨，他就问：“什么怨恨呢？”

两位将军讲了：“从前蔡昭侯准备去拜访楚昭王，他有美丽的裘皮大衣两件和精美的佩玉两块，他取了两样东西的各一件献给了楚昭王。楚昭王穿着裘皮大衣，佩戴着佩玉去上朝听政。这献东西的蔡昭侯为了显示自己也是个君王，也穿了一件裘皮大衣、佩戴了一块佩玉。谁想，这楚国的司马戌是个见到别人有好东西就千方百计想要据为己有的人，他想得到蔡昭侯身上的佩玉和大衣，蔡昭侯不给，便暗中将随身佩戴的这两样东西都送回蔡国。于是司马戌就把他扣留了三年，打算让他挂在楚国了。

大王您说,这样的行为,就是我们作为旁观者,也不会袖手旁观的呀!蔡国哪里能不怨恨?

还有，唐成公朝见楚昭王，他有两匹身有花纹的肃爽马，这司马戌左看右看，觉得这马怎么越看越像他自己的。于是，他歹意又起，也把人家唐成公扣留了三年。

就是这样两件事，大王您瞧，司马戌私自扣留的不仅仅是外交大臣，而是邻邦的国君。其性质，比炸了人家的大使馆还恶劣不知道多少倍，和歹徒的绑票差不多。

国不可一日无君，唐国的一些人非常关心唐成公，以致最后都走到一起互相谋划来着，他们想要从成公的侍从那里求得这两匹马来赎救成公。

于是，这一些人就热热闹闹地跑去给成公的侍从敬酒，集众人的力量将这些人都灌醉了，然后他们便偷了马去献给司马戌，可谓是用心良苦（有读者可能会问，司马戌直接地把唐成公的肃爽马劫了不就得了，其实，这是史书上记载得不详细。这成公的马和他的人是不在一起的，不然，他能‘扣’得了这唐成公的人，也一定能扣得了这个人的马）。

司马戌呢？也不担心让唐成公回家之后会报警，于是就很大方地让成公回了国，毕竟他图的不是成公这个人，而是他的身外之物——马。

回到国中，群臣们带着略微的嘲讽私下里都在议论：‘国君因为一匹马的缘故，使得自己被囚禁了三年。希望国君对我们偷马的功劳加以奖赏。’从此以后，这唐成公就连做梦的时候，都想着要报复楚国。

回头我们看那蔡昭侯，成公被放出来了，而他还被关着呢！这会儿，看到人家唐成公都回去了，自己这个早进去的，总不能落后。于是蔡国就效仿了唐成公，蔡国人也把裘皮大衣送到了司马戌那儿（有前车之鉴，蔡国人心里也有底：楚国的司马戌还是很讲信用的，绝对不会撕票）。”

“哦,这个司马戌倒是相当贪图小便宜的一个人啊。”听完以上的介绍,阖闾好像想到了什么，说道。

“所以，要把楚国这一个强国给整垮了，一定要团结一切可以团结的力量。而要团结，首要目标一定要团结蔡国和唐国这两个曾经被楚国深深伤害的国家。”伍子胥和孙子接着分析：“别看唐国和蔡国都比较小，但有了他们的加入，好处多着呢。”

阖闾没有马上答应下来，但他的心里已经比较有底了，他使了个眼色给伍子胥和孙子，要他们退朝之后，留下来，再给他补补课（毕竟是要去联络外国势力，搞不好，泄密了被楚国知道，蔡、唐两国倒先被楚国给消灭了）。然后，伍子胥和孙子轮番上阵，又是好几阵劝说之后，吴王阖闾点头了。

接下来，如果阖闾想要找唐国和蔡国帮忙，人家没有帮，他会不会又像对待越国一样？我们姑且拭目以待。

57

楚国不敌

雷厉风行的阖闾马上就派出了使者前往唐、蔡两国。

使者对两位国君说了同一套话：“楚国这么一些年来，干尽了暴虐无道、伤天害理的事，它残酷地杀害忠诚善良的人，肆无忌惮地侵犯别的国家。更加可恶的是，它竟然拘禁并且侮辱了大王您，我们吴国实在是看不下去了，想起兵讨伐楚国，希望国君您一起来出谋划策，共同打倒楚国。”

同一套话，让两个同病相怜的国君都马上就应承下来，蔡昭侯为了显示自己的诚意，甚至把自己的儿子乾送到吴国去。意思是，我儿子他就是人质，如果我们蔡国在对楚战争中见风使舵，您完全可以把他就地解决了。

吴、蔡、唐三国同仇敌忾，开始合谋着攻打楚国了，万事俱备。这一支三国部队就先将军队驻扎在淮河的北岸，接着就在豰章（吴国把司马戌困在了这里，大规模歼灭之后，没想到楚军又大规模逃窜了出去，继续纠结起来，转进攻为防守，对抗吴国）排好战阵，夹着汉水，对阵楚国。

回头说司马戌经过了这一次惨痛的教训后，也不再天真地以为伍子胥见到他就会自己跑回吴国了，他开始害怕起伍子胥来了。司马戌将逃窜过汉水的士兵纠结起来，重新排好战阵。此时楚国受到了重创，吴楚双方的实力才真正地得到了平衡，司马戌和伍子胥真正公平的争斗也才开始。

隔着汉水先是对骂一番，然后两军又沉默了几天，紧接着就开打了。楚国的军队有二十万，楚昭王还在源源不断地派兵赶来增援。可是，楚国这边输得却有点惨，被吴国军队从小别山一路追着打着到了大别山。

司马戌这时也清醒了，从大、小别山这一仗，让他的心疼了，他也看清楚了自己和伍子胥、孙武之间的差距了，那是差得太远了。

司马戌猛然间发现，伍子胥和孙武是战神，而自己仅仅是个普通的凡人而已。

司马戌自知不能再和这两个战神作战下去了，再战下去，自己这个凡人真要成犯人了。甚至，自己这个犯人也不用回楚国接受军事法庭的制裁了，因为伍子胥和孙武他们有的是办法让他回不了吴国，而且他们似乎也打算这么做。

于是，向来懂得怎么更好地生活的司马戌想到了逃跑，这一个想法，一度地折磨着他，因为全国人民把希望都放到了他身上，因为自己也是楚国王室的一员。这一逃，不仅抛弃了国，还背叛了家，自己就是个没有国家的人了。

司马戌十分愧疚，愧疚得不打算跑了。幸亏，楚军这边有个叫史皇的（本来，更早以前姓史的都是个史官，可是姓氏这东西也是会进化的。到史皇这一代，姓史的已经不再仅仅是史官，比如，这位史皇就是楚国的大夫），他倒出来安慰饱受良心折磨的司马戌了："你曾经无缘无故地和楚王一起杀死了几个忠臣，这事情都是楚王决定的，你就像是他手中的一把刀而已。现在天灾降临，实在是楚王自作孽招惹来的，难道老天爷还会报应到你身上不成？所以，您老逃跑吧，不用这么自责，你就把自己当做湛卢剑，是因楚王暴虐而出逃就行了（估计这史皇老早就想开溜，而头儿没有逃走，他也不好意思先走，自己先走，等下人家就可以把战败的主要责任都推卸给他。毕竟，当时的大夫相当于现在中央部长级人物，是可以担得起这责任的）。"

司马戌听了这话，心里美滋滋的，没有再多言语，他脑中已经在琢磨收拾一些什么贵重的东西。

58

柏举之战

这一年的十月份，秋色肃杀，吴楚双方的军队在柏举（楚国的地盘，也就是现在的湖北麻城境内）排好战阵。经过了以前的好几场战斗，大家彼此都对对方有了一定的了解，双方准备来一场最后的决战。史上称为“柏举之战”。

经过了前面几场战斗的胜利，阖闾开始变得保守起来，太容易的战争总是不能让人热血沸腾。

阖闾准备稍做整顿再去和楚国进行最后的彻底的对决，并且要一举拔掉楚国锋利的牙。

阖闾的弟弟夫概，前面，我们一直忘记提到此人，这里有必要介绍一下，因为这人可以说直接影响了整个吴楚战争的走势。

夫概，是阖闾的胞弟（胞弟的意思是同一个母亲生的，亲兄弟则指的是同一个父亲生的。但是，如果是同一个父亲和同一个母亲生的，就没有这么麻烦了，直接叫哥啊弟的比较合适。由此，我们可以猜想，阖闾的母亲应当是嫁过两个人的，在那样的一个时代，女子嫁了两次，是非常悲惨的一件事，所以，她是很可怜的），也是个能征善战的主儿。当年，吴王僚为了打压公子光，而是把和公子光关系密切的都一并收拾了，首当其冲的当然是他的胞弟夫概。夫概也就跟着自己的哥哥到各处去打仗，实战经验那是相当丰富，要是在战场上真的跟自己的哥哥干起架来，也未见得会输。

阖闾谋权篡位之后，本来夫概以为打今儿起，自己就能跟着哥哥吃香的喝辣的，而且按照以前留下来的兄终弟及制的惯例，自己的哥哥哪一天挂掉了，理所应当自己也就能成为吴国的君王。想想这前途，多么诱人啊！

可是他哪里想到，阖闾成为君王之后，他这个做弟弟的，非但没有享受到多少福，还一直被哥哥派出去打仗，一次次的出生入死，比当时吴王僚当政的时候有过之而无不及。久而久之，他心里难免这样想：“战争是一台吃人的机器，而大哥，您老这么勤奋地把我送到战场上，就是恨不得我死，我死了，也就没有兄终弟及制了。”想着想着，他内心里就自然而然地生出许多怨气来。

本来也只是想想的，可是后来阖闾又干了件让他弟弟无法容忍的事情。阖闾一纸诏书，大儿子波，就从公子波一下子变成了太子波（看古装戏，大家都看那家奴一直公子公子的叫，大家一定明白，公子就是老爷的儿子，而在春秋时期，老爷的评定标准一般都要求是诸侯国的国君）。这摆明了：阖闾以后就是要把这国君的位子传给儿子了，而不是给儿子的叔叔。

夫概本来只是对阖闾有怨气，现在，则是变成了怨恨。而且，这一种怨恨是入骨的，他的内心里也产生了一个和他哥哥当年一样的想法，他在寻找机会。

话说回来，阖闾准备再和楚国去一决雌雄，夫概前来忧国忧民地请求道："司马戌这个人，性格中具有以下品格：暴虐、自私、贪婪、缺少恩爱之情等等，他的部下没有一个有为他牺牲的精神。如果现在我们能奋力攻击他们，他们一定会全线崩溃，这一支军队是楚国压箱底的资本了。只要他的这一支军队垮了，到时候，郢都就是我们家的了。"

阖闾听了，没有反应，因为他不愿意，他讳莫如深的，仿佛是要告诉夫概，哥现在打的不是仗，是寂寞。对手不行了，先养着（这样的人，历史上还不是没有。猛男项羽正是有这样的想法，把刘邦养肥了再来宰，孰不知，养肥了对手，对手并不是猪，如果是的话，也只能是野猪，再来宰，谁宰谁还不一定呢）。

阖闾拒绝了，夫概思来想去，觉得这样下去不行啊！再这么耗下去，黄花菜都凉了，于是他给自己找了个理由："这俗话说得好啊！'臣子是按照自己的意志去行动而不去等待君主的命令'，大概就是我现在遇到的情况吧！"

于是，夫概就决定私自调动自己部属的五千人去进攻司马戌的军队了。

按照一般的历史规律，这不听命令而贸然出击的将领，一般都是要吃着败仗回来的，尤其是在具有决定性意义的战斗中，这样的不听上司的话而贸然出击，结果往往只能使整个战争局面不受己方控制，并且变得对己方不利。

可是，夫概此次的偷袭却非常成功。司马戌正在琢磨着还有什么东西没有装进包里，却突然听到吴军来袭，差点没吓死。急匆匆，结果虽然击退了夫概，但还是损兵折将，如果他能让夫概退不出去，倒算得是他的成功了。

夫概此举，直接将楚军的最后一点希望都给打破了，而且他成功地吓退了本来就已经准备好了要逃跑的司马戌，让他直接用实际行动说话。

司马戌抛弃了那二十万大军，自己一个人跑到了郑国（他无颜面见江东父老啊，跑到国外躲着不失为一个好办法，后来同为楚国人的项羽就没有他这么明智，你说你项羽无颜面对江东父老，你完全可以跑到江西、江南甚至江北，干嘛就这么一根筋地非要回江东呢），于是，楚军一下子群龙无首。

这样，我们几乎可以预见，这主帅都逃亡了，楚国军队肯定大乱，等待楚国的将会是怎样的命运呢?

除非吴国的军队是来旅游的，否则他们如果再保持沉默，那么就是天字第一号大傻瓜了。夫概的一次私自出击拉开了“柏举之战”的帷幕，楚军的阵营已经乱了，吴军趁胜进击，大破楚军，一时间楚军哀嚎震天、尸横遍野、血流成河。

楚军虽然是丢盔弃甲式地逃亡，虽然没有了统帅，可是毕竟人家是军事强国，平时训练有素，这会儿，逃起来还是很有一些章法的。这样，楚军才不至于全军覆没。

这一天，楚军一路奔逃，还没有渡过汉水就停下来歇息了，他们停下来正好利用这点时间吃点儿饭，可是吴军又赶到了。楚军正在大骂这吴国军队怎么就像跟屁虫，怎么甩都甩不掉，吴国军队的刀已经落到了脖子上。

这几天，吴军都胜利得不知道什么叫做累了，一见面，脑子里就剩下一个字，那就是杀（话说让胜利冲昏了头脑也并不是没有好处，至少，打起仗来不知道什么叫做累）。后来楚军又撤到雍滋（今湖北京山），在这里，楚国彻底地被打败了，被整个儿地打垮了。

吴国全面胜利的代价是楚国的全面失败。

这一役，吴军总共和楚军正面交手了五次（不包括夫概的私自行动），吴军五战五捷，前后不到十天，终于打进了楚国的国都郢都。吴国的实力，也第一次这么淋漓尽致地摆在世人的面前。

我们再来看“柏举之战”，它创造出了中国战争史上以少胜多、以迂为直、快速取胜的光辉战例。战争开始，吴国只有三万兵力，而楚国有二十万军队，但楚国用人用兵皆无方，采用了错误的决策，终致惨败而归。

59

楚君逃亡

“柏举之战”后，吴国军队就畅通无阻地直取郢都了，郢都只剩下不多的兵力，很快地也就被攻破了。

吴国军队浩浩荡荡地进入郢都，楚昭王的表现令吴国非常不满意，你说你国家都破碎了，怎么还不畏罪自杀，竟然逃出了国都？史书记载，他和妹妹流亡到黄河、沮水这一带，楚昭王身边还带着一个大夫尹固。

阖闾向来是一个斩草除根的人，于是他就派人四处去搜索楚昭王的下落，那一段时间，寻人启事的广告贴满了大街小巷。

国家都破灭了，楚昭王发愤图强，表现出了吃苦耐劳的一面，渡过沮水，又过了长江，进入云梦泽中，一路颠簸，逃得是相当辛苦。

偏偏漏屋又逢连夜雨，这一天晚上，他们正在休息，一伙强盗找上门来了。强盗们打劫起这位流亡的总统，他们没有忘记自己谋财害命的本色，挥舞着戈就想要敲破楚昭王的脑袋（其实，估计他们不知道他是楚昭王，不然他们哪里能欺负他们的国君啊！但话说回来，要不是楚昭王，楚国能变成这样？这样的环境对于强盗土匪们可是乐园）。

大夫尹固是个值得钦佩的人，这会儿，眼见着楚昭王的脑袋就要被敲破，他尽了一个忠臣该尽的义务，他用自己的后背挡住了对楚昭王的致命一击。

楚昭王也没有让我们失望，他依旧发挥着自己的本色，十分恐惧。面对着自己国家里的这么几个强盗，他不知所措，以至于两腿发抖，然后，就狼狈地逃到了楚国属县郧城。

郧公斗辛接到了楚昭王，十分高兴，好生侍奉一番之后，决定好人做到底，就要准备保护他回国了（也不知道这郧公是不是真心的，人家好不容易从楚国中跑出来，现在又要送他回去）。

郧公的这个意见一经提出来，他弟弟斗怀不满意了，从前的苦楚一齐涌上心头，道："昭王是我们的仇人啊！从前，他的父亲杀了我们的父亲（楚平王元年，其父因贪得无厌，被楚平王处死。平王念其先祖子文之贤，赦免斗氏后人，并任他为郧邑大夫），我们现在就把他杀了，用他的命抵偿我们的父亲（历史上，为什么落魄的君王生存率都那么低？因为作为君王，在位的时候，不管杀的是忠臣还是奸臣，人家都要找你算账）。”

敢情这斗怀还想杀人偿命，而且还要人家父债子偿（是楚平王杀的，又不是他楚昭王），斗辛这个做哥哥的倒是比较明智，对于他弟弟，从道德到理智进行了全面分析，道：“君主想要整治他的臣子，臣子就算是有十个胆子都不敢和他作对。我们老爹被干掉，也只能怪他自己命不好；再说，趁别人遭殃的时候去杀害他，并不是仁。现在，我们杀了昭王，即使天下人不说我们，我们自己也会不安的。杀死了君主，必定会牵扯到自己的宗族，自己的宗族必定要遭受诛灭，祭祀一定会被废除掉。即使人不来做这样的事，老天也会这么干的，这是很不孝的做法。干了这样一些事而没有好的名声，还遭受了这种种报应，这样干的就是蠢事，没有头脑。”

这做哥哥的妄图通过这样一番话把弟弟的智商和情商都提高一个层次，可是，他弟弟哪里听得进去，斗怀的怒气一点都没有消除。斗辛每天一看他弟弟那一张臭脸，就能感受到他满脸的杀气。

于是，斗怀便暗中和他最小的弟弟斗巢陪着昭王一起逃奔随国了。

话说这随国，乃是西周开初分封的一个小诸侯国，在今湖北随县南部（大家觉得奇怪，怎么跑来跑去都是在湖北境内转悠，请大家一定要体会到，当时的交通条件不允许，楚昭王的逃亡基本上是徒步的，不像现在，咱们有的官员一逃就是漂洋过海）。

吴军得知了消息，不依不饶，锲而不舍，这一次是狠下心来准备把事情做绝了（其实，这只是伍子胥个人的意思，阖闾哪有这般闲情逸致去追着一个过了气的君王满世界跑），他们随后就追到了随国。

伍子胥不吃不喝不睡觉，大半夜就去吵醒人家随国国君，向随国国君扬言道：“楚国非常没有道德，周天子的子孙本来是被封在汉水一带，可是，却都被他楚国给灭掉了。现在，上天对这件事情已经察觉到了，老天爷就要开始报复了,准备惩罚楚国。于是派我伍子胥当代表,我现在，从吴国一路追到了你这随国来，我知道，他被你藏起来了。你为什么还要把楚昭王这个过了气的还不自杀的君王当做宝贝呢？周王室有什么罪过？你却窝藏王室的敌人,你这样做跟造反差不多。如果你能交出楚昭王，那就有双重的恩惠了（一重是周王室的；另一重，当然是吴国）。”

随国国君哪里能听不出来这话里的威胁意思，作为一个十分弱小的国家,他老早就已经修炼会了如何在乱世之中求得生存。他不敢得罪吴国，可是，他也不敢得罪楚国。虽然人家楚国现在十分落魄，但是根基还在，并不是没有可能翻盘。

左右为难之际，随国国君想到了占卜（古代人对这东西非常非常相信，也不能说他们迷信，因为要考虑到当时人家科技不发达，实际上，占卜和我们一些同学遇到不会做的选择题，就用筛子来决定 ABCD 的本质是一个样的）。

辞退了伍子胥，随国国君就开始听天由命了，如果卦象吉利，那就把楚昭王送出去，如果不吉利，那就只好婉拒人家了。

占卜的结果却是很不吉利，于是，随国决定相信老天，随国国君拒绝道：“现在随国这样偏僻狭小，紧靠着楚国，楚国实在是保存了我们。我们和楚国订有盟约，直到今天也没有改变。如果因为楚国有了灾难我们随国就抛弃了他们，我们就是不道德，那凭什么来侍奉您呢？相信您不会要我们这种背信弃义的国家吧（整得那伍子胥像个招聘人员）。我打算接下去还和你们吴国合作呢！”

“真的吗？”伍子胥想来也没有必要杀了楚昭王，以后还有地方靠着随国，不如就送他们一个人情。

“现在，您姑且让楚国安定下来，楚国哪里敢不听您的命令，您犯不着跟这个楚昭王生气。”伍子胥一听，十分赞赏他的这番话，于是就下令退兵了。

在这里，随国国君的占卜精神虽然我们不能学习，但是他的说话技巧还是值得我们推崇的，他寥寥几句，既逢迎了伍子胥（楚国哪里敢不听您的命令），也表扬了自己（我们和楚国已经签订了盟约，现在人家有了灾难，不能出卖人家是不），又说出了自己的难处（我们随国这样偏僻狭小，紧靠着楚国，楚国实在是保存了我们），真是个人才啊。

但是，他敢这么说，最重要的一点是，这位随国国君知道，吴国现在刚刚打进楚国，很多事情等着吴国去面对，吴国根本就不可能派出过多的兵力来攻打他的随国。

这样，吴军就要离开随国了，大家都很高兴（伍子胥虽然有一些无奈，可听了随国国君的话，倒也不生气），可是，有一个人却表现得兴高采烈的，这人就是楚国大夫子期。

想必大家还记得，当时伍子胥在楚国散布谣言的时候，谣言里已经明确提到过这个人。这子期是个非常有商业头脑的人，他要是放在抗日战争时期绝对是个汉奸，他暗地里和吴军搞交易，想要献出楚昭王。

楚昭王是个听了谁的话都相信的人，他一听说这件事，就把子期给办了，毫不留情地挖了子期的心，他让子期真正地成了没有心肝的人。不过，这人也只能到地府去过活了。然后，楚昭王就和随国国君缔结了盟约（伍子胥要是知道，估计又是得血流成河，但他首先会流的一定是鼻血），然后就离开了随国。

60

我要报仇

吴国军队进入了郢都，便有点把那里当做自己家的意思，不愿意走了。

伍子胥因为没有擒获楚昭王，再者人家楚昭王也只是替他老爸背黑锅而已，伍子胥要发泄，对于楚平王这种不重视儿子的人来说，估计如果人家地下有知，也不会伤心，杀了自然也不能解气。

但是，伍子胥总得找人发发火啊！这么多年过来了，头发都牺牲了多少根，又有多少个夜晚睡不着觉，又有多少顿饭吃不下去。太苦了，也太深刻了，活人不行，那就找死人。于是，无处发泄或者发泄出来了不能让仇人亲眼看到的伍子胥，就怀着满腔的不甘掘开了楚平王的坟墓。随后，他挖出了楚平王的尸体，并且干出了一件不是一般理智正常的人能干得出来的事情。

伍子胥将楚平王鞭尸三百下（都死了多久了，估计也只能打在骨头上），就像街头打架欺负人一样，完了，伍子胥还用左脚去踩他的腹部，更变态的是，伍子胥还亲自用双手挖去了人家楚平王的眼睛（估计也没有眼睛了，就是两个只有空洞的眼洞而已）。

干完了这一些有点变态的事情之后，伍子胥哭了，他拍着头，恨不得把自己的满头白发都扯下来，痛哭道：“谁让你听信诋毁奉承的话而杀死了我的老爹和哥哥？他们难道不冤枉吗？他们难道不冤枉吗？谁让你听信了诋毁奉承的话而杀死了我的老爹和哥哥？”

现在的伍子胥已经不再是以前那个能言善辩的伍子胥了，他现在整个语言中枢只剩下了这两句话，反复地毫无规律地说来说去。这个时候，他真的很痛，也真的很可怜，就像一个无依无靠的孩子，所有的亲人都死掉了，而这个孩子此刻正在他亲人的坟上哭泣。

那种孤苦伶仃，可以用尼采（这个五岁时就失掉了父亲，一辈子孤苦无依的世界级哲学家）的几句诗来形容：

我在我父亲的坟上
哭了很久的时光
许多凄苦的眼泪
流下来滴到冢上

做完这一些，伍子胥还不解气，他站在这一片曾经熟悉的土地上，他老爹和哥哥的音容笑貌一次次地出现在他的眼前。他这么多年来这么九死一生地奋斗，为的是什么？不就是为他们报仇雪恨吗？可虽然报仇雪恨了，但亲人却不能亲眼看到这一幕。虽然报仇雪恨了，可亲人的生命却不可能再复活。伍子胥的心里是多么的痛，又是多么的不平衡啊！

于是，他做出了一个更加疯狂的报仇决定，史书记载，“即令阖闾妻昭王夫人，伍胥、孙武、伯嚭亦妻费无忌之妻，以辱楚之君臣也。（动词“妻”的意思是奸淫 ——《后汉书》）”。办完这一些，孙武他们继续留在郢都，伍子胥则又出发了。他带领着吴国军队浩浩荡荡地奔着郑国去了，他这是去报仇雪恨了。

还记得吗？当年伍子胥和太子建一起逃亡的时候，郑定公派了很多士兵把太子建和伍子胥包围起来，并且郑定公下令把楚国的太子建给杀了。从此，伍子胥彻底地成了无依无靠的人，他本来还想着和太子建一起回去楚国夺取楚国的江山，他本来对楚国还有眷念的，可是，郑定公的做法让他对楚国抱有的希望彻底地灭绝了。

那时候，伍子胥是多么艰难窘迫、多么绝望啊！在当时，这郑国简直是切断了他最后的希望，所以伍子胥怨恨郑国。

吴军一路进入郑国国境，郑献公十分恐惧（郑国在春秋前期也是很强的，可是到中期之后，由于国内频频发生内乱，就把自己给整得不大像个国了。早期的地位逐渐被齐国替代，到阖闾这个时候，也只是春秋末流的诸侯国。现在，吴国连楚国这样的一流强国对付起来都没有问题，估计，攻打自己的郑国就如同捏死一只小蚂蚁），他仿佛看到自己被伍子胥杀掉，然后送进坟墓，紧接着再抓出来被鞭尸的样子。想想，即使你死了，这个伍子胥也有办法对付你，郑献公就觉得一阵阵后背发凉，仿佛有一把寒冷的匕首已经刺进了他的后背。

郑献公当即向全国发布紧急通知："有谁能退去吴军，我就和他平分郑国而一起统治。"平分郑国，那根本就是热锅上的蚂蚁才能干出来的事儿。

当时有一个渔翁的儿子，看了通知，看得那个激情澎湃啊，他于是赶着去接受了招募。

"姓名？"

"……"

"年龄？"

"……"

"看你年纪还轻，口气不小啊！你倒是说说，你怎么使得吴国军队退兵？"

渔夫的儿子不卑不亢道："我能使他们回去就是了，这些军爷您就不用费心了。"

"我才懒得去费心，只是这要求登记。"那人没好气地白了一眼面前的这瘦弱黝黑的小子，根本对他不抱有任何希望。

然后，这个其貌不扬的少年就去见了郑献公。

"说说，你拿什么武器能退了吴国军队？"郑献公更加不愿意相信，这个小子能退了吴军，现在的年轻人啊！真是不知天高地厚。

"武器？大王，您说笑了，我连尺把长的短小兵器和斗把军粮都不必使用。只要给我一片小桨，好让我在路上边走边唱，吴国军队就会自动回去了。"

郑献公听得云里雾里的，你一个草民唱唱歌就可以退掉大军（他当然不知道后世有个叫诸葛亮的，人家光是弹弹琴就能吓退掉对手的十万大军。所以，自是不相信这小子唱唱歌就能把人家吴国的大军退掉）？但是，看了人家孩子，那么自信，那么虔诚地想要为国家出一份力，他还是满足了渔翁儿子的请求，说不定这孩子日后还能写进教材，教育下一代呢！但是，退伍子胥率领的吴国精锐之师，郑献公基本上不对他抱有希望。

伍子胥的军队一路行进得很顺利，郑国基本上已经决定使用不抵抗政策。

没有料到这般顺利，伍子胥在将要到达郑国重要城市的时候，早就已经等候多时的渔翁的儿子便上前拦路了，他边敲着船桨边唱道（这样子，有点像济公）："芦苇中的人啊？芦苇中的人啊？"他这样反复唱了几遍，一遍比一遍更加沧桑得要人命，正在赶路的伍子胥一听，吃惊得很，他感到这里面有问题，这歌声好像就是冲着他来的。

伍子胥就闭目一想，好像想到了些什么，道："那是个什么人啊？歌声怎么唱得像个死人。”于是，他就请了那一遍遍地唱着沧桑歌声的少年上前来交谈。

伍子胥开门见山道：“你是什么人啊？年纪轻轻的，唱歌唱得这么好听啊？”

那人心中一喜，看来这伍子胥也不像传说中的只会报仇嘛！还是懂得欣赏艺术的，便说：“我是那渔翁的儿子，就是曾经救了您一命的那个渔翁。我的国君十分恐惧，就向国内发布命令说：‘有谁能退去吴军，就和他平分郑国而一起统治。’我想到先父与您曾经有一面之交，所以，现在我代表我阿爹向您乞求保全郑国。”

说到这里，可能有的读者朋友忘了。当时，孤身一人又满头白发的伍子胥被楚国追杀，逃到长江边的时候，渡不过去。这时，有一个老渔翁，认出了伍子胥，但是他却没有去向官府报告领取赏钱，而是免费地把走投无路的伍子胥渡过长江。也正是那时，伍子胥从心里开始感叹这世界还是有好人的，还是有那么一些人值得去交往的，他也决定有朝一日要好好地报答人家。

伍子胥一直把这事放在心上，这些年来，每当遇到打渔的，他总是多留一个心眼，仔细地看看是不是当日那打渔的，准备一番重谢。可是，这么多年过去了，他很失望。伍子胥让仇人亲身体验一下失去亲人的痛苦，和亲自报答对他有恩惠的人的心情，是一样的迫切。

伍子胥和面前的这少年又聊了好久，可惜他的父亲已经去世。虽然到现在，他都没有找到渔翁，但是渔翁的儿子站在面前，自己就可以通过报答他儿子来报答他老子（伍子胥想啊，既然能通过报复楚昭王的妻子儿女来报复楚平王，那就能通过报答渔翁儿子来报答渔翁的恩情，这年头流行世袭，恩仇也不例外）。

伍子胥感叹了一番，然后说：“可悲啊！我受到您父亲的恩惠，终于使得自己弄到这种尴尬的地步（这个尴尬地步经常出现在金庸的笔下，相信大家都不陌生。郑国国君跟伍子胥有仇，伍子胥准备去报复，却出现一个对他有恩的人。他正要报恩，可这要求报恩的人不求别的，只是希望他不要向郑国报仇。这恩仇便不能走到一个交接点）。上天苍苍，我难道敢忘恩负义吗？”

伍子胥尴尬完毕，就放弃了向郑国报仇的计划，直接回师去守护楚国的郢都了。毕竟。作为臣子,自己再大的事,都比不得君王的事情重要。这一段时间，阖闾放他出来，已经很够意思了。

回去之后，伍子胥越想越觉得心中不平，压抑得难受。他想啊，楚平王可以杀掉他的亲人，他也一定要用楚平王亲人的鲜血来洗刷自己心中的伤痕。伍子胥又开始搜寻起楚昭王的下落，而且搜寻强度也在加大（如果能给我们的伍子胥找个心理医生，其实就能发现，当自己越来越多的报仇计划一个个地消失，伍子胥也必将变得更加孤独。他只有通过这种一刻也停不下来的，没有多少意义的报仇举动，才能安慰自己那一颗慌乱而孤独的心）。

至于渔翁的儿子成功地让吴国退兵了，能不能真的和郑献公平分郑国，答案是显而易见的。历史一次又一次地证明了，承诺把江山让出半个来挽救自己江山的人，是把江山看得比谁都重要的人。一旦有人硬是要和他们平分江山，那结果就只能把他们自己的脑袋拿出来和君王平分了。

61

哭声阵阵

在这一节，我们要讲到一个人，一个挽救了随时可以宣布破产的楚国的人，事实上，他还是一个大夫。其实在前面，我们提到过此人，此人唤做申包胥，生卒年待考，曾经是伍子胥为数不多的朋友中的好朋友。

楚国的申包胥，想必大家还有点印象，他和伍子胥关系还不错。当时，伍子胥逃亡过程中，落魄十分的时候，伍子胥就曾经说过："有我伍子胥在的一天，我一定要对楚国搞破坏。"申包胥当场也表态了："只要有我申某人在的一天，我就要防止别人破坏楚国，我就要建设楚国，不管他是敌是友。"

两人的立场很鲜明，而今天，伍子胥已经实现了他的诺言，我们就等申包胥了，接下去，就该轮到这位老兄上场了。

郢都被攻破之后，申包胥就逃亡到山中，他听说了伍子胥种种复仇的行径，恨不得马上就跑去和伍子胥单挑一场，无奈路途遥远，他便派人给伍子胥传话说："子胥兄弟，您的复仇，或许也太过分了吧！您过去好歹也是楚国的臣子，您好歹也曾经处在臣位上侍奉过楚平王。可是现在，您给人家这鞭打尸体的耻辱，您发动吴军奸污人家的遗孀，难道您这样就是有道义的吗？"

伍子胥和申包胥两人好歹有过一段载入史书的友情，伍子胥给的回话倒还算客气，大体意思是，包胥啊，我复仇的时间已经所剩不多了，就像那赶路的人，太阳已经要下山了，路途却还很遥远一样。所以，我就对最近一段时间来的倒行逆施不顾情理了，希望您能理解啊！什么时候一起来坐坐之类的。

申包胥总算还有自知之明，他深知光靠着自己和伍子胥的那点关系，是没有办法劝得动。因为那报仇的种子已经在心里生根发芽，并且长成攀天大树。于是，他也不再废话，一个人带着满腔忧国忧民的热情走过了万水千山，从湖北一直向着现在的陕西，他这是到秦国去找帮手了。

只见他日夜奔走、不辞辛劳、披星戴月，脚都磨破了（就他那样的走法，从楚国到秦国，就是穿着全世界最好的鞋子也得穿破几双了）。

这一天，他终于来到了秦国，他一到也顾不得欣赏秦国的繁华，就迫不及待地走进了秦国的朝廷之中。一进去，他发现，秦国的朝廷是没有人的（此时，秦国的国君是秦哀公，不知道是不是整日都在默哀，总之，很少有时间处理朝政的）。

申包胥一见这情形，当下就声泪俱下地靠着墙壁啼哭，七天七夜，哭声从未断过。他这个哭法，让人不明白他是因为国破家亡而哭，还是因为自己辛辛苦苦来到秦国却见不到人而哭。通过某些历史学家的研究发现，两者都有的可能性更大。

申包胥的表现有理由叫我们相信，秦国是一个容易让人伤感哭泣的地方，多年以后，秦国更是将它的哭泣文化发挥到了顶峰。那孟姜女硬是靠着一双眼睛，愣是把秦国的长城给哭倒了。

这申包胥就这么在秦国朝廷上哭了七天七夜，吃饱了哭，哭饱了睡，睡饱了再哭，哭饿了再接着吃。可是，谁想这秦哀公不是在默哀，而是正在左拥右抱呢！

秦哀公，春秋时期秦国比较能败家的代表人物，一向沉溺于酒色，无所事事，这辈子就靠着和申包胥有过一段故事而永载史册。

这会儿，秦哀公正在欣赏乐师们最近新出的专辑，听到有个人这么哭着，他便把这哭声也当做了娱乐性的音乐了。他也不过问国家的政事。申包胥一边哭一边吟唱道："吴国暴虐无道啊，就像大猪和长蛇；来蚕食中原各国啊，想要占有整个天下。征伐从楚国开始啦，我的君主逃到国外，流落于荒野啊，派我来告急啊。"

话说申包胥的嗓子还真好，一连这样又哭又唱了七个日日夜夜，竟然一点也不哑。

人的心肠都不是铁石做的，这秦哀公再怎么沉溺于酒色，也有清醒的时候。第七天过后，他洗了把脸，接见了申包胥，十分吃惊地说："楚国有您这样的贤德之臣，吴国尚且要灭掉它。我没有这样的臣子，那么，吴国更要来灭亡我了，我的灭亡也就要不了几天了（他要是知道楚国曾经出了一个费无忌，估计得马上改变这样的观点）。"

说完这个，平时沉溺于酒色的秦哀公就给申包胥朗诵了《无衣》这首诗，吟道：

难道能说没衣裳？和您一同穿军装。

大王发动去打仗，和您仇敌一个样。

申包胥一见这情形，起效果了，于是精神更加饱满了，他道："我听说暴行没有止境，大王如果不为邻国担忧，那就会有边境被侵扰的隐患。今天吴国敢打我们楚国，明天他也就一定敢来找你们秦国的麻烦。趁现在，吴国还没有把楚国完全平定，大王还是去夺取一部分吧！如果楚国因为吴国的攻击而灭亡了，这对秦国，实在是没有什么好处啊！那样的话，您的国土也就十分危险了。"

"说得也是，只不过现在……"秦哀公最近一段时间，正忙着沉溺于酒色享受大好人生，实在是没空抽出时间去帮助楚国啊！

见到秦哀公还有犹豫之色，申包胥继续发挥他的三寸不烂之舌了，"请大王发挥您的神通威灵保存楚国，让楚国世世代代来侍奉大王。"申包胥现在算是豁出去了，竟然自己提出来让楚国成为秦国世世代代的奴隶生产国，这简直有点拿楚国的未来开玩笑的意思。不过，他也不在乎，他一个大夫的话毕竟是代表不了整个楚国的啊！

秦哀公想来自己也没有必要去让楚国世世代代侍奉，自己现在在自家的秦国都享受不过来，哪里还能顾得上别人啊！于是，就不耐烦了，打发他说："我听明白您的话了，您暂且到宾馆去休息，好吃好喝的，我将和群臣谋划以后再来告诉你。"

原以为这样，申包胥应该知足，自己也可以再行吃喝玩乐。没有想到，秦国实在是个太令人伤心的地方了。申包胥一听这话，哪里不知道这秦哀公是在找托辞啊，于是身为楚国大夫的申包胥再一次大哭起来，而且这一次他哭得比之前七天的都要凶。

申包胥边哭边说："我的君主现在流落在荒野，一直在流浪，我作为臣子哪里能安心地去休息？要让我休息，也只有我永久地闭上眼睛的时候啊！"

他站在秦国的朝廷上，靠着墙壁痛哭，哭声日夜不断，声声入耳，他连水也不喝。不仅他自己如此，别人听到他凄惨的哭声，连饭也吃不下了。

秦哀公最后没有办法了，再次从酒色中清醒过来，他被感动得两行眼泪掉下来，不容易啊！这年头能把他两次从颓废中拉回来的，也就只有这楚国的申包胥了。于是，秦哀公就派出军队送申包胥回了楚国，他也决定了，这一次不单单是要送人家回楚国，还要送阖闾也回自己家里。

申包胥成功了，于是他带着满心欢喜回到了楚国，他的哭功实在是了得啊！以前，我们总以为，只有小孩子的哭声才管用，大人哭了，一点用都没有，还会让人歧视。可是，通过申包胥的哭声，我们可以发现，大人如果哭了，哭到了骨子里，哭到了不要命的地步，那么也是能打动人的。

当然，仅仅靠着哭功，而没有一定哭的内容在里面，也是不行的，譬如人家申包胥，在哭的时候，头脑可是很清楚，边哭还边挑明了吴楚争霸而秦国出手相帮的好处，以及如果不出手的危害。

62

功败垂成

公元前 505 年，即是阖闾十年，秦国还没有出动，可是越国却已经坐不住了。

越王元常表面上是怨恨当时阖闾要求和他一起去打楚国，他没有答应，而阖闾马上带兵来攻打越国的事情。其实，他心底老早就想在吴国的背后下黑手了。越国，看着自已身边越来越强大的吴国，又是嫉妒又是害怕，打又打不过，只能下黑手。只不过阖闾看穿了他们的面目，早一点揭穿罢了。

早一点揭穿，才能早一点做出防备。

果然，越国趁着阖闾不在家，就起兵攻打吴国了，并且偷袭得非常成功。

阖闾这会儿还在郢都欣赏着这楚国破碎山河的美丽，吴国的精兵猛将也都在楚国里风光无限。听到吴国被越国给黑了，仿佛是在阖闾的意料之中，并不着急。再说，他现在哪里能赶得回来，被人打了，只得忍着，以后再去讨回来。虽然认栽，可是一颗仇恨的种子已在阖闾的心中深深地埋下，等到缓过这口气来，种子就会发芽。

第二年六月份的时候，申包胥和秦国的军队赶到了楚国，秦国派出了公子子蒲和子虎两位大将，这两兄弟，率领着战车五百辆来援救楚国而攻打吴国。

秦国在春秋时期，也是一大霸主，实力绝对不会在楚国之下，这两位公子也很是懂得一些兵法的，一到楚国，就互相商量道："我们还不了解吴国的战术，不能贸然和他们开战啊！我们先看看别人家是怎么打仗的（这就是孙子所说的知己知彼，百战百胜的道理）。"

这两兄弟很谦虚，于是就让楚军和吴军先交锋去了，等到把吴军的体力消耗得差不多了，也把吴国军队的作战特点都琢磨了个大概，就将秦军和楚军会合到了一块，共同对付吴军（楚昭王得知秦国肯出兵帮忙，很快就命令子西同申包胥前往石梁山和秦军会合，且说这子西，郢都一被攻克，就老早在楚国边境打着楚昭王的旗号收拢了五万流离失所的将士和八百多乘的车马）。

秦楚联军初到楚国的时候，遇到的是吴国这边的夫概，夫概此时正在楚国烧杀抢掠，完全没有想到奄奄一息的楚国还能重新纠结军队，并且还带了一个强大的秦国作伴。于是，仓促应战之下，夫概吃到了苦头。

重新整理好军队，夫概也将对方的虚实摸清楚了，楚国搬来了救兵秦国，看来，这一次又有仗打了。

双方都整理完毕，夫概按理说还有点军事才华，可是无奈，这一次是楚国和秦国强强联手，那就像是两只下山的猛虎（虽然楚国现在被拔了牙，可是，毕竟也还是虎啊），夫概率领的充其量也就是只疲惫的狮子而已，哪里能敌得过。何况，这里是人家的地盘，于是一交战，仅仅过去了不到一个月，夫概率领的吴军便惨败了。

七月份，秦军的到来给濒临灭亡的楚国注入了无穷的生机，打败了夫概之后，秦楚联军继续推进。

楚国的子西、秦国的公子子蒲在和阖闾对战中，双方一开始便互相对峙，都是以防守为主，打得比较保守。可是，在这种保守中，楚、秦两国却大占优势，他们派出了秘密部队去攻打唐国，将吴国争取来的联盟唐国给消灭了。这一招叫做打老虎，要将小的先打掉。用在吴国身上合适，用在楚国这边，阖闾也想过，却不行，因为没有条件，人家两只都是猛虎啊！

伍子胥一时之间却赶不回来帮忙，他现在是决心留在楚国的周边寻找楚昭王。这个让报仇冲昏了脑袋的人，估计现在回来了，也只能帮倒忙。孙子则和伍子胥都是一路的，他预言："战争到后期，如果不能迅速解决吞并楚国，那么那些楚军一定会满怀着亡国之恨，加之一路看到家园被毁成这个样子，一定会一个个都化成一把把锋利的剑，恨不得马上就刺进吴国士兵的胸膛。到时候，吴国军队便只剩下撤出楚国一条路了。"

再说另一边，夫概的部队被打败之后，就没有再重新纠结着回来打这两只猛虎，而是私自回到了吴国。按道理，他是应该回来向自己的哥哥请罪的，可是他也没有。

阖闾得到战报之后，也是在想啊，这事不能怪自己的弟弟，毕竟楚国和秦国，哪一个的根基不比自己的吴国雄厚？弟弟夫概现在受了这般委屈，一定是灰溜溜地逃回吴国了，无颜面见自己这个哥哥，自己一定要为弟弟出这一口气。

打定主意的阖闾没有料到的是，当年自己曾经对别人做过的事情，现在自己人也要在他身上做一下实验，并且做得更加直接。

他吴王阖闾都还没有死，可是这弟弟夫概打了败仗，偷偷地回到了吴国，可他并没有偷偷地面壁思过，而是趁着阖闾不在，擅自自立为吴王。

阖闾是何等角色？吴国谋权篡位的先例还是他创下来的，现在就有人敢谋他的权，篡他的位，这人一定是活得不耐烦了。于是，后院失火，他也顾不得楚国这边的战场了。他明白，现在自己再和别人打下去，也不过是在为别人打江山，这和之前自己为王僚打有什么区别？于是，他异常愤怒地杀回了吴国。

夫概带领着自己的心腹抵抗了一番，无奈，阖闾的军事头脑确实比较好用，尤其是经过了这种背叛的刺激，脑力超常发挥，没多久就把夫概打得不知所措。

夫概自知不是对手，自然不会再留下来，他称王顶多就是满足一下自己的梦想。现在，梦醒了，自己还是走为上策的好。

于是，夫概便仓皇地逃离了吴国。非常有意思的是，这一次，他逃亡的目的地是楚国，夫概完全忘记了前些日子，自己是怎样在楚国烧杀抢掠的，又是怎么样被楚国杀得大败而归的。

所幸，楚昭王是个够意思的哥们，一见夫概来了，就欣喜非常，他高兴也有理由啊。要是没有这家伙，估计阖闾就不打算离开楚国了，坚持打持久战，等得那伍子胥和孙武回来，胜负还不一定呢！所以，夫概还是有功劳的，于是楚昭王就把他封在了棠溪。

传说多年以后，吴国被越国灭亡不久，夫概就带领着他的精锐之师和勾践在现在河南泌阳沙河店镇境内势对阵。可是，就在夫概刚刚摆好阵势，突然间土地爷不作美，爆发了泥石流，把夫概和他的军队愣是给活埋了。

活埋的地方后来成了夫概的坟墓，非常高，以至于1975年河南这边发生闻名全球的大洪水暴发，当地村民都跑到了夫概的坟墓上才侥幸逃过一劫。当地人都认为是夫概保佑了他们，于是就流传这夫概的墓是神墓。

闲话休提，且再看阖闾，这一次讨伐楚国，他从全胜状态一下子到打道回国，他的心就像从天上突然掉落到了地下。不过，这么些年都过去了，他的心理素质已经相当强大，所以我们倒是可以不用担心他的精神防线会突然崩溃，并因而患上精神病。因为，吴国还有很多事情等着他去处理。

63

安然撤退

虽然失败了，可是，阖闾觉得这一仗打得相当痛快、相当深刻。

阖闾虽然是回来了，可是，他还挂念着那两个还在楚国的哥们——伍子胥和孙武。

孙武和伍子胥这两个，既有伯乐和马的关系，经过了这么长时间的磨合，两人现在又有了战友这一层关系，此时他们两个好得跟一个人似的。当阖闾独自面对那吴楚联军的时候，其实，伍子胥和孙武都在寻找楚昭王。

不过，通过我们的分析发现，以阖闾的本事，无论政治上还是军事上，在和秦、楚两国的交战中，是不会吃到多少亏的。只是，后来出了他弟弟的事才让他忙不过来，分身乏术只好先回吴国而已。

伍子胥、孙武依然留在楚国，他们在雍澨打败了楚军，可是胜利的果实都还没有吃，却又让随后赶到的秦军给打败了，双方总算是互有胜利（有人会说，大家都说伍子胥和孙子是军事奇才，他们不是很厉害吗？怎么还会被秦国军队打败？看来也不怎么样嘛。秦国才是真正的高手中的高手。可是希望大家清楚，吴王阖闾这时已经离开了楚国，并且带走了吴国军队的最精锐之师，外援唐国也被灭亡了，伍子胥他们其实就是成了一支孤立无助的军队，陷入了楚军和秦军的双重包围之中。在这样的境地下，却还能和对方打成这样，说句良心话，真的是已经相当不错了，一般的将领，估计尸体早就已经被挂在楚国了）。

偏偏这个时候，楚国这边又想出来了一个比较狠的招数，那就是火攻吴军，子西却反对道："我国人民的大大小小，老老少少都亲自参战而尸骨抛散在荒野，他们为国家做出了多大的牺牲啊！现在，我们不但不发一些钱收殓埋葬他们的尸骨，却还要使用野火去焚烧他们。这样做，真是干了亲者痛、仇者快的傻事，怎么可以呢？"

子西算是比较能替死人着想的，他的意思是：我们放火烧山，烧了吴国军队的活人，也会烧到我们自己楚国的死人。

赞成用火攻的这边见他不开窍，就再次表态：这死去的人总得为活着的人做一些什么，国家灭亡而丧失民众，这是我们生死存亡的要害所在，又为什么要用葬送生者的代价去爱惜死者呢？再说，死者如果有知觉的话，一定会凭借鬼火起来帮助我们；如果他们没有知觉的话，那又为什么要爱惜荒野中的尸骨而舍不得灭掉吴军呢？

这一番话，大家如果仔细品味的话，相信一定能感悟到这人不愧为善于利用死去的人为他办事情的高手，别人以为会破坏了在天之灵，他觉得不但不会破坏，还能安慰，这就是把死的说成活的了，值得学习。

经此这番辩论，子西哑口无言。

于是，楚军就用火攻焚烧了吴国的军队，连同一起烧掉的还有楚国的大片山林（反正那个时候又不怕水土流失），然后楚军再派出军队和被烧得够呛的吴军作战，果然获得了大胜，终于洗刷了这年复一年连败的耻辱。

经过了这一次被烧，伍子胥等人互相分析了一下，就开始讨论了，道：“那楚国虽然靠着破坏环境来打败我们的余部，但并没有给我们造成什么损害啊！所以，大家可不必惊慌。”

孙武作为我们中华民族顶尖的军事家，也评论道：“我们用吴国的战争工具（到现在，孙子都还在嫌弃着吴国的军事装备不如人家楚国和秦国呢），向西攻破了楚国，把楚昭王追击得没命逃跑，我们又在楚平王的坟墓上进行了屠杀，对他的尸体狠狠地鞭打，我想，这也应该足够了。”

伍子胥反思了下自己最近一段日子来的所作所为，猛不丁地倒吸一口冷气，真没想到这能是自己做出来的，于是，自觉也该醒过来了，便对众人说道：“自从有了霸主帝王以来，还没有臣子像咱这样来报仇的，咱心里也该知足了，我们可以离开了。”

于是，在伍子胥、孙武的带领下，被困于楚国的吴军安然地撤出了楚国。

64

终于回国

吴国的军队离去以后，楚昭王便返回了郢都，经过了这一阵子的国破家亡，他似乎成熟了些。

乐师扈子责怪楚昭王听信了那奸臣费无忌的坏话，而杀害忠良，以至于使外国的侵扰在边境上不断发生，严重地影响了楚国人民的生命财产安全，最终竟然让伍子胥掘开了先王的坟墓、宰割了我们平王的尸体、肆意奸淫大王和臣子们的妻子来侮辱我们楚国的君臣。

乐官说的这些话深深地刺伤了楚昭王，可是，昭王并没有记恨他，因为这礼仪方面的事情本来就是这乐官管辖的，他应该恨的是吴国，是伍子胥。

这乐官还真的是很为人着想，很懂得体贴人的，他又为楚昭王困厄窘迫流浪在外而伤心不已，他真心地感受到了楚昭王差一点就从高贵的君王沦落到天底下最鄙陋、卑贱的人的情感。

这乐官就是古代搞音乐的艺术家，于是针对这一段楚国国破家亡的历史写了一首歌曲，叫做《困厄窘迫之曲》。

这一首歌曲，深刻地表达了一个流亡的国君是怎么样痛苦的，尽情地表达了楚国遭受的这一段国难，（有点像国歌的味道）它的歌词是：

王啊王啊多乖戾，不顾国家听谗孽。
任用无忌杀人多，残杀白家族近灭。
两人东逃到吴国，吴王哀痛助伤悲。
垂泪兴兵将西伐，伍胥伯嚭孙武谋。
三战破郢王逃走，驻军横行抢宫闱。
楚王尸骨被挖掘，鞭辱腐尸耻难退。
国家危险几乎灭，庄王何罪国近废。
官吏悲痛民忧伤，吴军虽走心尚畏。
愿王改正爱忠臣，别让谗佞能诋毁。

楚昭王听着听着，虽然觉得里面的内容相当反动，可还是听出了眼泪，他深切地知道这首琴曲所要表达的实情，也开始反思了。

见到楚昭王泪流满面，扈子也不再弹奏了，他保持沉默。这个时候，无声胜有声，他创作这个曲子的目的，就是要楚国永远地记住这一段屈辱的岁月（非常不幸的是，多年以后的战国时期，楚国出了个楚怀王，再一次将楚国听信奸臣之言的文化发挥了出来，并且一直发挥到顶峰，最终被春秋时期的伙伴秦国给灭了）。

楚国这边正在召开反思伤心大会，伍子胥他们则还在赶回吴国的路途中。

伍子胥他们一路流连忘返地仿佛旅游一般，并不像狼狈地逃回吴国的。

在经过溧阳溧水岸边的时候，伍子胥停了下来，面对着溧水，长长地叹息着说："我曾经在这里饿了，向一个女子讨饭，那女子送我吃的，接着又跳河自杀了。"

伍子胥是这样想的，这一趟回来讨伐楚国，他决定恩怨分明，不仅要报仇，还要报恩（前边在郑国的时候，他已经把恩仇通过和平手段解决了，楚国也被他蹂躏得够可以的了。现在，好像就只剩下这当年给他送饭吃完之后，自杀的女子的恩情还未还清）。

于是，在经过这里的时候，伍子胥就想要拿一百两黄金报答她，却又不知道她家住在哪里，报恩总比报仇容易得多，伍子胥没多想就把准备好的一百两黄金放在了当年自己吃饭的那个地方，也就是溧水岸边，然后，便又重新开始带着游山玩水的心态欣赏起这大好河山来了。

可是，他没有走多久，就看到一个老太太边走边哭着从对面走来。老太实在是太老了，头发雪白，跟我们的伍子胥有得一拼，于是，伍子胥就多关注了下她，他问道："老人家，看您也活了这么大岁数了，应该好好地享受一下天伦之乐，可是，为什么哭得这么悲哀呢？"

老太太边哭边流眼泪，边道："我有个女儿，守节独居三十年而不嫁。前些年，她在这溧水溪旁捣丝，碰上了一个深陷困境的老先生，我女儿这人就是太好心了，就立即给那位老先生吃饭。

我那乖女儿怕事情泄露，于是就跳进溧水自杀了。现在，听人说那位老先生来到这里了，我这一大把年纪了，却不能得到他的酬报，我正在伤心我女儿白死了，所以才哭得这样伤心啊！”

伍子胥一听，心都碎了，但是，他想自己还是不挑明身份的好，于是，就装成路人对老太太说："听人说，那白发老先生近来发了大财，一直想报答当年送给他饭吃的女子。可是，却因为不知道她的家在哪里，找了好多地方也没有找到，于是就把那黄金放在了溧水旁，就走了。"

老太太一听，不对啊！这世上哪里有这么好的人，明明知道金子在溪边，怎么这人自己不去拿？她还没有想到这人其实就是伍子胥，当年的白发老先生。

于是，老太太嘴上谢完伍子胥，心上却对这人说的话保留意见，她就又哭哭啼啼地行走起来，一路都在感叹自己的命苦啊，刚好到河岸边，这老太太想来自己老泪纵横的，就去溪旁洗了把脸。

在她看到自己的同时，她看到了金子，于是老太太就取了这一些黄金回家，她人生的第二个春天即将来临。伍子胥怕她取不到，又跟踪了回来，看到老太太拿走了金子，他也就安心了。

伍子胥班师回吴，还未到家，阖闾听说了二位将帅即将到来，十分高兴，便叫人杀鱼做鱼末子，他准备好好地给他们接风洗尘。他想啊，自己就这么一个人跑回来，把他们丢在了楚国，还挺怪不好意思的。

阖闾左等右等，本来按照路程来算，应该是能按时返回来的，可是，伍子胥他们却迟迟不见归来。也怪阖闾，他是按照他们被追杀回来那种不要命地赶路速度来计算日程的，而伍子胥他们却是按照观光旅行、走马观花一样的速度回到吴国的，有偏差自是当然。

这会儿，伍子胥才回来，可是阖闾命人做好的鱼末子却老早已经发臭了。

本来，这发臭了的东西不应该再拿出来的，可是，阖闾突然想到了一个主意，他要试一试这一次战争过后，自己在伍子胥等人心中的地位。于是，阖闾依旧端出了那发了臭的鱼末子来犒劳伍子胥他们，然后，阖闾自己闪到一旁，只是让侍从们看着伍子胥他们如何对待这已经发了臭味的鱼末子。

伍子胥却不嫌弃这鱼末子是已经过了期的、变了质的，他和众将们津津有味地吃起这发臭了的东西。侍从将这经过如实地报告给了阖闾，阖闾很高兴。

通过这件事，我们可以看得出，阖闾其实是一个城府深得令人感到害怕的君王，他这是在问伍子胥他们呢！阖闾问他们对于他这一次伐楚有没有怨言，对他自己一个人私自回来的做法怨恨不怨恨？伍子胥他们非但没有嫌弃这些鱼末子，还非常喜爱。这也在表明了，不管大王您变成什么样了，我们依然愿意追随您的志愿，阖闾知道了，哪里能不高兴。

于是，阖闾就又叫人重新做了一些鱼末子，都是新鲜的，犒劳了伍子胥他们。据说，吴国人制作鱼末子也正是从这一个时候开始的。

65

吴齐和亲

很多人也许要问，这一次伐楚，吴国到底是失败了还是成功了？

如果单单是看表面，吴国军队被秦楚联军给打回去了，是失败的，其实，这样的看法是错误的（就像我们二十一世纪，美国即使在伊拉克战场上班师回朝了，他们也还是最大的赢家）。在这里，我们要说，这一仗，吴国简直可以说是大胜。

战果主要包括：第一、伍子胥成功地实现了有仇报仇、有恩报恩的人生理想，他心中的阴影被消除了，以后就能以正确的心态去为吴国服务；第二、通过这一仗，楚国被吴国成功地狠狠打击了，实力自然是被大大地削弱了，而它的削弱却可以换来吴国更快、更迅猛的发展，这也是阖闾最乐意看到的（诱发战争的根本原因）；第三、暴露了吴国自身存在的一些不稳定因素，以及一些潜在性危险，比如夫概的造反，又比如越国的突然袭击；第四、提高了吴国的国际地位，要知道，那个时候，打仗打的不是钱……

话说各位将领从楚国回来之后，吴国上下对于在楚国的那一段岁月，依旧充满了回忆，个个都是念念不忘。你想啊，三万士兵大破楚国二十万大军，五战五捷直至“柏举之战”，到最终攻入楚国的国都郢，更重要的是，即使最后楚国搬来了秦国，吴军也没有多大损失便从楚国安然退出来，如此种种，不一而足。

于是，为了给这一次伟大的战争一个历史性的纪念意义，阖闾下令把阊门改成了破楚门（不要想歪了……）。紧接着，战争给人们带来的激动还未消失，吴国便又开始谋划攻打齐国了（刚刚经过了一场大战，吴国却还能这么快地要去打别国，绝对不是穷兵黩武所能解释的。唯一的解释是，现在的吴国，尤其是在和楚国战斗后，国力却更加强大了，就像“二战”中，很多国家越打越没劲，整个国家都快打空了，可是，有的国家却越打国家越强盛，大发战争财）。

大家可能还不知道齐国，这是一个真正意义上的强国。春秋的时候，它是春秋五霸；战国的时候，它是战国七雄。但是现在，一听说吴国要打上门来，它却害怕了，是真的害怕了。

齐景公的思想在当时比较先进，观念也比较开放，对于即将打上门来的吴国，他想出的对付办法是和亲。齐景公让女儿嫁到了吴国，成了人家的人质（大家需要知道的是，齐国在春秋五霸中曾经是排在最靠前的）。齐景公勇于进取，后来这一招，又被汉高祖刘邦拿来用了。

阖闾毫不客气地照单全收了，马上便替太子波风风火火地聘娶了齐景公的女儿为妻。这样，两国一时间成了亲戚，吴国再要发兵去打齐国也说不过去，于是，攻打齐国的事情就不了了之了。

且说这一个吴国的太子妃，年龄还很小（也难怪，谁想这吴国这么快要攻打齐国，如果要再等个几年不就是皆大欢喜了吗），所以，她老是思念齐国，日日夜夜地痛苦抽泣。她嫁入了吴国就像后来的林黛玉到贾府里寄人篱下一样，只不过，黛玉是本来有病，这位太子妃却愣是把自己给哭出了病来。

阖闾对于自己的这一个小儿媳，甭提有多喜爱了，他看到她就像见到了自己的女儿（还记得吗？当时阖闾把吃剩下的鱼给了心爱的女儿，他女儿便自杀了，为此，他都痛苦死了，还让很多人陪葬，引起了全国的愤怒），他对待自己的儿媳就像对自己女儿那般好。

于是，见到这小小太子妃这般忧愁，吴王阖闾坐不住了，他想尽了办法想要帮助她重新找回快乐。后来知道原来她的病症是因为思念齐国，于是，阖闾便毫不犹疑地修建起了北门，并且起名为“望齐门”。

阖闾不仅这样做了，还花了自己宝贵的连治国都舍不得用上的时间，经常带着这位太子妃到这望齐门上游玩。他希望通过这样的方法，可以减少她的情思，可以让她不再那么思念齐国。可是，即便阖闾付出了这样多，这位太子妃还是一直思念着那远在天边的故国——齐国，因而，她那因为思念而产生的病更加严重了。

在古代,也没有什么心理医生能帮助她。于是,这位太子妃最后死了。在她那短暂的生命过程中，她曾经对人说过："如果死人有知觉的话，那就一定要把我埋葬在虞山的山顶上，让我眺望我的齐国。"

阖闾因为她的死伤心不已，他仿佛又失去了一个女儿，而且自己对她的死也要负起一定的责任。最终，悲痛不已的阖闾按照她的话，将这一个远嫁他乡别国的，作为和亲嫁过来的女孩子（她还很小）葬在了虞山的山顶之上。然后，阖闾觉得自己的人生也更加的孤苦了。

66

太子夫差

太子妃死了，这个时候，太子波不知道是因为伤心过度还是因为自幼体弱多病，也患了病去世了。

太子波死，伤心归伤心，这位子应该传给谁，现在成了一个问题，阖闾和大臣们专门召开了几次重要会议商量起来了。

如果再按照兄终弟及制，那么，接班人就是夫概。可是，夫概却已经成了人家楚国的人了，别的不说，如果把王位交给他，那么吴国不就是成了那本是吴国仇敌的楚国的附属国了吗？阖闾也只有这么一个弟弟，既然夫概不行，而太子波还没有子嗣，那么，就只能从自己的儿子——众多公子中挑选合适的继承人了。

商量来商量去都没有确定下来该由谁来担当（合法的继承人应该是

这样的，长子死了，由次子替补上，可是，阖闾对次子夫差有偏见），次子夫差，春秋战国最具传奇色彩的人物之一，决定不再像其他王子一样等待着天上掉馅饼了，而是选择直接行动了。

夫差发现，伍子胥的话他老爹基本上都能听进去，于是，就把希望都寄托在了伍子胥身上。他日日夜夜对伍子胥说："伍大叔啊，我老哥现在离开人世了，我老爹想要再立太子，您认为，太子的位子，除了我还能有谁该立？此事的谋划就全拜托您老了。"

伍子胥自信满满、意气风发道："太子还没有确定，我一进宫就决定了。"

可是，伍子胥哪里能料到，就是在夫差屡屡来找伍子胥商量，却只是得到了这样一句模糊不定的话之后，夫差的内心冷了，他开始对伍子胥产生了一股子的怨气。这样的一股子怨气，也为伍子胥日后为夫差所抛弃埋下了最初的祸根。

政治从来都是复杂的，不是什么人都能碰的，而君王的政治一旦和他的家事牵扯在一起就更像是在赌博。古今中外，不知道有多少人曾经倒在君王的政治和家事这热油锅里面，变得尸骨无存。在那一个时代，伍子胥凭着他敏锐的超强的感悟能力，自然能明白这个理儿，他也试图逃出来，可是位极人臣的他却不能够，他逃不出来啊！他天真地以为，自己不明确表态要帮助谁，这样就可以了。

阖闾过了不久召见伍子胥，为的就是商量立太子的事，伍子胥早已经把一切都准备好，现在的阖闾，更像是他的知己，他毫无心机道："我听说'祭祀因为断绝了后代而被废除，因为有了继承人而兴盛。'现在，太子夭折，过早地离开了人世。今天大王想要立太子，没有谁能胜过次子夫差了。"

阖闾有些不满意了，要立夫差，阖闾他早就立了，名正言顺的，何必等到这个时候，又何必私下里劳烦你伍子胥呢？于是，阖闾也直言不讳说道："次子夫差，我觉得他这个人愚蠢而残暴，恐怕不能在吴国奉守国统啊！"

伍子胥不紧不慢，净为夫差说好话道："您认为他愚蠢，那是因为他举止敦厚而讲究信义的缘故；您认为他残暴，正是因为他行事果决坚毅啊！父位子继，是经典上明文规定的。大王想立太子，没有谁能胜过夫差了。夫差讲究信用而爱护民众，在坚守节操方面非常端正，在遵行礼义方面非常敦厚。"

阖闾没有想到伍子胥这个外人，比自己这个做父亲的还了解自己的孩子，于是他也没多想就答应下来了："好，就立夫差了，我听从您。"现在，他和伍子胥的关系已经远远地超越了一般君臣。

于是没多久，阖闾就立了夫差为太子，并且很快地就让这个太子出去历练，将他派去驻扎军队防御楚国。因为，这一年，楚国开始反击了。

而阖闾则继续留下来坐镇吴国，这一阵子，他也不到处跑了，吴国现在的实力，在声威上面，已经不会输给春秋五霸的任何一个诸侯国。

阖闾安心了，他把时间主要都放在了自己的课外兴趣——搞建筑，这阵子，吴国建筑方面主要成绩包括：在安平里建立了射台；在平昌里开发了个华池；在长乐又修建了个南城宫（中国历代有为君王似乎都有搞建筑的癖好，比如秦始皇修建长城……）。

阖闾这辈子都在忙忙碌碌，这个时候他仿佛预感到自己在不远的将来就要远离人世，他倒是要开始学习享受生活了。我们来看他的生活，多惬意啊；早晨，他在山里边吃早饭，摆图案在姑苏台游玩，在殴陂射猎，在游台骑马驰骋，在石城寻欢作乐，在长洲之苑驱狗奔走。

阖闾的生活这么轻松而没有压力，最主要的原因是，这时的吴国，已经称霸于诸侯了，他失去了最为强有力的奋斗目标。至于那一个至高目标，他觉得自己再怎么努力也不能实现了，只能交给下一代了。

这个时候，吴国的形势一片大好，阖闾也注重起了对孩子的培养，他将夫差派出去面对楚国的咄咄逼人，成功地阻止了楚国的进一步行动，又将夫差派去攻打楚国。

夫差是一个不折不扣的猛将，很快也大败了楚国，攻克了楚国番邑（在现在的鄱阳）。经过了这一仗，楚昭王也算被打怕了，他哪里想到这父子俩，一个比一个能打。于是，再一次地离开了郢都，与其说是移居，倒还不如说是隐居了。

在这个时候，吴国又用了伍子胥、孙武、伯嚭的谋略，西面和强大的楚国作战，并且再一次将它打败；北面则是威胁到了齐国、晋国；南面则是进攻了越国。在阖闾和夫差，这两个中国历史上都赫赫有名的人物的管理下，吴国走向了空前的强盛。

67

阖闾之死

名人向来都不缺乏争议，他们生前干的事情，就连他们死这件事，都是能留给后人无尽的遐想。比如在阖闾永远地闭上眼睛这事上，就有好几种说法：

第一种，刺客说法。有人说是有刺客进献宝剑的时候，用剑刺杀了阖闾，这一种估计不大可能。因为如果可能的话，这一个刺客一定会进入中国四大刺客专诸、要离、聂政、荆柯的行列，并且成为中国的第五大刺客，而事实上，我们找不到这第五大刺客。

第二种，是《春秋左传》里记载的。公元前497年越王元常死了，趁着越国办丧事的当儿，阖闾亲自领兵去攻打越国，吴国和越国对阵于越国的檇李。勾践这时候刚刚登位，因为害怕吴军的阵势，颇具创意地将死囚犯编成三行的敢死队，又不知道搞了一些什么手段，竟然将吴国打得大败，并且，用戈击中了阖闾的一只脚，把脚上的鞋打下来一只，阖闾的脚也被打得流血了，然后还没有回到吴国，就“卒于陉，去檇李七里”了。

第三种，是《东周列国志》叙述的。吴国投入了三万精兵，两军在五台山，勾践比较珍惜自己的生命，就首先把敢死队派上去和吴国军队拼命。等到敢死队都真正地死去之后，自己还不出场，而是把囚徒组成的队伍再次制造成炮灰，让他们再去消耗吴国军队，最后，别人都牺牲干净了，自己的军队才陆续等级有序地上场，终于把吴军打败了。《东周列国志》说，阖闾是被砍倒的，但是他不是被戈砍中的，而是大刀，也不是砍中了脚趾，而是砍中了整只脚（明朝末年，比较重视科学了）。

第四种，阖闾不是“卒于陉，去檇李七里”的。他本来以为对付起越国来没问题，可是，没想到打输了，并且在战斗中被越国的箭射中了，伤势很重。所幸，阖闾的生存能力还是很强的，没有马上就挂掉，而是硬撑着身体回了吴国向太子和公子们交代完自己的后事，然后才安心地离开人世的。

在这里，我们还是选择阖闾的第四种死法吧！因为，有一个流传很广的故事说的就是阖闾死前屡向夫差叮嘱的，一定要替自己报仇（无论吴国有多么强大，无论越国有多么不行，阖闾总归还是把越国视为头等敌人来对待的）；一定不要小瞧了越国，要把越国彻底地灭亡了，以防它背后下黑手啊！

夫差没有忘记前半句，第三年就一举攻破了越国，并且当即入驻了越国的腹地——国都会稽。但是，夫差忘记了后半句话，他后来的种种表现，表明了他是打心眼里看不起越国，也因此没有彻底地将越国消灭，乃至最后把自己也给断送了。在和晋国的战斗中，越国下了黑手，吴国旋即灭亡，一下子从春秋时期最炙手可热的诸侯国到亡国，真是可悲可叹！